KONNY REIMANN

„... aber das ist eine andere Geschichte"

aufgezeichnet von Tobias Friedrich

MOEWIG ist ein Imprint der edel entertainment GmbH

© 2008 edel entertainment GmbH, Hamburg
www.moewig.de | www.edel.de

© RTL Television 2008, vermarktet durch RTL Enterprises GmbH

Produktion: Feierabend Unique Books
Text: Tobias Friedrich unter Mitarbeit von Lothar Berndorff
Layout und Satz: Christian Schaarschmidt / 12ender
Umschlaggestaltung: Antje Warnecke
Umschlagabbildung: © Dagmar Vetter / VOX 2008
Abbildungen: © thereimans; außer: S.5 links oben, S.6 links oben, unten, S.7 mitte oben, rechts oben, unten, S.8 rechts mitte, rechts unten, S.11 rechts unten, S.12 links oben, links mitte, S.13, S.15 rechts oben, S.16 oben links, oben rechts, © Lothar Berndorff / Tobias Friedrich

Alle Rechte vorbehalten. All rights reserved. Das Werk darf – auch teilweise – nur mit Genehmigung des Verlages wiedergegeben werden.

Printed in Germany

ISBN 978-3-86803-275-8

KONNY REIMANN

„... aber das ist eine andere Geschichte"

aufgezeichnet von Tobias Friedrich

INHALTSVERZEICHNIS

VORWORT ⋆ 6

EINLEITUNG ⋆ 16

1. Kapitel:
DIE ERSTEN JAHRE ⋆ 20

2. Kapitel:
KLEINE ABENTEUER ⋆ 40

3. Kapitel:
DER PLAN ⋆ 58

4. Kapitel:
DIE VORBEREITUNG ⋆ 68

5. Kapitel:
AUSWANDERN ⋆ 84

6. Kapitel:
DAS ERSTE JAHR ✰ 105

7. Kapitel:
MOSS LAKE ✰ 124

8. Kapitel:
LEBEN IN TEXAS ✰ 136

9. Kapitel:
NEUE ABENTEUER AUF KONNY-ISLAND ✰ 166

10. Kapitel:
DIE ZUKUNFT ✰ 221

KARTE DER GEGEND UM GAINESVILLE ✰ 242

DANKSAGUNG & WIDMUNG ✰ 244

VORWORT

„Wenn du diese Familie findest, dann ist das deine Geschichte."

Mit diesen Worten drückte mir mein Redaktionsleiter eine ausgedruckte E-Mail in die Hand. Da schrieb eine Manu aus Hamburg, dass sie mit ihrem Mann Konny und den Kindern Janina und Jason nach Gainesville auswandern wolle. Gainesville? Aha, das liegt in Texas in der Nähe von Dallas. Mir bisher nur bekannt in Verbindung mit der Southfork Ranch. Ein sprechender Papagei Erwin und Hund Murphy sollten auch mit auswandern. Englisch könnten weder die Eltern noch die Kinder besonders gut, hieß es in der E-Mail, Arbeit und ein Haus würden sie sich vor Ort suchen. Wohnen würden sie in Amerika dann erst mal im eigenen Wohnwagen, mit dem sie bereits zwei Sommerurlaube lang kreuz und quer durch Texas gereist waren. In einem USA-Forum hatte Manuela gelesen: RTL Extra möchte eine Auswandererfamilie bei ihrem Neustart in den USA mit der Kamera begleiten. Manuela schrieb, dass die Dreharbeiten ja nun leider nicht klappen würden, denn übermorgen früh um 5.00 Uhr würden sie Deutschland schon verlassen.

Diese E-Mail hielt ich am Abend des 5. Juli 2004 in der Hand. Genau 30 Stunden vor der Auswanderung einer Hamburger Familie, von der ich lediglich die Vornamen und eine E-Mail-Adresse hatte. Nachname? Telefonnummer? Ich konnte ja nun nicht bei der Auskunft anrufen und nach den Telefonanschlüssen von allen Manuelas und Konnys in Hamburg fragen.

In der Hoffnung, dass der Computer dieser skurril klingenden Familie noch nicht in Umzugskisten verpackt sein würde, antwortete ich auf Manuelas E-Mail. Ich wollte diese Familie unbedingt kennenlernen. Und am nächsten Tag klingelte mittags mein Telefon. Tatsächlich Manuela. Wir plauderten gleich drauflos, sie schickte mir ein paar Fotos von den Kindern, den Tieren und ihrer Hochzeit in Las Vegas. Ihr lag das Herz auf der Zunge. Und in einer Stunde erzählte sie mir die ganze Geschichte, vom ersten Texas-Kurztrip mit Konny über Pfingsten bis zu ihrem Glück, als plötzlich die Green-Card-Benachrichtigung im Schenefelder Briefkasten lag.

Auf unseren Auswanderer-Aufruf hatte sich Manuela gemeldet, weil sie fand, es sei eine schöne Erinnerung, die Bilder ihres größten Abenteuers auf einem Film für immer festzuhalten. Die Sache hatte nur einen Haken – Konny Reimann. Der hatte andere Dinge im Kopf, als die Fragen einer Redakteurin zu beantworten. Manuela und ich einigten uns trotzdem auf ein beiderseitiges Casting. So konnten Reimanns ausprobieren, ob sie sich mit ihrer Geschichte vor der Kamera wohlfühlen. Und wir würden bei ersten Interviews einen Eindruck von dieser Auswandererfamilie bekommen. Aufgrund der knappen Zeit bat ich einen Hamburger Kollegen, die ersten Dreharbeiten mit Reimanns zu übernehmen und mir das erste Tape nach Köln zu überspielen.

Der Hamburger Kollege rief mich dann aus Schenefeld an und beschrieb seinen ersten Eindruck so: Diese Reimanns, das sei eine sehr ungewöhnliche Familie, sehr sympathisch, und alle seien absolute Amerika-Fans. Im Garten sei eine riesige US-Flagge gehisst und das selbstgebaute blaue Blockhaus an Fenstern und Türen mit Stars & Stripes dekoriert. Ein riesiger amerikanischer Pick-up stünde auf dem Hof neben einer großen Halle, in der der Klimaanlagenmonteur Konny Karatekurse gab. Am Gartentor werde man von einem Holzschild im Western-Style mit „Konny Island" begrüßt, und überhaupt habe man bei Reimanns das Gefühl, man sei eigentlich gar nicht in Hamburg-Schenefeld, sondern irgendwo auf dem Land in Amerika. Konny, der Familienvater, sei ein Hamburger Original mit starkem norddeutschem Slang, ein interessanter Typ, nein – eigentlich sogar ein Freak. Seine Frau sei eine ganz Nette. Großer Amerika-Fan, total aufgeregt vor dem langen Flug und vor diesem großen Schritt in die Zukunft. Vor diesem Schritt, den sie seit zwei Jahren mit viel Papierkram und zahlreichen Behördengängen vorbereitet hatte und der nun doch schon morgen sein sollte. Nur die Kinder. Die sagten nichts.

Bei der Überspielung nach Köln war dann aber irgendetwas schiefgegangen, die ersten gefilmten Bilder und Interviews der Reimanns waren komplett unscharf. Auch modernste Fernsehtechnik ist nicht 100 % fehlerfrei. Vermutlich passiert das bei einer von 10.000 Überspielungen. Trotzdem entschieden wir in der Redaktion, „das Risiko einzugehen", diese Familie auch ungesehen in die USA zu begleiten. Ein Risiko angesichts der hohen Produktions- und Reisekosten.

Ich also hatte Familie Reimann gefunden, unsere Geschichte konnte beginnen.

Am nächsten Morgen saß ich mit meinem Kameramann Jens Lackmann, einem Tonmann und vier Kisten Equipment am Flughafen in Frankfurt. Dass wir in den nächsten vier Jahren 18 Mal gemeinsam nach Texas fliegen würden, darüber machten wir uns an diesem 7. Juli 2004 morgens um 8.30 Uhr keine Gedanken. Wir warteten auf „diese außergewöhnlichen" Reimanns, die in wenigen Minuten mit der Maschine aus Hamburg landen würden, um dann gemeinsam mit uns weiter nach Dallas/Fort Worth zu fliegen.

„Ach du meine Güte – das glaubt uns doch kein Mensch." Diese Worte raunte ich meinem Kameramann zu, als ich Reimanns am Gate zum ersten Mal sah. Eine eigentlich ganz normale Familie, angeführt aber von einem kleinen Mann mit Cowboyhut, Schnauzbart, Wildweststiefeln, engen Jeans mit riesiger silberfarbener ovaler Gürtelschnalle, auf der „TEXAS" prangte, und einem hellgrauen T-Shirt, auf dem uns in großen Buchstaben ebenfalls

„TEXAS" ins Auge sprang. Ich war sprachlos. Jeder Zuschauer würde doch denken: Na klar, da wandert eine Familie nach Texas aus – und die Redakteurin (Kölnerin!) von RTL schleppt diese Familie erst mal in einen Kölner Karnevalsladen und stattet die Auswanderer ihrem Ziel entsprechend aus! Aber – wer weiß, was Reimanns vor vier Jahren dachten, als sie uns das erste Mal sahen ...

Übrigens, dass Manuela ihrem Mann Konny erst auf dem einstündigen Kurzflug von Hamburg nach Frankfurt beichtete, dass nun ein Kölner Kamerateam die ersten fünf Tage ihres Abenteuers in Gainesville filmen würde, das habe ich erst sehr viel später erfahren.

Hier in Frankfurt am Flughafen startete also am 7. Juli 2004 Reimanns erster von inzwischen über 100 Drehtagen. Und gleich ein 20-Stunden-Drehtag: 11 Stunden Flug, die Ankunft am Flughafen in Dallas, die Abholung ihres in der Pampa untergestellten Wohnwagens nebst rotem Pick-up mit Kühlerschaden. Plötzlich standen Reimanns im Niemandsland. Auf dem staubigen Parkplatz einer abgelegenen Ranch zwischen Feldern und Kühen. Keine Adresse. Keine Telefonnummer. Eine Bullenhitze. Grillenzirpen.

Der Stress und die Aufregung der vergangenen Wochen machten sich bemerkbar. Reimanns waren fix und fertig. Konny verschwand im Motor, der röhrende Pick-up musste für die verschwitzte, todmüde Familie irgendwie ans Laufen gebracht werden. Manuela sorgte sich um die aus Deutschland mitgebrachte Schokolade, die im Handgepäck vor sich hin schmolz. Die Kamera lief. Über zwei Jahre lang hatten Reimanns diese eigentlich planlose Auswanderung geplant. Und wie fühlten sich frisch ausgewanderte Deutsche in Texas? Müde. Müde und doch irgendwie glücklich. Und überwältigt. Denn dieses 45 Grad heiße Texas war ab sofort ihr neues Zuhause. Deutschland lag hinter ihnen. Das Leben in Hamburg war abgeschlossen, vorbei. Hier wollten sie sich nun eine von Grund auf neue Existenz aufbauen. Wo würden sie wohnen, wann endlich wieder Geld verdienen, und auf welche Schule würden Janina und Jason in einigen Wochen gehen? Reimanns fingen in diesem Moment in Texas noch einmal ganz von vorne an. An die Kamera und die netten Kamerajungs hatte sich die Familie auf dem Flug gewöhnt. Und meine Fragen beantworteten sie aus dem Bauch heraus und mit dem Herzen. Völlig verschwitzt und müde verschwendeten Reimanns keinen Gedanken daran, ob sie denn vor der Kamera auch gut wirken und auch ja das Richtige sagen würden. Sie waren von Anfang an so, wie sie sind: eine Hamburger Handwerkerfamilie mit dem Herz am richtigen Fleck. Uneitel und echt. Und hier auf diesem staubigen Parkplatz begannen sie, uns ihre Geschichte zu erzählen. Die Geschichte von der Hamburger Auswandererfamilie, die einen wahrlich abenteuerlichen Neustart in Texas wagt. Wir waren mit unserer Kamera dabei. Und erlebten dieses Abenteuer gemeinsam mit den Reimanns.

„Reimanns – die schaffen das!" Nein, das dachte ich nicht. Zumindest einen Tag lang. Ich fand es ziemlich blauäugig von Konny Reimann, mit seiner Familie nach Amerika auszuwandern, obwohl er gar kein Englisch sprach. Das war doch waghalsig, ohne Haus und ohne Job gleich mit der ganzen Familie im Gepäck total unvorbereitet nach Gainesville zu kommen. Und ich fragte mich, warum sich Reimanns als ersten Anlaufpunkt in ihrem neuen Leben in der Fremde ausgerechnet einen Campingplatz direkt an einem mehrspurigen Highway ausgesucht hatten. Hier donnerten unermüdlich überdimensionale Trucks entlang. Risikobereitschaft und Selbstvertrauen – das haben Reimanns. Und das gab ihnen vor vier Jahren die Sicherheit, dass ihr neues Leben hier in Texas funktionieren würde.

Wir schauten Konny Reimann bei seinem ersten Vorstellungsgespräch als Klimaanlagenmonteur in Texas mit der Kamera über die Schulter. Das war an Tag zwei in Amerika. Konny und der Boss dieser Kältefirma, Robin Wilson, standen sich mit verschränkten Armen gegenüber. Alle technischen Fragen konnte Konny verstehen und mit Händen und Füßen, Nicken oder Kopfschütteln irgendwie auch beantworten. Aber an Smalltalk auf Englisch über Amerika und das Wetter war nicht zu denken.

Konny bekam diesen Job. Das muss man sich einmal vorstellen: Ein Jobinterview in Amerika mit drei Brocken Englisch – und der Kerl bekommt diesen Job auch noch! Für mich der Zeitpunkt, mich von meinen Vorurteilen zu verabschieden. Respekt, dachte ich, wenn es einer schafft, hier Fuß zu fassen, dann ist das Konny Reimann!

Sechs Monate später haben wir dieses unglaubliche, aber auch unglaublich unterhaltsame Vorstellungsgespräch ausgestrahlt. Natürlich musste jeder über Konnys englisches Kauderwelsch auch schmunzeln. Vor allem aber Konny selbst. Und dazu gehört eine Riesenportion Selbstbewusstsein, finde ich. „Ich kann halt kein Englisch", sagte Konny mir immer. „Na und? Aber ich schaff das schon. Learning by doing – ich brauch auch keinen Englischlehrer. Wartet nur ab!" Genauso war es.

Von Anfang an dokumentierten wir das Leben einer ganz normalen Familie in Amerika, die uns hier in Deutschland auf dem Bildschirm bewiesen hat, dass man auch mit weniger guten Englischkenntnissen Arbeit bekommt, ein Haus kaufen kann und eine vernünftige Schule für die Kinder findet.

Im Cowboystädtchen Gainesville waren nicht nur Reimanns, sondern auch das Kölner Kamerateam aus Germany bald bekannt. Da die meisten Texaner deutsche Vorfahren haben, mögen sie Deutschland und seine Menschen sehr. Wenn sie uns anfangs fragten, was wir denn ausgerechnet in Gainesville drehen wollten, dann schüttelten sie den Kopf und lachten. Wieso wandert eine deutsche Familie nach Gainesville aus? Was wollen die denn hier? New York oder Miami sind doch viel spannender. Das fanden wir eigentlich auch. Aber auch das macht den besonderen Reiz dieser Dreharbeiten aus: Gainesville ist ein Dorf in Texas. Und wir sind hier mit unserer Kamera und mit unseren Fragen im Supermarkt genauso willkommen wie in der Highschool oder beim alljährlichen Rodeo. Natürlich müssen wir auch hier überall nach einer offiziellen Drehgenehmigung fragen, aber das ist reine Formsache. Die Bewohner Gainesvilles wissen längst, dass Reimanns mit ihrer Auswanderergeschichte in Deutschland sehr bekannt sind.

Vor allem dieser verrückte Hamburger im Blaumann mit dem Cowboyhut, der morgens in seinem gelben Schulbus zur Arbeit fährt. Das erzählen ihnen ihre Verwandten aus Deutschland. Und sie sind stolz darauf, dass ihr kleines Cowboystädtchen durch die Reimanns in Deutschland sogar ein bisschen berühmt geworden ist. So berühmt, dass viele deutsche Urlauber auf ihrer Tour durch den Wilden Westen Amerikas einen Abstecher nach Gainesville machen. Und in der Starbucks-Filiale in der California Street, der Hauptstraße, hat man sich längst an die Kaffeepausen dieser „German TV-crew" und ihren „funny accent" gewöhnt. Wir werden vermisst, wenn wir dort wochenlang mal keine „three Venti Latte" durch das Mikrofon im „Drive Through" bestellen. Irgendwie sind Jens Lackmann, Marvin Rodemann und ich – das immer gleiche Reimann'sche Kölner Kamera-Trio – während all dieser Texas-Reisen auch ein bisschen nach Gainesville ausgewandert …

Janina war gerade 17 und Jason 14, als ich die beiden kennenlernte. Wenn man sich die ersten Reimann-Folgen heute ansieht, war Jason damals noch ein kleiner Junge im Stimmbruch. Die Kinder waren schüchtern, sehr zurückhaltend. Und es sollte einige Monate dauern, bis Janina und Jason zu uns Vertrauen fassten und die Aufregung und die roten Wangen vor der Kamera und bei den Fragen nach ihrem Leben in Amerika ablegten. Doch aus den deutschen Kindern wurden sehr bald amerikanische Teenager, die vor ihrer Haustür in Texas Basketball und Rugby spielten und bereits nach einem halben Jahr ziemlich gut Englisch sprachen. Jason sogar mit diesem typischen texanischen Akzent, der einem Nuscheln mit Wolldecke im Mund und verschluckten Vokalen gleicht. Aber die Texaner verstanden ihn gut. Und beim dritten Besuch der Gainesville High School mit Kamerateam im Schlepptau waren wir Janina und Jason auch gar nicht mehr peinlich. Im Gegenteil. Die Aufmerksamkeit ihrer Mitschüler wuchs – wow, ein Kamerateam aus Germany! Das fanden sie cool. Und fanden dann auch Janina und Jason cool.

Der Führerschein, das erste Auto, Jason backte Herzchenplätzchen für seine erste große Liebe, die er bereits nach drei Wochen gegen die nächste eintauschte. Reimanns haben uns mit der Kamera an ihrem ganz normalen Leben in der texanischen Kleinstadt Gainesville teilhaben lassen. Wenn Manuela wegen eines entzündeten Zahns eine dicke Backe hatte, haben wir das genauso dokumentiert wie die erste Reitstunde in Texas, die Manuela ihr Leben lang nicht vergessen wird.

Aber auch im Leben der Reimanns gab es trübe Tage, und die wurden auch vor uns bei den Dreharbeiten nicht versteckt. Nach den ersten sechs Monaten in Amerika reisten wir kurz vor Weihnachten zum dritten Mal nach Texas. Konny schraubte mittlerweile an Klimaanlagen in amerikanischen Haushalten, die Kinder lernten fleißig in der Highschool, und Manuela hatte ein bisschen zu viel Zeit zum Nachdenken. Ihre Jobsuche war bisher erfolglos, dementsprechend war sie tagsüber allein in dem Haus in der Buck Street. Und auf die Frage beim Interview im sonnigen Vorgarten, ob sie denn ihre Familie und Freunde in Deutschland vermisse, liefen Manuela plötzlich dicke Tränen über die Wangen. Kamera aus. Interview abgebrochen. Manuela ging ins Haus. Manuela kam zurück. Im ersten Moment waren ihr die Tränen vor der Kamera unangenehm. Aber sie kam zurück und wollte mir im Interview von ihrem Heimweh erzählen. Denn so einfach war es nicht, die Heimat und die Freunde zu verlassen. Heimweh und Tränen gehörten zum fast 10.000 Kilometer langen Schritt von Hamburg bis nach Texas für Manuela dazu. Und sie sind auch ein Teil ihrer Auswanderungsgeschichte in Amerika, den sie erzählen will.

Familie Reimann – und im speziellen Konny Reimann – ist so ziemlich das Verrückteste, was ich in meinem Autorenleben bisher erlebt habe. Eine wahre Geschichte, die man bunter, lustiger und spannender in einem Drehbuch nicht hätte schreiben können. Drei- bis viermal im Jahr besuchen wir die Hamburger Auswanderer nach wie vor. Und die Drehtage sind immer vollgepackt. Ob Janina einen neuen Job hat, Konny mal wieder ein neues Gästehaus baut, Jason im Liebeskummer taumelt oder Manuela ein Minischwein mit nach „Konny Island" bringt – bei Reimanns gibt es einfach immer Geschichten zu erzählen!

Diese Hamburger Auswandererfamilie hat uns von Anfang an an ihrem abenteuerlichen Leben in Texas teilhaben lassen. Wir sehen ihnen schon vier Jahre lang dabei zu, wie sie sich mit viel Arbeit und viel Fleiß immer mehr Lebensqualität in dem Land schafft, in dem sie unbedingt leben wollte. Reimanns haben sich eine idyllische Existenz aufgebaut und zwei Gästehäuser für die Menschen aus Deutschland, die bei ihnen den Urlaub verbringen wollen.

Neidlos zieht man den Hut vor Konny, der einfach ein Arbeitstier ist und ganze Häuser bauen kann. Und ein Kumpeltyp ist der Cowboy im Blaumann, mit dem jeder gerne mal ein Bier trinken würde. Reimanns wären auch tolle Nachbarn, mit denen man am Wochenende Koteletts und Würstchen grillen könnte. Die Feriengäste nutzen die Gelegenheit, denn auf Konny Island gibt's Reimanns „live und zum Anfassen". Und die meisten Urlauber reisen mit der Skepsis nach Texas, ob diese Hamburger Auswanderer denn in Wirklichkeit genauso sind wie im Fernsehen. Ja, das sind sie. Reimanns sind einfach so, wie sie sind. Eine ganz normale Familie. Und vermutlich ist genau das das Geheimnis ihrer Beliebtheit in Deutschland.

Dagmar Vetter, 7.8.08

EINLEITUNG

Es wird der einzige sein. Der einzige Leuchtturm der Welt, der nicht am Meer steht. Vielleicht wird er aussehen wie eine merkwürdige Rakete. Vielleicht wie eine große Figur, wie ein überdimensionales Holzbein, das im Berg feststeckt, ein Ausrufezeichen oben am See. Auf jeden Fall wird es ihn geben, meinen Leuchtturm oben auf dem Hang, an dem ich mit meiner Familie lebe, hier am Moss Lake in Gainesville, Texas, Amerika.

Mein Name ist Konny Reimann. Die meisten von euch werden mich kennen, wie ich aus Fernsehern heraus grüße, wie wir – meine Frau Manu, meine Kinder Janina und Jason und ich – alle zusammen hierher gezogen sind, in Schnappschüssen vor den Augen von Millionen Menschen. Seit unserer Auswanderung von Hamburg nach Texas bin ich vielen Menschen begegnet, viele haben uns besucht. Die meisten meinen, uns zu kennen, was sie in gewisser Weise auch tun, selbst wenn sie uns nur regelmäßig in einem Kasten in ihrem Wohnzimmer sehen. Und dennoch gibt es da noch mehr zu erzählen. Es gibt Geschichten hinter den Geschichten, es gibt Vorleben, vergangene Abenteuer, Anekdoten und Erlebnisse, verwirklichte Träume und kleine Dramen, alles zusammen ein Leben, das in Scheiben geschnitten auch für ein Dutzend Menschen reichen würde. Aber erstaunlicherweise reicht es gerade so eben für meine Familie und mich. Seit langer Zeit schon schnitzen wir die Realität, die wir tagtäglich leben, aus der Vielzahl unserer absurden Ideen. Denn in meinem Kopf passen mehr Träume als in eine große Turnhalle. Keiner dieser Träume bettelt darum, möglichst lange aufgehoben zu werden, keiner ist von vornherein zu krank, um jemals laufen zu können, und bisher ist keiner von ihnen wirklich geplatzt. Wenn mal ein Traum nicht ganz in Erfüllung geht, wird er eben einfach von einem anderen abgelöst.

In diesem Buch werde ich erzählen, wie es überhaupt dazu kommen konnte, dass wir jetzt an diesem wunderbaren See sitzen, inmitten selbstgebauter Häuser, an einem Steg, neben einer Hafenkneipe. Ich werde erzählen, wie ein einfacher Junge aus einer Baracke in der Nähe vom Hamburger Hafen durch aufregende Wirrungen und Wendungen, auf verschlungenen Pfaden und mit einer Menge Spaß hierher finden konnte. Es war ein langer Weg, der aber noch lange nicht zu Ende ist. Dies ist nur eine Zwischenetappe. Wen würde es wundern, wenn ich irgendwann auf einem Surfbrett die Welt umrunde? Mich am allerwenigsten. Aber das ist eine andere Geschichte.

Die Reimanns im Juni 2008: *Jason, Konny, Manu und Janina*

DIE ERSTEN JAHRE

Wellblechbaracken. Das erste Bild meiner Kindheit, an das ich mich erinnern kann, sind Wellblechbaracken. In Hamburg-Harburg standen damals kurz nach dem Krieg diese eilig errichteten Lager für Amerikaner und Engländer, in denen nun, in den fünfziger Jahren, deutsche Familien wohnten, bis ihnen irgendwann Neubauten zugewiesen werden sollten. Ich war ungefähr vier Jahre alt, als sich mir das Bild dieser Kolonie ins Gedächtnis brannte – zweihundert Baracken, Wellblech, so weit das Auge reichte.

Ich wurde geboren, als meine Mutter sechzehn war, der erste männliche „Nachkomme" seit Generationen, eine kleine Reimann'sche Sensation. Meine Eltern trennten sich, als ich drei war, und ich wohnte fortan bei meiner Mutter. Ein Stiefvater, der vorher zur See gefahren war und dann seiner neuen Familie wegen, uns zuliebe also, dieses Leben aufgab und bei uns blieb, folgte kurz danach. Ich kann nicht sagen, dass wir wohlhabend waren. Ich erinnere mich, dass meine Mutter einmal an Weihnachten einen sehr kleinen Weihnachtsbaum besorgte, ein kleines grünes Kerlchen, das den Namen „Baum in viel zu kleinen Klamotten" trug. Eines Nachmittags – keine Ahnung mehr, wie es passierte – fiel der Baum von seinem Podest auf den Boden, und einige von seinen spärlichen Zweigen brachen ab. Es war undenkbar, dass meine Mutter einen neuen Baum besorgte, also nahm sie die Zweige und nähte sie mit Nadel und Faden wieder an den ramponierten Rest des Baumes. Wen wundert es da, dass ich schon im zarten Alter von etwa fünf Jahren anfing, Eisenschrott zu sammeln, um ihn für ein bisschen Klingelgeld zum Eisenhändler zu bringen?

Trotzdem war es keine schlechte Zeit. Ich versuchte früh, mein Glück in meine eigenen Hände zu nehmen, mich in der Gegend auszutoben. Ich mochte unsere Umgebung, eine Vergleichsmöglichkeit hatte ich ja nicht. Nach und nach wurden den Familien in unserer Nachbarschaft neue Wohnungen zugewiesen, man konnte das Ausdünnen der Siedlung langsam verfolgen, und ich wartete darauf, dass auch wir umziehen würden. Tatsächlich waren wir aber am Ende die Letzten, die das Barackenfeld verlassen durften.

Wie man unschwer erkennen kann, bin ich ein Original-Hamburger, aufgewachsen in Harburg, mit vier Jahren umgezogen nach Bramfeld, wo ich auch eingeschult wurde. Später wohnten wir in der Nähe vom U-Bahnhof Uhlandstraße, Hamburg-Hohenfelde, direkt um die Ecke vom Kuhmühlenteich. Als Kind, ungefähr sieben oder acht Jahre alt, lief ich oft mit meinem jüngeren Bruder und manchmal auch mit meiner noch jüngeren Schwester an der Alster entlang zur Elbe. Ich liebte das Wasser, ich liebte die Flüsse und das Meer. Die täglichen zwanzig Kilometer waren für uns schnell ein normales Pensum. Oft stand ich schon um vier Uhr früh auf und lief zum Fischmarkt, wollte gucken, wo man Enten und Hühner kaufen konnte. Nicht, dass ich jemals selbst etwas erstanden hätte, aber das Gefühl, dabei zu sein, dort zu sein, wo das Federvieh den Besitzer wechselte, wo die Schiffe vorbeifuhren, wo etwas los war, das alles brachte täglich kleine Abenteuer, die durch nichts zu ersetzen waren. In den Sommerferien waren wir Kinder praktisch sechs Wochen ununterbrochen im Wasser. Schlauchboottouren, schwimmen gehen, am Wasser entlanglaufen und spielen, reinspringen: unsere ganz persönliche kleine Welt aus Wellen und Wind. Hier wehte immerhin ein wenig vom Geruch der großen Welt, von der wir natürlich noch nicht sehr viel ahnten, die man hier aber schon förmlich schmecken konnte.

Mein „Zimmer" zu Hause war das komplette Gegenteil von diesem Freiluftabenteuer ohne Grenzen. Ich lebte in einer Art Speisekammer, in der gerade eben ein Bett ganz hineinpasste und damit ebenso knapp der, der darin zu liegen hatte. Das Zimmer war etwa 2,20 Meter lang und 80 cm breit. Aber es war meins. Das war alles, was für mich zählte. Erstaunlich, dass außer dem Bett noch irgendwo ein 80-Liter-Aquarium hineinpasste. Obwohl ich schon nicht der Größte war, musste ich, wenn ich seitlich auf meinem Bett saß, also mit den Füßen auf dem Boden, immer etwas die Beine anziehen, ausstrecken war nicht möglich. Die Wand beendete jedes Minimum an Gemütlichkeit. Hier kam mir mein Körper etwas entgegen, denn wäre ich ein angehender Basketballer gewesen, hätte ich auf meinem Bett gesessen wie ein Harlem Globetrotter in einem Trabbi. Aber ich war klein (und bin es noch). Doch schon in jungen Jahren kompensierte ich das durch Kraft.

Ich war so klein und so kräftig, dass ich einmal in der Schule sogar hochspringen musste, um einem älteren Mitschüler, der mich traktiert hatte, einen Kinnhaken zu geben. An eine weitere derartige Begebenheit kann ich mich aber nicht erinnern, denn es sprach sich schnell herum, dass ich der falsche Ansprechpartner für Schlägereien jeglicher Art war. Die Chancen, gegen mich einen glorreichen Sieg davonzutragen, standen nicht besonders gut, ganz egal, wer antrat.

Ganz abgesehen davon, war schon damals Prügeln nichts für mich. Meine Gegner haben mir immer viel zu leid getan, wie überhaupt die Verlierer solcher Kämpfe. Ich sah keinen Sinn darin, jemanden körperlich zu demütigen, viel lieber hatte ich Spaß mit anderen Kindern. Ernste Kämpfe waren nicht meine Sache.

Dennoch habe ich früh gelernt, dass man Rückgrat zeigen muss, sich „gerademachen" muss, wenn es notwendig ist. Allerdings weniger, um jemanden zu Boden zu schicken, als vielmehr, um Haltung zu zeigen, dem Gegenüber zu verstehen zu geben, was die eigene Meinung ist. Vor einigen Jahren wurde mein Sohn Jason in Schenefeld in der Schule von einem notorischen Schlägertyp verprügelt, der auch schon viele andere Kinder angegangen war und belästigt hatte. Der Junge trieb eine Weile sein Unwesen, und niemand schien sich darum zu kümmern oder auch nur das Geringste dagegen zu unternehmen. Ich war bei all den vielen Eltern der Einzige, der bei einem Elternabend aufstand und sagte: „So geht es nicht, wir müssen auf dieses Kind aufpassen." Andere Eltern schlossen sich meiner Meinung an, und so machten wir das dann – wir kamen selbst zur Schule und behielten den Störenfried im Auge. Mehr war gar nicht nötig, und nach einer Weile hatte sich das Problem erledigt. Man muss für seine Prinzipien einstehen und auch den Mund aufmachen können. Wenn mir etwas nicht passt, sage ich das. Es nützt nichts, sich aus Angst, Scham oder um des lieben Friedens willen zurückzuhalten. Meinung auf den Tisch, basta, aus. Auch wenn das manchmal unangenehme Konsequenzen nach sich zieht. Ich stand damals an jenem Abend auf und zeigte mit dem Finger auf die Lehrerin und sagte ihr auf die Nase zu, dass sie mit der Situation nicht klarkäme. Sie hatte ihre Klasse nicht im Griff, und jeder wusste das. Zunächst versuchte sie, die Situation mit dem Schlägerkind herunterzuspielen. Außer mir traute sich niemand, der Lehrerin die Wahrheit zu sagen. Sie war überfordert und hilflos. Kurz nachdem ich der Lehrerin erklärt hatte, sie habe pädagogisch versagt und die Situation nicht im Griff, bekam ich Schulverbot. Ich hatte mir erlaubt, die Lehrerin zu maßregeln, und derlei Kritik war nicht erwünscht. Mir war's egal. Die Situation war geklärt, und ich hatte mich nicht versteckt.

Neben meiner Mutter kümmerte sich vor allem meine Oma viel um mich. Ich habe kaum eine Erinnerung an sie, aber meine Mutter sagte mir einmal, dass meine Großmutter mich im Grunde etwas verzogen hätte. Ich bekam, was ich wollte. Während meine Mutter und auch später mein Stiefvater zu Hause eine – nennen wir es mal vorsichtig „recht robuste" Gangart an den Tag legten, versuchte sie, es mir immer recht zu machen. Dementsprechend gut kamen wir miteinander aus. Es war allerdings kein Wunder, dass die alte Dame auf Harmonie aus war: Meine Oma war im Krieg mehr als ein Mal ausgebombt worden. Das erste Mal, als Bomben auf ihr Haus fielen, war sie im Keller, wie man es den Menschen damals beigebracht hatte. Die oberen Etagen wurden schwer getroffen, das Fundament knickte ein, als wäre es aus Salzstangen gebaut, und im Keller stürzten Balken und die Decke auf die Schutzsuchenden ein. Ein paar Meter neben meiner Oma wurde ein Mann derart schwer von einem Eisenträger getroffen, dass er wenig mehr als das angsterfüllte Jammern eines Sterbenden herausbrachte. Er starb vor ihren Augen, sie selbst konnte ihm nicht helfen, war sie doch ebenfalls derart verschüttet und lädiert, dass es ihr unmöglich war, Hilfe zu leisten. Es war schlimm, einen Menschen auf diese Art und Weise sterben zu sehen, viel schlimmer jedoch war die Tatsache, dass meine Oma mit ansehen musste, wie der Mann langsam neben ihr verfaulte. Unfähig, sich selbst aus den Trümmern zu befreien, musste sie neben dem Getroffenen ausharren, bis – viel später erst – Hilfe kam. Immer wenn später Bombenalarm war, blieb sie stoisch im oberen Teil des Hauses und wartete, bis der dröhnende Spuk vorbei war.

Die einzige bildhafte Erinnerung, die ich an meine Großmutter habe, ist die, wie wir sie im Krankenhaus besuchten. Am Ende ihrer Tage war sie durchgedreht. Die Vergangenheit hatte sie eingeholt und überfahren wie ein schwerer Laster, und Körper und Geist waren schließlich zu schwach, um noch eine vernünftige Gegenwehr zu leisten.

Mein Stiefvater war im Gegensatz zu meiner Großmutter kein Mann, der ein Übermaß an Empathie verströmte. Ich weiß nicht, ob das raue Leben auf See ihn zu dem grobklotzigen Typen gemacht hatte, der sich mir oft genug in den Weg stellte, oder ob es das Leben an anderer Stelle nicht gut mit ihm gemeint hatte. Er trank und kanalisierte seine stets darauf folgende Übellaunigkeit handfest in meine Richtung. Vermutlich ist bereits in jungen Jahren daher eine Abneigung gegen übermäßig viel Alkohol in mir gewachsen. Selbst wenn ich später mal ein Bier trank, so tat ich das lange Zeit nicht vor meinen eigenen Kindern.

Obwohl ich nie wirklich adoptiert wurde, trug ich trotz allem bis zu meinem 16. Lebensjahr doch den Nachnamen meines Stiefvaters: Nothmann. Damals war es noch üblich, dass man als Kind mit einem von den Eltern ausgestellten Krankenschein zum Arzt ging. Immer wenn ich mich auf den Weg zu einem Arzt machte, hatte ich genau so einen Krankenschein bei mir, allerdings gaben meine Mutter und mein Stiefvater mir diesen immer in einem Kuvert mit. Ich kam zu den Ärzten, händigte ihnen den Umschlag aus und machte mir nie viele Gedanken darüber. Irgendwann, ich muss ungefähr fünfzehn Jahre alt gewesen sein, überkam mich aber auf einmal die Neugier. Auf dem Weg zu einem meiner Arztbesuche öffnete ich den Umschlag und sah mir den darin befindlichen Zettel zum ersten Mal an. Ich war mehr als überrascht, auf diese Art zu erfahren, dass ich mehrere Jahre den Krankenschein eines anderen mit mir getragen hatte. Konrad Reimann wurde auf diesem Wisch zum Arzt geschickt, nicht ich. Zu Hause erzählten sie mir dann, dass ich eigentlich Reimann hieße und einen anderen Vater hätte. Ich weiß noch, dass ich das damals relativ gelassen aufnahm. Die Neugier, den Mann, der mein Vater sein sollte, dennoch zu treffen, wuchs aber stündlich und wurde bald so groß, dass ich sie nicht mehr ignorieren konnte.

Ein Treffen wurde arrangiert, um mir die Chance zu geben, meinen richtigen Vater kennenzulernen. Dazu gab es dann aber nicht wirklich Gelegenheit, denn meine Mutter und der erstmals für mich auftauchende Herr Reimann hatten sich schneller in den Haaren, als ich „Papa" sagen konnte. Erst ein Jahr später verabredete ich mich alleine mit meinem leiblichen Vater. Zu dem Zeitpunkt lebte ich schon nicht mehr zu Hause.

Ich beendete die Volksschule mit sechzehn und fing sofort eine Lehre an. Im zweiten Lehrjahr schmiss mich meine Mutter dann raus. Es war 1972, und ich war erst siebzehn Jahre alt. Ich zog um ins Arbeiterwohnheim und war ehrlich gesagt froh, von zu Hause weg zu sein.

Als ich meinen richtigen Vater traf, war ich erstaunlicherweise nicht sauer auf ihn. Die Frage, warum er uns verlassen und vor allem all die Jahre keinen Kontakt gesucht hatte, ergab sich nicht – die Antwort hatte das erste, von meiner Mutter arrangierte Treffen gegeben. Hätte sich mein Vater in unser Leben eingemischt, wäre nur Mord und Totschlag dabei herausgekommen. Ich hätte zwar zwei Väter gehabt, aber auch viel Verwirrung und weit mehr Streit mitbekommen. Es war sicher nicht einfach für meinen Vater, die Füße stillzuhalten und zu wissen, dass er an unserer Entwicklung keinen Anteil haben konnte. Aber vielleicht war es trotzdem die beste Entscheidung seines Lebens. Ich empfand auf jeden Fall tiefen Respekt vor seinem Entschluss und hegte nicht den geringsten Groll ihm gegenüber. Ich merkte zudem sehr schnell, dass Blut dicker ist als das Tränenwasser, das mich dürftig mit meinem Stiefvater verband.

In den kommenden Jahren traf ich mich immer wieder mit meinem Vater, und aus einer puren Verwandtschaft wurde irgendwann eine Freundschaft. Während der Draht zu meinem Stiefvater sich auflöste wie ein Kondensstreifen, steht die Verbindung zu meinem wirklichen Vater heute fester denn je. Ob das auch meine Mutter und ihr Freund so im Sinn gehabt hatten, als sie mich alleine großzogen? Irgendwie finden sich die Personen, die zueinander gehören, dann scheinbar doch. Is' so. Mein Vater wird uns bald besuchen kommen hier in Amerika. Das erste Mal. Ich freue mich drauf.

Als ich im Frühjahr '72 meine Berufsausbildung bei der Werft Blohm & Voss begann, war eine gewisse Manu gerade mal vier Jahre alt. Während sie sich vermutlich noch mit Puppen und Ponys beschäftigte, bekam ich es mit Schiffsmaschinenbau zu tun. Blohm & Voss war damals die größte Werft in Hamburg, und man konnte dort mehr lernen als anderswo. Hier bekam ich den Grundstock dessen an die Hand, was man benötigt, um in der Welt Fuß zu fassen. Ich durchlief alle Abteilungen, die notwendig sind, um ein Schiff zu bauen, und wurde so zu einem Schweißer, Blechschlosser, Maschinen- und Rohrschlosser, Schiffsmaschinenbauer, Turbinenbauer, Schmied und Dreher. Ich lernte metallverarbeitende Verfahren und Gewerke kennen, wurde zum Fräser und technischen Zeichner ausgebildet, absolvierte die Abteilungen der Arbeitsvorbereitung, erfuhr etwas über Arbeits- und Sicherheitsschutz, und selbst die Holzverarbeitung kam irgendwann dran. Nichts Handwerkliches blieb mir verborgen.

Ich blieb dreieinhalb Jahre bei Blohm & Voss. Die Ausbildung war mit das Wertvollste, was ich in meinem Leben gemacht habe. Es gab danach kaum eine bautechnische Aufgabe, die mich vor große Rätsel stellte. Ich hatte das Rüstzeug, und wo ich auch ging und stand, fiel der Name Blohm & Voss, und schon war alles klar. Meine Lehre dauerte bis 1975, und direkt im Anschluss arbeitete ich ein halbes Jahr, bevor ich mich entschloss, zur Bundeswehr zu gehen. Dort blieb ich zwei Jahre, also länger als üblich. Das hatte einen einfachen Grund: Die Ausbildung und auch die anschließende Arbeit hatten meine Taschen nicht eben zum Bersten gefüllt, und wenn man sich damals für eine längere Zeit als vorgeschrieben beim Bund verpflichtete, gab es weitaus mehr Geld. So konnte ich mir auf einmal locker eine Wohnung und ein Auto finanzieren. Ein neues Stück von der heißersehnten Freiheit. Die Aufgaben, die bei der Bundeswehr auf mich warteten, stellten für mich, im Gegensatz zu einigen anderen, kein Problem dar. Im Gegenteil, ich mochte selbst die langen Märsche, war ich es doch von Kindesbeinen an gewohnt, lange und viel zu laufen und mich auch sonst fit zu halten.

Seit ich sieben Jahre alt war, ging ich zum Kunstturnen. Ich liebte den Sport. In der Schule bekam ich stets erste Preise, und auch überregional machte ich auf mich aufmerksam. Mit siebzehn fing ich zudem mit Karate an und gelangte auch dort schnell auf ein hohes Niveau. Der Sport bestimmte also schon früh in meinem Leben einen guten Teil meiner Freizeit, und auch während der Zeit beim Bund war dies nicht anders. Man kann also sagen, dass mein Körper jegliche noch so schwierige Betätigung dort als reine Fortsetzung des Bisherigen ansah.

Den Ideologien meiner Vorgesetzten konnte ich nicht immer folgen, aber zu diesem Zeitpunkt interessierte mich das auch noch nicht so. Das Sportliche und auch die Kameradschaft waren mir wichtiger. Ich entsinne mich, dass wir dort viel Spaß gehabt haben, erinnere mich zum Beispiel an Gewaltmärsche, bei denen ich am Ende nicht nur mein eigenes, sondern stattdessen gleich vier Gewehre auf dem Rücken hatte. Es waren die Waffen von anderen Soldaten, denen die Last nach einiger Zeit zu viel geworden war. Natürlich ging auch mir das Autoritätsgehabe mancher Leute gegen den Strich. Bereits zu diesem Zeitpunkt lehnte ich mich gegen jegliche Art der Bevormundung auf, zumal wenn es sich um kodierten Schwachsinn handelte, den kein

Mensch nachvollziehen konnte. Ich wusste, dass man bei der Bundeswehr logischerweise Befehle befolgen musste, und wenn diese von gescheiten Personen kamen, die einen respektierten – kein Problem. Brenzliger wurde es bei ein, zwei Vorgesetzten, die auf den ersten Blick keine allzu großen Leuchten waren. Da fragte ich mich schon das ein oder andere Mal, wieso ich jetzt ausgerechnet von solchen Pfeifen Anweisungen entgegennehmen musste. Aber auch das habe ich überstanden.

Eine wichtige Sache, die ich in dieser Zeit lernte: Wenn es mal Ärger gibt, schlaf eine Nacht drüber! Ich weiß, das ist kein allzu neuer Grundsatz, aber einer, den die wenigsten beherzigen. Und er ist absolut wahr, denn egal, was für eine Wut du im Bauch hast, egal, was für einen Streit du mit jemandem ausfichtst – am nächsten Tag hat sich die Welt oft von einem lodernden Rot in ein mildes Hellblau verwandelt, und der Rauch vom Vortag hängt nur noch am Rand deiner Nasenlöcher. Diese fast schon buddhistische Maxime hat sich seit dieser Zeit in mir festgesetzt und ist mir seitdem mehr als einmal in schwierigen Situationen noch rechtzeitig in den Sinn gekommen.

So verging auch die Zeit in Lübeck-Blankensee, wo ich stationiert war, und das Jahr 1977 war noch nicht vorüber, als eine neue Zeitrechnung für mich begann. In den kommenden Jahren galt es, die eigene Freiheit auszukosten und weitere Teile der Welt kennenzulernen. Außerdem wollte ich testen, was es im Spaßsektor noch alles zu erleben und zu entdecken gab.

Eine Sache, die mich mein Leben lang begleitet hat wie meine Schultern und mein Kopf, ist der Sport. Schon in der Kindheit fing ich damit an und habe bis heute nicht damit aufgehört. Ich werde in diesem Buch immer mal wieder darauf zurückkommen. Denn die Sportarten, die ich ausprobiert habe, ergaben nicht nur zu der Zeit einen Sinn, in der ich mit ihnen begann. Sie ermöglichten mir auch und vor allem Tonnen von Spaß und gaben mir die Kraft, die ich später beim Ausprobieren von Unmöglichkeiten hatte und brauchte. Ohne sie wären die Dinge, die ich mit meinen Freunden im Laufe der Jahre durchzog, nicht möglich gewesen. Fast all der Unsinn, den wir im Kopf hatten, involvierte körperliche Höchstleistungen, und ihr dürft dreimal raten, wer am Ende immer derjenige war, der als Proband herhalten musste und, seien wir ehrlich, das auch wollte ...

Nach der Bundeswehr arbeitete ich als Kältemechaniker. Diesen Beruf gab es damals erst seit kurzer Zeit, noch wenige Jahre vorher hatte man das gar nicht gekannt. Für mich war die Arbeit, Blohm & Voss sei Dank, kein Problem. Im Gegenteil, es machte Spaß, und ich genoss die erste Zeit, in der ich mein eigenes Geld mit eigener Leistung verdiente.

Wie viel Geld das letztlich war, habe ich immer an der Aufgabe festgemacht. Ich habe mir das nie bewusst vorgenommen, aber ich habe mich zu keiner Zeit darum geschert, was andere in ähnlichen Positionen verdient haben. Ob ein Kollege einen besseren Vertrag hatte als ich, störte mich nicht. Ich wusste, was ich wert war und wie viel ich für meine Arbeit haben wollte. Wenn ich das nicht bekam, machte ich die Arbeit im Zweifel eher nicht. Es ist schon komisch: Als ob mich jemand daraufhin erzogen oder trainiert hätte, ein sicheres Auftreten zu haben, wenn ich solche Sachen verhandele, stand ich stets schon früh in meinem beruflichen Leben vor meinen Auftraggebern und sagte ihnen, was ich unter einer gerechten Gleichung von Arbeit und Lohn verstehe. Doch von einer derartigen Vorbereitung hatte in meiner Kindheit und Erziehung nicht die Rede sein können. Mir ging es bei den Gesprächen mit meinen Arbeitgebern weniger um eine besonders gewiefte Taktik als vielmehr um ein korrektes Gefühl. Ich wollte mich einfach nicht unter Wert verkaufen, ansonsten hätte mir die Arbeit keinen Spaß gemacht. Wenn jemand nur wenig zu geben hatte, aber fair mit seinen Arbeitern umging, gab ich mich auch mit weniger zufrieden. Die Verhältnisse mussten einfach stimmen.

Zunächst verdiente ich mein Geld in Hamburg, später fuhr ich dann zur See und reparierte unterwegs Klimaanlagen. In jener Zeit arbeitete ich für verschiedene Firmen, mit Unterbrechungen war ich immer wieder unterwegs an entlegene Orte, für die man, wollte man sie auf dem Globus suchen, eine halbe Umdrehung benötigte.

Ich genoss diese Reisen damals sehr. Alles, was ich zu der Zeit tat, hatte mit Freiheit zu tun und stillte meine Sehnsucht nach Abenteuer. Ich kam unter anderem auch nach Südamerika und wäre um ein Haar sehr früh schon dort hängengeblieben. Ein Hotel in Santos hatte mir ein Angebot gemacht, dort zu arbeiten, und die Option gefiel mir sehr gut. Zwei Gründe hielten mich davon ab, dort zu bleiben: Zum einen hatte ich in Hamburg zu der Zeit eine Freundin. Zum anderen hatte eben diese Freundin in meiner Abwesenheit einen Unfall mit meinem Chevy Caprice Kombi. Sie erzählte mir davon am Telefon, genau in den Tagen, als ich in Südamerika war. Ich hatte ein schlechtes Gefühl, sie (und den kaputten Wagen) dort so alleinzulassen. Ich liebte meine Freundin, und ich liebte den Wagen. Die Vorstellung, meinen „Ami" einfach kaputt zurückzulassen, bereitete mir Magenschmerzen. Ich war ziemlich entnervt von der Sache. Ihr war nichts passiert, und später erfuhr ich auch, wieso. Als ich wieder in Hamburg angekommen war, entpuppte sich der Unfall als Lappalie: Meine Freundin hatte gar keinen Schaden davontragen können, weil sie an dem Station Wagon (so nannte man das Modell) lediglich das Gummi an der Zierleiste etwas ramponiert hatte. Eine Macke, die ich mit einem Handgriff wieder beheben konnte. So hielten ein kleines Stück Gummi und meine ausufernde Vorstellungskraft mich davon ab, mein Leben in Südamerika fortzusetzen. War vielleicht besser so.

Auch nach England und Frankreich bin ich gekommen und habe gelernt, dass der alte Spruch tatsächlich stimmt: Reisen bildet. Ich fand es großartig, auf See zu sein und diese unterschiedlichen Länder kennenzulernen. Auch durch den Sport bin ich später noch viel gereist, bin viel herumgekommen, und habe ebenso wissbegierig alles in mich aufgesogen. Noch ein Grund, warum ohne Sport mein Leben definitiv anders verlaufen wäre.

In den letzten Jahren in Hamburg arbeitete ich sogar des Öfteren ohne Arbeitsvertrag. Ich war Subunternehmer, hatte ein gewisses Risiko, konnte das aber immer besser taxieren. Ich wusste schon nach ein paar Jahren, wem ich trauen konnte und wem nicht. Sobald es ernste Schwierigkeiten gab oder Abmachungen nicht eingehalten wurden, ging ich. Bald wussten die Firmen, was sie von mir erwarten konnten und dass sie mich nicht hinters Licht führen konnten. Mit dieser offenen Art und Weise bin ich sehr gut gefahren. Am Ende hatte ich einen guten Kundenstamm mit Firmen, bei denen ich immer wieder mit Aufträgen rechnen konnte.

Es muss 1979 oder 1980 gewesen sein, als ich mein erstes amerikanisches Auto, oder „einen Ami", wie wir es nannten, fuhr. Es war ein Chevy Caprice, an den ich durch Zufall gekommen war. Ich selbst hatte zu diesem Zeitpunkt noch einen Audi 100 mit Automatik. Dann lernte ich das Mädchen kennen, das diesen Chevy fuhr. Ich war wie hypnotisiert. Die junge Frau war in Ordnung, aber der Wagen war eine Wucht. Der Zufall wollte es, dass sie das Ding verkaufen wollte, und ich schlug sofort zu. Weder hatte ich vorher irgendeine Verbindung zu Amerika gehabt noch das Verlangen, dahin zu kommen, aber die Autos von dort waren für mich schon früh etwas Besonderes. Die Größe dieser Gesamtkunstwerke allein hat es mir schon angetan. Auch die Maschine – der 5,7-Liter-V8-Motor –, der Sound, all der Platz unter der Haube und im Wagen ... Diese Autos waren wie für mich erfunden. Vielleicht war dieser amerikanische Duft von Freiheit und Größe aus späterer Sicht der Wegbereiter für die euphorischen Gefühle, die ich hatte, als wir das erste Mal nach Texas einsegelten. Bei dem Chevy konnte man die Sitzbank herunterklappen, und schon hatte man eine wunderbare Ladefläche. Oder man setzte hinter die letzte Sitzreihe noch eine Bank mit zwei Sitzplätzen, von der aus man nach hinten auf die Straße hinaussah. Auch für die Wochenendfahrten war die Kiste wie geschaffen. Nahm man die Sitze wieder weg, hatte man automatisch eine Liegefläche von 2,60 Metern. Das Ding war sehr komfortabel, es hatte einen Tempomat und eine sich selbstständig regelnde Klimaanlage, so dass man selbst nach langen Fahrten topfit war.

Seit diesem Chevy hatte ich immer wieder US-Karossen. Bei einem der späteren Amis, die ich aus den USA bezog, einem schwarzen Pick-up Crew Cab (im Prinzip ein großer PKW mit Ladefläche), fand ich kurz nach dem Kauf ein paar leere McDonald's-Ketchup- und Pfeffertüten im Innenraum. Ich weiß noch genau, dass mir komisch zumute wurde. Wenige Tage zuvor hatte noch jemand am anderen Ende der Welt versucht, seinen in irgendeinem Fast-Food-Restaurant gekauften Hamburger mit Pommes zu würzen, und jetzt stand die Kiste mit diesem stummen und seltsam beiläufigen Gruß einer Hinterlassenschaft vor mir. Aber damit noch nicht genug:

Ich fand auch noch Bohnenspuren und einen feinen, farbigen Rand am Tacho. Wenn man sich etwas mit derlei Fahrzeugen und ihrer Nutzung beschäftigt, weiß man, dass der Vorbesitzer seinen Wagen nicht geschont hatte und in einer Gegend unterwegs gewesen war, die vom Verlauf des Weges so manche Überraschung parat hatte. Man musste kein Sherlock Holmes sein, um zu erkennen, dass dem Mann das Auto sehr wahrscheinlich wenigstens einmal abgesoffen war, im wörtlichen Sinne – das Auto also untergegangen war oder zumindest bis unter die Halskrause im Feuchten gesteckt hatte. Der Verkäufer hatte es vor dem Verkauf gereinigt und am Ende, nach dem Trocknen, blieb schließlich nur der feine Rest am Tacho übrig. Neben dem Staub und den Essensresten fand ich noch roten Sand.

Es war meine erste, noch sehr lose Verbindung zu Amerika, einem Land, das mir zu jenem Zeitpunkt außer seinen Autos nicht viel zu sagen hatte. Während jeder Amerikaner sich in seinem Leben ein deutsches, möglichst schnelles Auto wünscht, ging meine Sehnsucht schlicht in Richtung Größe. Heute überfluten die Japaner sowohl Europa als auch Amerika mit Fahrzeugen, die sich eher an der asiatischen Körpergröße orientieren. Nichts für mich. Man stelle sich nur mal vor, wie ich in einem kleinen Mazda aussehen würde!

Als wir bereits in Amerika wohnten, waren wir einmal beim Red River im Norden von Texas. Ich sah den flach und breit vor mir liegenden rostig-roten Boden und musste urplötzlich wieder an den roten Sand aus dem schwarzen Pick-up denken. Vielleicht hatte ich, ohne es zu wissen oder auch nur zu ahnen, bereits lange bevor wir nach Amerika übersiedelten, ein Auto gefahren, das kurz zuvor durch die Straßen von Texarkana, Clarksville, Dallas, Plano und Wim Wenders' Paris, Texas gescheucht worden war. Wer weiß, vielleicht sogar durch Gainesville und am Moss Lake vorbei? Vielleicht bilde ich mir das auch nur ein, aber es könnte so gewesen sein.

Vor dem Pick-up war ich einen Suburban gefahren, dessen Hinterteil ich kurzerhand abflexte, so dass aus ihm ebenfalls eine Art Pick-up wurde. Einfach so lassen, wie sie waren, konnte ich Autos generell eher schlecht. Mir fiel immer etwas ein, was man mit ihnen machen konnte, was sie noch geiler machte, noch brauchbarer für meine Zwecke.

Den Chevy hatte ich mir damals wegen seines großen Heckfensters gekauft. Ich war ungefähr seit dem Jahr 1979 leidenschaftlicher Surfer, und mit diesem Auto konnte ich an die Garage heranfahren und alles direkt ausladen, was ich in die großen Backentaschen am Ende des Autos gepackt hatte. Herrlich! Für mich fühlte sich das an, als könne ich auch noch drei Elefanten hinten im Auto verstauen und mit zum Surfen nehmen.

Ansonsten gab es im Grunde für mich vor der Auswanderung fast keinen Bezug zu den USA. Ich hörte kaum Musik, und wenn, hatte mich nie interessiert, woher sie kam. Meine Reiseziele waren lange Zeit klar umrissen: Sie mussten nicht allzu weit weg sein, und man musste dort ungestört seine Spleens ausleben können. Man musste mit dem Auto hinkommen und günstig übernachten können. Es schadete auch nichts, wenn ich mich etwas auskannte, um gleich die besten Stellen für unsere improvisierten Stunts und das Surfen zu finden. Die USA meiner frühen Jahre waren entweder Südfrankreich oder Dänemark, Letzteres noch etwas öfter.

Ich bin mir sicher, dass ich der Erste war, der mit einem Geländewagen auf Stränden herumgefahren ist. Ich hatte diese großen Schlitten, also musste ich auch ausprobieren, was damit alles zu machen war. Heutzutage gibt es sogar im Fernsehen allerlei Sendungen, die anarchistische Mutproben zum Inhalt haben und den Kids quasi Anleitungen zur Hobbyrebellion geben. Früher waren die Leute, selbst junge, noch weitaus vorsichtiger, was spektakuläre Aktionen anging. Meine Freunde und ich schienen allerdings mehr Albernheiten im Kopf zu haben als Otto Normalverbraucher, und wir zündeten diese Ideen, sobald wir losfuhren – zu irgendeinem Strand, der uns einlud, ihn als Kulisse für unsere Spektakel zu nutzen.

Nicht selten befestigten wir zum Beispiel mit einem Seil eine Holzpalette am Auto, auf der wir anschließend am Strand „surften"; das Auto war das

Motorboot, und wir waren die Johnny Knoxvilles der späten Siebziger und frühen Achtziger, die ausprobierten, ob wirklich nicht geht, was eigentlich nicht gehen kann. Meist ging es dann doch irgendwie, wenn auch nicht immer ohne Zwischen- oder gar Unfälle.

Oder wir banden ein Tau ans Auto, an dessen Ende sich eine Schlaufe befand. Diese Schlaufe hielten wir in der Hand, standen auf einem Surfbrett, und der Fahrer gab Gas. Damit surften wir dann im flachen Wasser am Ufer entlang. Es war wie eine skurrile Form von Wasserski an der Grenze von Meer und Land. Nicht Wellen sollten den Surfer tragen, sondern nur eine Tischdecke aus Wasser, damit man gleiten konnte, wenn der Fahrer losfuhr. Wir erreichten damals auf diese Weise Geschwindigkeiten von bis zu 50 km/h. Es war ein Traum. Wir hatten nur Blödsinn im Kopf, nichts konnte skurril genug sein. Hatten wir eine Sache überlebt, musste eine neue gefunden werden, die der Vorherigen mindestens ebenbürtig war.

Es hatte sich bald herumgesprochen, dass wir zum Äußersten bereit waren und im Prinzip sogar die Erdanziehungskraft in Frage stellten. Einmal war ein Fotograf einer großen Surfzeitung dabei, der uns fotografieren wollte, wie wir den Wellen trotzten. Wie so oft kam es dann aber gar nicht zu einem normalen Surf-Nachmittag. Vielmehr probierten wir mal wieder unser „Ufer-Surfen", also das Gleiten auf den ausrollenden Wellen am Strand mit einem Surfbrett, gezogen von unserem Auto. Einer meiner Freunde fuhr den Wagen, und ich stellte mich hinten auf das Brett. Alles klappte hervorragend, das Auto und somit auch das Surfbrett und ich gewannen an Fahrt, und ich schlidderte über den Strand mit einer Geschwindigkeit, die Pferde neidisch gemacht hätte. Mit Unebenheiten muss man natürlich immer rechnen, und wenn man nicht mit ihnen rechnet, muss man sich wenigstens spontan mit ihnen anfreunden. Ich war voll in Fahrt, als plötzlich vor mir eine Sandbank auftauchte. Das Brett stoppte, wie es ihm die Sandbank befahl, doch ich hatte noch das Seil in Hand, verbunden mit einem Auto, das Sandbänke überhaupt nicht kannte. Allein aufgrund des immensen Tempos und einer recht guten inneren Steuerung fiel ich jedoch nicht einfach hin, sondern rannte, wenn man das so nennen will, auf dem Sand weiter, was dann ausgesehen haben muss wie eine Art Dreisprung. Als Erstes ließ ich das Seil fallen. Dann machte ich einen Satz und kam mit einem Fuß wieder auf, ein paar Meter weiter mit dem anderen, dann wieder mehrere Meter dahinter mit dem ersten. So ging das ein paar „Schritte", bis ich krachend und einen rasanten Salto schlagend ins Wasser katapultiert wurde. Der Fotograf hielt während der ganzen, in wenigen Sekunden stattfindenden Szene drauf, und ich schätze, man konnte ein gutes Daumenkino aus seinen Bildern machen. Er schaute am Ende verdutzt hinter seiner Kamera hervor, unsicher, ob ich würde aufstehen können und überhaupt noch bei Bewusstsein oder gar am Leben wäre. Ich war! Ich lachte schon beim Aufrappeln und fand das Ende dieser legendären Surffahrt noch besser, als wenn es einfach weitergegangen wäre. Sicherlich hat mir auch hier meine jahrelange Kunstturnerfahrung geholfen, mich instinktiv halbwegs geschickt ins Wasser fallen zu lassen. Die Fotos und auch die Stunden, die der Fotograf mit uns verbrachte, manifestierten auf jeden Fall unseren Ruf als die wasserdichtesten Spinner, die dänische und südfranzösische Strände je gesehen hatten, mit den undichtesten Ideen, die man besser nicht zu Ende denkt und schon gar nicht umsetzen sollte. Oder wie die Amis sagen: Don't try this at home, kids!

Mein Gott, wir wussten damals nicht mal, wie viel Benzin wir verfuhren; es war eine aberwitzige Menge. Nach über zwanzig Jahren habe ich mir mit einem Kumpel einmal die Mühe gemacht und ausgerechnet, wie viel Geld bei diesen Trips für Sprit draufgegangen ist. Allein die daraus resultierende Zahl sprach Bände – wir waren schon etwas herumgekommen, wie man so schön sagt. 1.000.000,- DM hatten wir für das schmierige Nass ausgegeben, das uns an die ganzen Strände trug und oft genug ermöglichte, diese irrwitzigen Dinge auszuprobieren. Keine einzige Mark war falsch investiert! Wochenenden waren für uns keine Zeit zum Ausruhen von etwaigen Strapazen des Alltags, nein, sie waren Einladungen zum Austoben. Unsichtbare Tickets ins Abenteuer. Wir waren fast jedes Wochenende in Rømø, Dänemark. Die Geografie bot uns Strände an, und wir wollten nicht so unhöflich sein, sie abzulehnen. Alle paar Tage kalkulierten wir, wie wir diese „Kurzurlaube" finanzieren könnten. Wir brauchten Benzin, etwas zum Grillen und gegebenenfalls einen Campingplatz, oft genug stellten wir uns aber auch einfach irgendwo auf. Die simple Gleichung zum Glück lautete beispielsweise: 2.000,– DM Benzin und 1.000,– DM Camping; Portemonnaies auf, zusammenlegen, los geht's. Wir sind gefahren, egal, was war. Rømø hätte schon von feindlichen Außerirdischen besiedelt sein müssen oder Ziel eines Atomangriffs, andere Ausreden gab es nicht. Es war kalt draußen? Umso besser, dann wird's ja erst richtig interessant. Es stürmt, es regnet, es ist ungemütlich? Solange das Meer bereit ist und uns nicht rauswirft, wird es uns und das Surfbrett tragen.

Trotz all der Menge Geld, die dabei an Tankstellen und Supermärkten verschwand, gingen wir keinesfalls unüberlegt oder zügellos mit den Finanzen um. Im Gegenteil, wir wussten sehr genau, was wir uns leisten konnten oder wollten und wo wir vorsichtig sein mussten. Meist war die Devise jedoch: Wir verdienen gutes Geld, also wollen wir es auch ausgeben. Wofür aufheben, *jetzt* muss die Schwarte krachen, *jetzt* haben wir Lust darauf, der Welt zu zeigen, wo der Hammer hängt. Wir waren jung und kräftig und bis obenhin voller Energie. Was soll man da sparen auf ein Leben, das man am Ende eh nicht haben und leben will? So verfahre ich auch jetzt noch. Ich kalkuliere, was ich mir leisten kann und will, und setze es dann um. Lebensqualität, Spaß und inzwischen auch der Sinn für Familie passen alle wunderbar unter einen Hut und sind durch die Fitness und Frische im Kopf ganz nebenbei sogar auf wundervolle Weise eine gewisse Absicherung für das Alter. Es gibt keinen Grund, alle Kohle in tote Zahlen auf den Innenseiten eines Sparbuches zu verwandeln. Da bringt das Geld keine Freude. Mir jedenfalls nicht. Arbeiten und Spaß haben muss beides in den Tag passen. Auch in Zukunft, denn surfen kann man auch mit achtzig noch. Jedenfalls werde ich euch das dann zeigen. Aber das ist eine andere Geschichte.

Ein weiterer Unterschied zu heute war, dass Rømøs Strände damals noch weitgehend leer waren. Das Urlaubsland Dänemark wurde nur zaghaft entdeckt. Viele Strände lagen fast jungfräulich für uns da und bettelten um ein wenig Aufmerksamkeit. Sie schienen förmlich nach uns zu rufen.

Anfangs gab es dort noch kleine Holzbuden, es war, als hätte Astrid Lindgren unsere Wochenendtrips und die langen Urlaube geplant. Idyllisch, liebenswert und individuell konnten wir die Dänen und ihr goldenes Eigentum genießen. Später kamen immer mehr kommerzielle Steinhäuser an die Strände, immer mehr Läden eröffneten, schließlich mündete das Ganze in Massentourismus. Man kann es den Dänen nicht verübeln – sie wollten natürlich ihre Ufer in klingende Münze verwandeln. Die zumeist deutschen Urlauber entdeckten nach und nach, was wir Jahre vorher noch fast alleine staunend begrüßt hatten.

Zum Teil waren wir, speziell ich, an dieser touristischen Entwicklung sogar selbst beteiligt und nicht ganz schuldlos. Ich warb damals so sehr in meinem Umfeld für diese Länder und Orte, pries Dänemark und auch das Surfen an wie Sauerbier. Ich erzählte von dem wilden Wochenend- und Urlaubsleben in Rømø und Frankreich, schwärmte überall, wo ich ging und stand. Schließlich brach wenige Jahre später in meinem Umfeld und darüber hinaus fast schon eine Art Surfeuphorie aus. Die Surfbretthersteller hätten meinen Kumpels und mir eigentlich eine kleine Prämie ausloben können.

Irgendwann war an „unseren" dänischen Stränden alles ziemlich überlaufen, sie wurden sogar teilweise gesperrt, weil der Andrang zu groß war. Aber auch meine Bedürfnisse hatten sich geändert. Nicht dass ich mit steigendem Alter ein Luxushotel und gemütliche Kissen am Ende eines Tages erwartet hätte; die Unternehmungen, meine Spaß-Expeditionen, wurden nur immer größer. War ich anfangs noch mit einem Ein-Mann-Zelt unterwegs gewesen, wuchs dieses zunächst zu einem Zelt für mehrere Personen, bis ich am Ende mit einem Wohnwagen herumfuhr, der von Jahr zu Jahr mit immer neuen Gimmicks ausgerüstet wurde.

Aus dieser Zeit habe ich heute noch zwei, drei gute Freundschaften, die, wie ich schätze, auch noch eine Weile länger halten werden. Denn auch wenn es zwischendurch mal Streit gab, haben wir doch immer alles offen angesprochen. Selbst über Wochen und Monate andauernden Zwist konnten wir am Ende immer bereinigen und uns wieder in die Augen schauen. Es gibt nicht viele Menschen im Leben, mit denen so etwas gelingt. Leute, die auch Kritik annehmen, selbst wenn sie schonungslos ist. Im gleichen Atemzug muss man aber auch selbst offen für Kritik sein und es einstecken können, wenn andere einem den Spiegel vorhalten. Ich hoffe sehr, dass meine Familie und Freunde das in den kommenden Jahren genauso weiterhin beherzigen werden, wie ich es tun werde.

KLEINE ABENTEUER

Ich bin vermutlich der Mensch mit dem größten Selbstbewusstsein auf der ganzen Welt. Diese Tatsache hat mich nicht selten in brenzlige, jedoch auch in viele lustige Situationen gebracht. Genau diese Selbstsicherheit war es aber auch, gepaart mit einer gewissen Ruhe und Ausgeglichenheit, die mich ebenso aus diesen Momenten wieder herausnavigierte.

Wir, das heißt ich und ein guter Freund, waren in einem Sommer wieder mal in Dänemark unterwegs. Abends, nachdem wir den Tag schon zu Höchstleistungen herausgefordert hatten, wollten wir nun auch der Nacht und all ihren Möglichkeiten noch eine Stippvisite abstatten. So kamen wir in diverse Kneipen, tranken hier etwas, spielten dort Flipper oder unterhielten uns mit den zahlreich anwesenden lokalen Schönheiten.

In einer dieser Hafenkaschemmen entdeckte ich in der Ecke ein komisches brusthohes Ding aus Eisen. Zunächst sah es aus wie eine dieser Waagen aus den fünfziger Jahren, die früher in Bahnhofshallen standen. Es hatte einen großen Fuß, einen langen Hals beziehungsweise Ständer, und oben an der Säule befanden sich zwei Griffe, einer rechts, einer links. In der Mitte gab es eine Art Anzeige, die eine Skala von 0 bis 100 darstellte. Wie sich herausstellte, war das Ding so etwas wie ein Kraftmesser. Man musste die beiden Griffe bis zur Mitte zusammendrücken, und je näher man sie zueinanderbekam, desto höher schlug der Pfeil auf der Skala aus. „Jo, das mach'n wir mal", dachte ich und schmiss die nötigen Münzen ein. Ich drückte die zwei

Stahlhebel gegeneinander und landete punktgenau in der Mitte; der Zeiger flippte bis zur 100 und blieb dort stehen. Ich grinste, war aber doch etwas enttäuscht, dass ich nicht mehr Anstrengung brauchte. Bis der Nächste sich an dem Ding probieren würde, blieb der Pegel bei 100, so war die Maschine gebaut.

Wir gingen an die Bar, und wenig später kamen zwei stark zwielichtig aussehende Hünen in die Kneipe. Sie sahen sich etwas um und bemerkten den eisernen Kraftmesser, dessen Zeiger immer noch stumm das Ergebnis meiner kleinen Übung anzeigte. Die Jungs schienen sich in der Kneipe und mit der Maschine auszukennen, denn sie zogen die Augenbrauen hoch, als sie die als Muskelprüfer verkleidete „Waage" sahen. Schnell fragten sie jemanden, wer sich denn an dem Ding versucht habe. Sie sahen mich an und steckten derweil selbst Münzen in den langen Hals neben der Skala. Ihr Blick sagte so etwas wie „Wäre doch gelacht ..." Der Stärkere von beiden zog die Arme des Geräts an den Griffen zur Mitte: 98. Er warf Münzen nach und presste erneut mit straff nach innen gezogenen Lippen die Hebel zusammen – wieder 98. Der gut im Saft stehende Däne konnte machen, was er wollte, das Gerät billigte ihm nicht mehr als „fast perfekt" zu. Das Ergebnis sagte ihm ganz offensichtlich nicht zu, und der einzige Ausweg schien ihm, mich anders herauszufordern. Er kam zu uns rüber und schlug mir vor, dass wir uns lieber im Armdrücken messen sollten, statt auf unzuverlässige Antworten eines alten und launigen Eisenständers zu vertrauen.

Die Frauen, mit denen wir uns vorher unterhalten hatten, hoben schon genau wie die anderen Gäste die Augenbrauen, als mich der hier anscheinend wohlbekannte Mann zum Wettbewerb aufforderte. Kein Problem, dachte ich, auch wenn mir gemeinsamer Spaß immer lieber war als ein kraftmeierndes Gegeneinander. Wir stellten unsere Arme auf einen Tisch, und los ging's. Der Kerl war nicht schlecht und Armdrücken ganz klar eine seiner Lieblingsbeschäftigungen. Dennoch schaffte er es nicht, mich niederzuzwingen. Mir gelang es umgekehrt auch nicht, seinen Arm auf den Tisch zu bekommen, also blieben wir beide in der Mitte und einigten uns nach einer Weile auf unentschieden. Da ihm das offensichtlich nicht genug war, schlug ich vor, gegen ihn in einem „Liegestütz-Wettstreit" anzutreten. (Wie sich später herausstellte, war mein Gegner der bekannteste Zuhälter der Stadt, mit dem man wohl besser nicht über Kreuz liegen sollte.) Er willigte ein. Ein elegantes Ende dieses Kräftemessens schien, zumindest aus Sicht der Gäste der dichtbesetzten Kneipe, nicht mehr wahrscheinlich. Entsprechend angespannt war die knisternde Stimmung in der Kaschemme, in der sich nun alles auf unseren Wettkampf konzentrierte. Ich trat, wie schon vorher, gegen den kräftigeren von zwei ohnehin schon kräftigen Kerlen an. Ich sagte ihm, er solle mal vorlegen und zeigen, was er so draufhat. Während er im Armdrücken gut war, schienen ihm Liegestütze nicht so zu behagen. Er schaffte 10, schaffte 12, fing an zu pusten und drückte sich bis zum zwanzigsten Auf und Ab wie an ein rettendes Ufer. Ich ging in die Waagerechte und sagte ihm, mir würde eine Hand dafür reichen. Mit der rechten Hand aufgestützt, pumpte ich mich innerhalb weniger Sekunden zwanzig Mal rauf und runter, wechselte zur Linken und schaffte dort noch mal dasselbe, ohne Mühe und in einem Viertel der Zeit, die er für seine beidarmige Übung gebraucht hatte. Schon während meiner ersten zwanzig fing der Laden an zu johlen. Mit finsterer Miene stand der Lude daneben und blickte mürrisch erst in die Runde und dann mich an. Da ich jedoch nicht auf Krawall gebürstet war, sondern das Ganze vielmehr als lustige Episode eines ohnehin schon gelungenen Abends ansah, blieb den beiden nichts anderes übrig, als gedemütigt von dannen zu ziehen. Die Kneipe schäumte über vor Begeisterung. Man hatte diesem kleinen kräftigen Kerl, der ausgerechnet aus Deutschland kam, nicht zugetraut, den lokalen „König der Zuhälter" in die Schranken zu weisen. Der Abend dauerte noch eine ganze Weile, und erst in den frühen Morgenstunden spuckte der Laden uns zufrieden wieder aus.

Solche Dinge passierten mir komischerweise dauernd. Selbst von ein paar Hell's Angels bin ich mal angemacht worden. Ich stand in einer Bar und wollte flippern, als mich einer der Höllen-Jungs ständig von der Seite bedrängte. Ich war sehr auf mein Spiel konzentriert und stupste ihn irgendwann einfach weg. Sofort wurde er fuchsteufelswild, und seine Leute bauten sich schon mal als lebende Drohwand hinter ihm auf. Zunächst bemerkte ich das nicht mal, immer noch die Augen auf der silbernen Flipperkugel. Als ich mich schließlich umdrehte, ließ ich mich von dem Kerl wüst beschimpfen und anmachen, gewehrt habe ich mich nicht; ich wollte lieber in Ruhe zu Ende flippern, es war ein verdammt spannendes Spiel. Abgesehen davon wäre es für den Mann nicht eben schmeichelhaft ausgegangen. Die Situation beruhigte sich wieder, und meine Freunde waren erstaunt, dass ich nichts unternommen hatte. Ich sagte ihnen, dass wir so alle hier friedlich beieinandersitzen könnten, während ansonsten eine große Schlägerei ausgebrochen wäre. Und was nützt uns ein ausgeknockter Hell's Angel? Außerdem war das Spiel, ich erwähnte es bereits, ziemlich spannend.

Konny Reimann war schon immer gut in Schuss, das könnt ihr mir glauben. Ich mache seit ich siebzehn war und bis heute noch Karate. Ich bin gesurft und habe beim Kunstturnen die Muskelkraft aufgebaut, die mich bis heute nicht verlassen hat. Oft wurde ich im Laufe der Jahre angesprochen, welche Aufputschmittel ich nehmen würde. „Guck ma' da, der Bodybuilder", haben sie gerufen. „Nix da, das ist alles natürlich", war meine Antwort. Nicht *ein* Mal habe ich Anabolika oder ähnliches Zeug genommen. Es war einfach ein ausgewogenes Training, das ich absolvierte. Ich habe ziemlich viel ausprobiert, was mit Bewegung zu tun hatte. Kunstturnen war dabei tatsächlich eine meiner wichtigsten Sportarten, da war ich richtig gut. Aber die eigentlich witzigsten Situationen gab es doch immer wieder bei meinen Surftouren.

In Südfrankreich gab es mal einen interessanten Fall. Viele der dort auf Wellen wartenden sogenannten „Profi-Windsurfer" würdigten mich, wenn überhaupt, nur eines spöttischen Blickes. Ich war eigentlich nie draußen auf dem Wasser, es war mir bei normalem Wellengang schlicht zu langweilig.

Die Surfer sahen in mir aber wohl nur einen, der sich nicht traute oder es nicht konnte. Zudem hatte ich das älteste Equipment, das man sich vorstellen konnte, Ausrüstung der ersten Stunde. Aber alles funktionierte, und ich hatte keinen Bock, mir nur aus Modegründen teuren neuen Schnickschnack zu kaufen. Eines Tages gab es einen ungeheuren Sturm auf dem Meer, und die ganzen Angeber packten ihren Krempel und verzogen sich an den Strand und in die Bootshäuser. Es fegte ein derartiger Orkan an der Küste entlang, dass die Surfer kaum auf dem Bootssteg stehen konnten. Sie mussten sich hinlegen, um die Windstärke zu messen, und trauten ihren Augen nicht. Das Gerät zeigte Windstärke 12, und auf dem Meer muss die Zahl noch etwas höher gelegen haben. Ich wusste, dass ich mit meinem normalen Segel dort draußen nicht viel würde anfangen können, hatte aber noch ein Kindersegel im Auto, das ich jetzt hervorkramte und mit meinem viel zu langen Gabelbaum ausstattete. Die anderen müssen gedacht haben, dass ich komplett durchgedreht sei, bei diesen orkanartigen Böen und noch dazu mit einem Anfänger-Segel für Kleinwüchsige dem Wetter trotzen zu wollen. Mir war das schnurzpiepegal. Im Gegenteil, der Wellengang war wie gemacht für mich, und meine Ambition war es schließlich, immer Neues auszuprobieren. Zudem mochte ich die Gegenwehr der Natur und das Kalte, Stürmische und Schwierige weit mehr als ein paar olle lauwarme Wellen. Also bin ich raus aufs Meer und preschte die wunderbarsten Häuserwandwellen hoch, stemmte mich gegen den heftigen Wind und hatte den Spaß meines Lebens. Um ehrlich zu sein, es war fast unmöglich zu segeln, selbst mit dem Kindersegel brauchte ich eine Vielzahl von Anläufen, um dann allerdings gigantische kleine Strecken inmitten dieser nassen Hölle zurückzulegen. Der Auftrieb war derartig groß, dass mir, an der Spitze einer Welle angekommen, ein ums andere Mal das Brett wegflog. Aber ich surfte und genoss jeden Meter, den ich schaffte. Als ich aus dem Wasser kam, sahen die anderen Surfer irgendwie anders aus. „So klein mit Hut" sagt man dazu, glaube ich. Auf jeden Fall haben sie mich fortan immer höflich gegrüßt.

Es macht mir einfach immer viel mehr Spaß, das Extreme zu suchen. Meine Surfkappe hatte Teufelshörner obendrauf und symbolisierte ganz gut meine Ausrichtung im Kräftemessen mit der Natur. Erst wenn ich meine Umgebung richtig fühlen kann, macht mir eine Aktion Spaß. An jenem Tag in Südfrankreich war ich wahrscheinlich einer von vielen mit einer sehr guten Windsurf-Technik, aber ich schien der Einzige zu sein, der die Stirn hatte, diesem tosenden Sturm hallo zu sagen. Letztlich konnte ich die Wetterlage einzig und allein mit Kraft meistern, an Technik war nicht mehr zu denken.

Wir hatten uns am Mittelmeer immer eine Stelle gesucht, an der die sogenannten Mistral-Winde das Meer in einen Wellenspielplatz verwandeln. Sie kommen von den Pyrenäen und wehen von Nordwest. Während weite Teile des Mittelmeeres ansonsten eher ruhig und harmlos waren, platzierten wir uns regelmäßig in diesen zuverlässigen „Wind-Revieren". Aber nicht nur am Mittelmeer konnte es gefährlich werden. „Nordsee ist Mordsee" war (und ist) auch so ein wahrer Spruch. Auch dort konnte man sprichwörtlich gut untergehen. Und ich habe da oben so einige meiner Bretter zerlegt, was mir wiederum gezeigt hat, dass ich zum richtigen Zeitpunkt und an der richtigen Stelle auf dem Wasser war.

Das Erstaunlichste an diesen ganzen Trips war: Ich habe sie ohne Alkoholkonsum absolviert. Ich war so in meinem Ziel gefangen, Abenteuer zu erleben, so fokussiert auf die Ideen und ihre Umsetzung, dass alles andere nebensächlich war. Tatsächlich habe ich überhaupt erst mit 32 Jahren das erste Bier getrunken. Ich bin darauf noch nicht mal außergewöhnlich stolz, denn es passierte einfach. Wenn wir nach Südfrankreich fuhren, dachte ich eher an eine Reserveachse als an einen Kasten Bier. Ich wusste vorher, wir werden wieder so einen absoluten Nonsens ausbrüten, dass es klug sein könnte, eine zweite Achse im Gepäck zu haben. Ob ich am Rande all dieser Trips Alkohol oder Kokosnusssaft trank, war absolut zweitrangig. Wichtiger waren mir und uns die Dinge, die wir erleben würden, all die Spinnereien. War es beim letzten Mal noch eine Fahrt durchs Gelände auf drei Rädern, so mussten es beim nächsten Trip schon vollkommen unbefahrbare Klippen sein, über die wir unsere Autos scheuchten. Ich brauche nicht eigens zu erwähnen, dass auf besagter Südfrankreichreise wirklich die Achse brach ... Es ist eben um einiges interessanter, nicht zu wissen, was für ein Boden sich so unter manchem Schlamm und Morast befindet.

Ich glaube, es war circa 1983, als ich nach Hamburg-Schenefeld gezogen bin, unter anderem, um mehr Platz für meine Werkstatt zu haben. Die Geschichte, wie ich dieses Grundstück bekam, und vor allem, wie ich es so günstig bekam, reiht sich ein in die grotesken Zufälle, die mir immer wieder passierten und heute noch passieren.

Vor Schenefeld hatte ich in einer Souterrainwohnung gewohnt, die ich bereits mit allem Schnickschnack nach meinen Wünschen ausgebaut hatte. Sie funktionierte sehr effizient und nach streng ökologischen Gesichtspunkten. Es machte mir Spaß, selbst Rohre und Kabel so zu verlegen, dass man in den Räumen nichts Störendes erkannte, dass alles für den größtmöglichen Komfort und möglichst sparsam angelegt war. In der Gegend, in der ich wohnte, gab es aber nur sehr wenige Parkplätze, schon gar nicht für einen so großen Pick-up, wie ich ihn fuhr. Als Folge musste ich fast immer in einer der kleinen Seitenstraßen parken. Das wiederum führte zu skurrilen Szenen, da ich oft genug an meinem Auto herumschraubte. Als schließlich einmal im Winter das Getriebe gewechselt werden musste, lag ich in einer der engen kleinen Straßen der Nachbarschaft unter dem Auto im tiefen Schnee und versuchte, zwischen all dem weißen Nass die Unterseite des Wagens zu erkennen. Diese Episode nahm ich zum Anlass, einem Freund von meiner Lage zu erzählen. Er sagte, er kenne jemanden, der ein großes Grundstück in Schenefeld hätte und den es in die Innenstadt zog. Wir wurden miteinander bekannt gemacht und einigten uns schnell auf einen Wohnungstausch. Er wollte künftig meine Miete an meinen Vermieter überweisen, ich seine Miete an seine Mutter, der das Haus in Schenefeld gehörte. Der Deal war einfach und schien perfekt zu laufen. Binnen kürzester Zeit hatte ich ein riesiges

Domizil, in dem Autos reparieren nur eine von tausend Möglichkeiten war. Mir kam es vor, als hätte ich dort auch eine Boeing landen und anschließend neu zusammenbauen können.

Dass der vollzogene Tausch jedoch nicht das Ende dieser Story war, merkte ich schon am zweiten Tag nach dem Umzug. Der erste Besuch, den ich in Schenefeld empfing, war die Polizei. Sie klingelte an der Tür und fragte nach meinem Wohnungstauschpartner. Ich log und sagte, ich wisse nicht, wo er sei, hier jedenfalls nicht mehr. Unzufrieden zogen die Beamten davon, aber lange würde das dürftige Geheimnis seines Aufenthaltsortes für ihn nicht halten, was auch immer er ausgefressen hatte.

Zwei oder drei Monate später entdeckte die Polizei, dass er sich inzwischen in meiner alten Souterrainwohnung eingenistet hatte. Noch konnte er sich jedoch ihrem Zugriff entziehen. Als ich ihn dort schließlich mal antraf, fragte ich ihn, was denn los sei. Er wiegelte meine Neugier ab, sagte, alles wäre in Ordnung, das Ganze ein Missverständnis, das sich bald klären werde. Eine Woche später hatte ich die Kündigung meiner Souterrainwohnung auf dem Tisch. „Oha, das is ja bitter, ne?", dachte ich. Als wiederum sieben Tage danach auch noch die Kündigung des Hauses in Schenefeld ankam, rief ich seine Mutter an, die Eigentümerin. Die hatte von dem starken Interesse der Polizei an ihrem Sohn nichts mitbekommen und sagte nur, ihr Sprössling müsse wieder zurück nach Schenefeld, daher die Kündigung. Ich erklärte ihr, dass wir so aber nicht gewettet hätten, und klärte sie etwas über den Ärger ihres Sohnes auf. Danach konnte ich vorerst in dem neuen Haus wohnen bleiben, mich interessierte jedoch auch, was in und mit meiner alten Wohnung passieren würde. Ich ging einige Tage später dorthin und fand – nichts. Die komplette Wohnung war leer geräumt, selbst Kabel waren aus den Wänden gerissen worden. Bis sprichwörtlich zum letzten Stück waren auch viele meiner alten Habseligkeiten verschwunden. Ich erstattete Anzeige. Wie sich herausstellte, hatte sogar seine Mutter bei der Räumungsaktion mitgeholfen. Ich war an eine irrwitzige Hamburger Version von Harold & Maude (bzw. Harold und seiner Film-Mutter Mrs. Chasen) gelangt: einen durchgeknallten Jungen ohne Kontrolle und seine Mama als „partner in crime". Die Polizei fand die meisten Sachen schließlich in der Max-Brauer-Allee, wo die beiden die Gegenstände zu einer Bekannten gebracht hatten. Ich identifizierte mein Eigentum, und später kam es zu einer Verhandlung. Mein Wohnungstauschpartner kam juristisch gesehen mit einem blauen Auge davon. Am Ende war jedoch ein Schaden von gut 20.000,– DM für mich entstanden, den die beiden nun irgendwie gutmachen mussten. Viele meiner Sachen waren weg oder kaputt. Seine Mutter sagte, sie würde für alles aufkommen, und ich bot an, dass sie mir die Miete erlassen solle, bis der Geldwert kompensiert sei. Sie schlug ein, und die nächsten fünf oder sechs Jahre lebte ich mietfrei in Schenefeld. Kurz nach Ablauf der mietfreien Zeit kaufte ich das Grundstück plus Haus dann von ihr. Auch hierbei konnte ich einen guten Preis aushandeln. Was aus ihrem verrückten Sohn geworden ist, habe ich nicht mehr erfahren. Das dürfte mindestens eine andere Geschichte sein.

Als ich mir mein Leben in Schenefeld erst mal eingerichtet hatte, kam es einem Aha-Erlebnis gleich. Auf einmal entdeckte ich meinen Hang zur Natur, der nicht mehr nur auf Reisen hervorkam, sondern jetzt auch in meiner Heimatstadt. Die Stille auf einem Gelände, auf dem ich alles machen konnte, was ich wollte, auf dem ich mich austoben konnte und auf dem es nicht mal Größenbegrenzungen gab, war ein Baustein des Lebens, das ich mir später nach und nach zimmerte.

Ich baute mir in Schenefeld eine große Terrasse mit einem kleinen Biotop. Ich hatte 1.600 Quadratmeter mit Bäumen, Büschen, einer Art Werkzeug- und Turnhalle zum Arbeiten und um an Autos zu schrauben; später kamen Sauna und Whirlpool dazu. Es hätte genauso gut auch „Konnyland" heißen können, so sehr glich das Grundstück einem privaten Erlebnispark, inklusive einem, wie man heute wohl sagen würde, Wellness-Bereich.

Um mir meine Sperenzchen leisten zu können, arbeitete ich zu der Zeit als Handwerker, sanierte Bäder, installierte Kälteanlagen – im Grunde war ich ja überall einsetzbar. Der Genuss an meinem kleinen Anwesen mit den vielen Möglichkeiten verdanke ich einem eisernen Prinzip von mir: Ich habe niemals Überstunden gemacht und auch an Wochenenden nicht gearbeitet. Meine Freizeit war mir heilig. Wenn ein Auftraggeber das von mir verlangte, sagte ich lieber ab, als mir das Leben zu vermiesen. Glücklicherweise war das fast nie notwendig, denn die Kunden waren mit mir zufrieden, und ich lieferte pünktliche und gute Arbeit ab, wenn eben auch ohne Extra-Schichten einzulegen. Später, bei Arbeiten an eigenen Projekten und Häusern, war das natürlich anders. Zum einen war das für mich nie wirkliche Arbeit, zum anderen fieberte ich meistens zu sehr dem Endergebnis entgegen, um auf die Anzahl der Arbeitsstunden zu achten.

Später hat dann Teilzeit als Arbeitsprinzip für mich besser geklappt. Die Firmen, die mich anstellten, wussten exakt die Stundenzahl, die ich zur Verfügung stand, und ich musste keine kleinen Kämpfe um Minuten und Stunden ausfechten. Denn wie überall sonst in meinem Leben versuchte ich, mir auch bei der Arbeit ein größtmögliches Maß an Freiheit und Unabhängigkeit zu sichern. Ich merkte bald, dass es besser war, Aufträge abzulehnen, die mir nicht geheuer waren oder deren Auftraggeber von vornherein schwierig schienen, als sie auf Teufel komm raus durchzuziehen. Die Qualität meiner Arbeit sprach sich herum, es gab also nie die Notwendigkeit, jeder nicht installierten Steckdose hinterherzulaufen.

Interessant war für mich die Entwicklung der Öko-Welle, denn ohne das als Trend zu sehen, hatte ich von Anfang an ökologisch und dadurch auch ökonomisch gearbeitet. Jedoch nicht, weil ich so mehr Aufträge bekam oder weil es „in" war, sondern schlicht und ergreifend, weil es einfach billiger und effizienter war. Ich habe immer schon mit Holz geheizt oder mit der Abwärme vom Kühlschrank und vom Heizungsraum warmes Wasser gewonnen. Begriffe wie „Öko" oder „Grün" hätten für mich genauso gut nie existieren können, und das Leben wäre ohne Veränderung für mich weitergegangen. Für die breite Masse scheint mir diese Etikettierung aber ganz sinnvoll. Irgendwie müssen die Leute ja mitbekommen, was sie alles machen können, um die Natur zu schonen und kostengünstiger zu haushalten, und sei es durch irgendeinen Sticker, den man an Produkte pappt. Manchmal ist es aber schon zum Schreien, wenn man sieht, dass Menschen sich nur deswegen einen neuen spritschluckenden Wagen besorgen, weil der Nachbar auch einen fährt. Der Natur würde es auf jeden Fall ganz guttun, wenn die Menschheit auch mal mit weniger zufrieden wäre. Aber das ist eine andere Geschichte.

Jan war verschwunden.

Dieser Satz sollte mehr als einmal ein ganz typischer werden, wenn es um meinen alten Freund ging. Jan war einer meiner besten Kumpels aus frühen Tagen. Er war es auch, der später unser erster Kontakt in den USA war, vielleicht *der* entscheidende Mann unserer rasanten Entwicklung. Nicht, dass er die Auswanderung oder die Green Card für uns organisiert hätte oder Ähnliches. Aber sein Anruf war der Anfang von etwas, was wir uns in unseren wildesten Träumen nicht hätten vorstellen können – zumindest zu dem Zeitpunkt, als er uns zu sich nach Amerika einlud. Jan war ein Verbündeter aus den alten Tagen in Hamburg und den Urlauben in Dänemark und Südfrankreich, aber wie das mit Abenteurern halt so ist, oft genug ziehen sie eben los, um eigene Abenteuer zu erleben, egal, wie tief die Bindung vorher ist. Mir machte das im Grunde nichts aus, im Gegenteil, ich fand es gut, dass jemand sein Schicksal in die eigenen Hände nahm, man ist ja niemandem was schuldig.

Also freute es mich umso mehr, als Jan mich eines Tages wieder anrief. Ich war nicht schlecht erstaunt, als er mir sagte, wo er gerade den Hörer in der Hand hielt. Aber das ist eine andere Geschichte, und bevor ich sie erzähle, muss ich etwas weiter ausholen, denn Jan war vorher schon an einer wichtigen Weichenstellung für mein Leben beteiligt gewesen.

Ich weiß nicht mehr genau seit exakt welchem Jahr, aber Jan war schon sehr früh mein Freund. Wir brauchten nicht lange, um uns darauf zu einigen, dass das Leben dazu da ist, um dessen Grenzen zu erforschen. Auch er war sich für keinen Quatsch zu schade, und so haben wir neben vielen anderen Dingen zum Beispiel mal einen Auffahrunfall inszeniert. Wir beide waren gute Autofahrer, und es war für uns keine große Anstrengung, zu simulieren, dass Jan mir auf offener Straße hinten ins Auto fährt. Die damals anwesenden Passanten staunten nicht schlecht, als wir so taten, als ob nichts gewesen sei. „Das geht doch nicht!", riefen die Leute, aber wir lachten nur und fuhren weiter.

An Wochenenden haben wir dann oft Pferde beschlagen, eigentlich eine Arbeit, die weit besser nach Amerika, speziell Texas, passt, aber darüber dachten wir damals natürlich nicht nach. Jan war gelernter Hufschmied, arbeitete aber meist als Schlosser. Als wir uns kennenlernten, war ich mit seiner Schwester zusammen. Ihr Bruder und ich waren jedoch eigentlich die beiden, die als gute Freunde wie maßgeschneidert zusammenpassten. Die meisten Leute haben uns (und andere) später immer gefragt, ob wir Brüder seien. Ich habe erst im Laufe der Zeit erfahren, dass Jan eigentlich Hufschmied gelernt hatte. Immer wieder beschlug er zwischendurch Pferde, unter anderem mit mir, hörte aber schnell wieder damit auf und lamentierte, dass das kein cooler und seriöser Beruf sei. Ich habe ihn dann darin bestärkt, weiterzumachen. So was wie „coole" Jobs gibt es doch eh nicht. Es gibt Jobs, die Spaß machen und die man machen will. Und wenn man sein Handwerk dann auch noch gut kann, braucht man sich dafür auch nicht zu schämen. Als ich von seiner Ausbildung erfuhr, sagte ich zu ihm: „Komm, lass ma' machen!" Ich fand das spannend und lustig, und mit der Zeit merkte er, dass der Beruf ganz und gar nicht öde und spießig ist. Also hörte Jan irgendwann auf, der falsche Schlosser zu sein, und wurde zu einem richtigen Hufschmied. Und bei den Touren, die wir zusammen unternahmen, um Pferde zu beschlagen, passierten lustige Dinge. Ich weiß noch, dass wir eines Nachmittags auf einem Reiterhof waren, bei dem zeitgleich eine Voltigiergruppe ihre Runden drehte. Ich schaute ihnen ein bisschen zu und meinte zu dem Reitstallbesitzer, dass ich von dem Pferd doch auch mal einen Salto machen könne. Noch bevor er etwas antworten konnte, sprang ich auf das Hinterteil des Pferdes und stellte mich aufrecht hin. Da das Pferd jedoch loslief, sprang ich einfach mit einem Ruck im Salto rückwärts nach hinten ab. Ich hab heute noch in den Ohren, wie der Reitlehrer damals sagte: „Das gibt's doch nicht, das kann doch wohl nicht wahr sein." Um ehrlich zu sein, kein unwesentlicher Teil des Spaßes, solche Schoten zu bringen, war es, irgendwelche Leute damit zu schocken oder zumindest zu überraschen. Auch dieser Antrieb ist bis heute geblieben.

Aber zurück zu Jan. Bei einer unserer Spritztouren fuhren wir zur Wiedereröffnung von „Onkel Pö", einer damals legendären Diskothek in der Nähe vom Hamburger Flughafen. Es war klar, dass wir auf unseren Trips auch immer irgendwelche Mädels kennenlernten, und so war es auch dieses Mal. Der Unterschied war: Jan verliebte sich an jenem Abend unsterblich in eines von zwei Mädchen, mit denen wir dort flirteten, und zog sogar kurz darauf zu ihr nach Hessen. Ich hingegen hielt als Folge nur losen Kontakt zu der anderen Frau, die wir bei „Onkel Pö" besser kennengelernt hatten. In der ersten Zeit nach diesem Abend fuhren Jan und ich immer zusammen nach Dieburg, dem Ort, aus dem die beiden kamen. Wir setzten unsere selbst inszenierten Abenteuer natürlich auch in dem kleinen hessischen Städtchen fort, und schon bald kannte man uns in dieser Gegend ebenso gut wie an den Stränden, die wir vorher unsicher gemacht hatten. Aber während Jan seine Beziehung aufrechterhielt, trennte ich mich schon bald von der Frau vom Onkel-Pö-Ausflug. Fortan zog es mich dementsprechend immer seltener und irgendwann gar nicht mehr nach Hessen, und auch Jan sah ich ungefähr ein halbes Jahr lang kaum.

Eines Abends telefonierte ich von Hamburg aus mit ihm, als er gerade in einer Dieburger Kneipe saß, die er zu der Zeit oft besuchte. Mitten im Gespräch reichte er mich weiter an die Besitzerin der Kneipe, und wir fingen ein bisschen an zu schnacken. Ich verstand mich auf Anhieb sehr gut mit ihr und lernte sie bald darauf persönlich kennen. Es kam, wie es kommen musste, und ich begann eine Beziehung mit der Inhaberin der Bar. Ich kaufte sogar wenig später mit ihr zusammen einen sogenannten Resthof in der Gegend – eine Art Bauernhof, nur kleiner, mit Scheunen, einem kleinem Haus und einem Innenhof. Mein Bruder, der zu der Zeit bereits in Nürnberg lebte, kam vorbei, und zusammen renovierten wir den Hof, entkernten das Gebäude, und nach und nach schaffte ich alle meine Bauutensilien von Hamburg nach Hessen. Es ist schwer vorstellbar, aber für die vergleichsweise geringe Option auf etwas Glück in einem anderen Bundesland verließ ich mein Schenefelder Paradies und ließ das große Grundstück dort leer stehen. Ich verpflanzte mein Leben. Doch wohnte ich auch in Dieburg in der Natur und arbeitete wie in Hamburg als Subunternehmer. Ich wurde nebenbei mein eigener Hausmeister auf dem Hof, arbeitete in der Kneipe meiner Freundin und knüpfte auch gleich wieder Sport-Kontakte.

Kurze Zeit später gab ich aushilfsweise, wenn der richtige Trainer nicht da war, Kick-Boxing-Kurse. Da der Coach ziemlich häufig fehlte, kam es öfter dazu, dass ich die Gruppe leitete, in der irgendwann auch eine junge Frau anfing, die eines Tages mit einem blauen Auge und der üblichen „Treppe runtergefallen"-Story zum Training kam. Ein Kumpel von mir und ich wussten sofort Bescheid. Wir halfen ihr, sich von Herrn Treppe zu trennen, auf gewaltlose Art versteht sich, und bald war sie wieder die fröhliche junge Frau, die den Kurs kurz zuvor angefangen hatte.

Ich verließ schließlich auch die Frau mit der Kneipe wieder, als sich herausstellte, dass unsere Interessen doch unterschiedlicher waren, als wir dachten, und auch Arbeiten auf dem gemeinsamen Hof ihr nicht wirklich zusagten. Zudem hatte gleichzeitig eben jene Kick-Boxing-Schülerin namens Manu mich mit einer gewieften Taktik nach und nach gewonnen. Sie rief mich an, damit ich ihr bei der Reparatur ihres Autos half – wie sich später herausstellte, indem sie das Telefonbuch des kleinen Ortes, in dem ich lebte, nach den wenigen Konrads abklapperte, die es dort gab –, und lud mich ganz ungezwungen ins Autokino ein. Und so kriegte sie mich rum. Ihre Saat ging auf, viel Gegenwehr hatte sie allerdings auch nicht zu erwarten. „The rest", wie der Amerikaner sagt, „is history." Ich war zwar etwas älter als Manu, aber das war für sie kein Argument gegen eine Beziehung; im Gegenteil, sie mochte die zwei Packungen mehr an Erfahrung. Den Ausschlag gab letztlich wohl die Mischung aus Souveränität, Vernunft, Aktionslust und totaler Durchgeknalltheit, die sie bei mir vorfand. Vermutlich Letzteres am allermeisten.

Manu und später auch unsere Kinder Janina und Jason passten wunderbar in mein altes Leben. Die Touren nach Rømø und Südfrankreich waren mitnichten zu Ende; alles ging, nur eben in etwas größerer Runde, genauso weiter wie bisher. Wir waren vier Wochen im Sommer in Südfrankreich, wir fuhren Ostern, in den Herbstferien und an vielen Wochenenden nach Dänemark. Unsere diversen Autos, Wohnwagen und wir waren dort bald genauso bekannt wie vorher meine Kumpels, unsere verrückten Aktionen und ich.

Jan hingegen entwickelte sich in Hessen in eine, sagen wir mal, etwas andere Richtung als ich. Auch er freundete sich, wie meine Ex aus der Kneipe, immer mehr mit diversen alkoholischen Getränken an, legte auf diese Weise ordentlich Gewicht zu und engagierte sich unter anderem in der lokalen Prinzengarde, einem Fastnachtsverein. All das hatte wenig mit dem zu tun, was ihn vorher ausgemacht hatte, und so verloren wir uns das erste Mal etwas aus den Augen.

Eine Zeitlang blieben Manu und ich noch in Hessen. Manu jobbte bei der Frankfurter Rundschau, ich versuchte mich so gut es ging an das Bundesland zu gewöhnen. Wenige Monate ging das auch gut. Aber irgendwann merkte ich: Hessen ist alles, nur nichts für mich, und Manu hielt auch nicht wirklich viel in ihrer Heimat. Als wir wieder nach Hamburg zogen, kamen wir mit sechs 7,5-Tonnern, einer Ente 2 CV, die wir uns zwischenzeitlich zugelegt hatten, und diversen Büschen und Bäumen dort an. Schenefeld empfing uns mit offenen Armen, und wir mussten selbst lachen über das groteske Bild der uns begleitenden Umzugskarawane. „Das nächste Mal steht hier 'n Container!", sagten wir beide fast zeitgleich. Keiner von uns ahnte, wie recht wir haben würden. Ich arbeitete fortan in Hamburg weiter als Angestellter und Subunternehmer, während Manu eine Ausbildung zur Schneiderin in Wedel begann.

Vielleicht ist es zu weit gegriffen, aber auf eine subtile Art und Weise war der Ausflug zu „Onkel Pö" der Anfang zu meinem neuen Leben mit Manu, auch wenn sie gar nicht anwesend war an jenem Abend. Während sie immer mehr Teil meines Lebens und letztlich unersetzlich wurde, verschwand Jan immer weiter aus meinem Fokus.

In der Nähe von Gainesville, Texas, gibt es einen kleinen Ort, der Muenster heißt. Auch Manu wuchs in Münster auf, allerdings in einem mit ü, aber nicht in Westfalen, sondern in Hessen, in der Nähe von Darmstadt. Sie verbrachte ihre Kindheit und Jugend in der Nähe von Ami-Kasernen, den Unterkünften von amerikanischen Soldaten. Natürlich ist es Zufall, aber wenn man erst mal darüber nachdenkt, findet man diverse Beziehungspunkte von damals zu unserem jetzigen Leben. Manu jedenfalls war in ihrer Jugend mit zwei dort stationierten Amis zusammen, mit einem von beiden wollte sie mit sechzehn sogar mal ein bisschen durchbrennen. „Ein bisschen" nur deswegen, weil es bloß ein Urlaub mit ihm werden sollte. Ihre Eltern ließen sie aber nicht gehen. Vielleicht besser so. Aus meiner heutigen Sicht.

Aber auch diese lose Verbindung nach Amerika verlor sich mit der Zeit, und einzig ihre Vorliebe für amerikanische Rockmusik wie die von Guns n' Roses oder Metallica blieb übrig. Ihr muss schwindlig geworden sein, als sie mich kennenlernte, zumindest was die Musik anging. In meinem Besitz befanden sich nur exakt zwei CDs, eine von Dire Straits und eine von U2, und ich bin mir nicht mal sicher, wie ich dazu gekommen war. Ich war (und bin) der typische Musikhörer, der sich nicht für Musik interessiert. Manu sah darin dennoch ein Indiz dafür, dass wir beide zusammenpassen würden. U2 war immerhin ihre Lieblingsgruppe. Ich wollte nicht widersprechen, schließlich bestand die Hälfte meiner Musiksammlung aus U2-Scheiben. Für Manu war es Liebe auf den ersten Blick, und auch, wenn ich vielleicht zwei Mal mehr geblinzelt habe, bevor es einschlug, war die Sache doch ziemlich schnell ziemlich klar. Manu war für mich und ich war für Manu gemacht. Nach meiner Hilfe mit dem „Treppenmann" kamen wir uns schon deshalb schnell näher, weil ich mit allen meinen Kick-Boxing-Kursteilnehmern nach dem Training immer noch zusammensaß und quatschte. Also regelmäßig auch mit Manu.

Eine erste Ahnung davon, wie ich ticke und zu was ich imstande bin, bekam sie, als ich ihr einmal, noch bevor wir zusammen waren, wie erwähnt ihr Auto reparieren sollte. Wie sich herausstellte, war die Wasserpumpe an ihrem BMW kaputt. Manu hatte kaum Werkzeug da, von Ersatzteilen ganz zu schweigen. In die Werkstatt sollte die Kiste aber auch nicht, also nahm ich, was da war, und fing an zu bauen. Am Ende hatte sie eine 1-A-Dichtung, die ich ihr aus einer Butterkekspackung gebastelt hatte. Ich weiß nicht mehr, ob sie die Mühle am Ende auch mit diesem hochwertigen Accessoire verkauft hat, aber gehalten hat es allemal. Wahrscheinlich aber nicht ganz so lange wie unsere eigene Verbindung.

Hatte ich vorher schon nicht das schlechteste Leben gehabt, so begann speziell nach der Rückkehr nach Schenefeld mit Manu eine wunderbare Zeit. Ich funktionierte die angrenzende Halle auf meinem Grundstück zeitweise in eine traditionelle Karate-Halle um, in der ich für einen Unkostenbeitrag von 1,– DM Freunden und Bekannten den Kampfsport beibrachte. Die Halle war aber auch für Spiele mit Kindern, Geburtstagsfeiern und Filmabende mit Surround-Sound, Subwoofer und Beamer geeignet. Hier nahm ich auch das Bauen von Dingen fürs Haus oder für den üblichen Urlaubs-Schabernack in Angriff. Zwar hielt ich mich damals schon vom Fernsehprogramm weitgehend fern, aber als die Playstation auf den Markt kam, fand sie in mir schnell einen willigen Freund. Gott sei Dank wurde ich nie abhängig von der Kiste, aber ein paar Spiele, unter anderem ein ganz harmloses mit Dinosauriern, machten mir einen Heidenspaß. Die zeitgleich aufkommenden blutrünstigen Ballerspiele ließen mich kalt. Obwohl es nur harmlose Spiele zum Zeitvertreib waren, hielt ich die Kinder von der Playstation fern. Erst später wollte ich sie langsam an die Sache heranführen, wohlwissend, dass man sehr schnell in eine Abhängigkeit geraten kann von derlei Dingen. Jahre später stellte sich heraus, dass Janina ohnehin nur geringes Interesse zeigte und Jason sich nur für ausgesuchte Spiele erwärmen konnte. Besser isses.

Wir lebten dann viele Jahre in Hamburg, und es zog uns auch nirgendwo anders hin. Wir genossen die Nähe zum Wasser, die Annehmlichkeiten der Großstadt, die ich in meiner Kindheit und Jugend kennengelernt hatte, und trotzdem die Ruhe und die schöne Natur unseres Grundstücks. Ich hatte Schenefeld, das auch damals schon „Konny-Island" hieß, gerade richtig ausgebaut, so dass es zu einem kleinen Wunderland am Rande von Hamburg geworden war. Mehrere Jahre Bauzeit lagen hinter mir, es war alles fertig, alles schön, alles so, wie ich es haben wollte. Das ganze Haus gehorchte dem „High efficiency"-Muster, ökologisch und effizient bis zum Letzten: zu drei Seiten Fenster, ein herrliches Kanapee als Sitzecke und jede Menge Annehmlichkeiten für die Freizeit. Alles war bereit für ein Leben im Paradies, als Jans Anruf kam.

3

DER PLAN

Es müssen mindestens zwei bis drei Jahre gewesen sein, die sich Jan nicht gemeldet hatte, bis er schließlich eines Tages am Telefon war und sagte, er sei in Texas – er wohne jetzt dort. Damit nicht genug: Er meinte gleich, er wolle mich und Manu einladen, ihn zu besuchen. Wir müssten unbedingt vorbeikommen.

Das brauchte er neugierigen Menschen wie uns nicht zweimal zu sagen. Texas? Moin, moin, wieso nicht? Nur kurze Zeit später, es war Pfingsten 2002, saßen Manu und ich, ausnahmsweise mal ohne die Kinder unterwegs, im Flugzeug. Fünf Tage, so war der Plan, sollte der Kurztrip dauern. Doch wie schon damals im „Onkel Pö" sollte mein alter Kumpan weitestgehend unbewusst etwas in Gang setzen, was unser Leben erneut wie eine Weinpulle beim Flaschendrehen wenden würde.

Schon bei der Landung sahen wir vom Flugzeug aus riesige Pick-ups, wie sie sich langsam die Highways entlangschoben. Wir waren sofort beeindruckt – alles mutete mindestens dreimal so groß an wie in Deutschland, und zwar nicht nur geografisch gesehen. Fast schien es, als würde allein der Raum zum Atmen ein Vielfaches an Kubikmetern messen. Jan holte uns vom Flughafen ab, und eine der ersten Stationen, die wir uns ansahen, war Valley View, südlich von Gainesville und westlich vom Ray Roberts Lake. In den folgenden Tagen sahen wir das wunderschöne viktorianische Viertel in Gainesville und die ganze Umgebung der Stadt. Wir waren beide begeistert;

wir hatten schon einiges von der Welt gesehen, aber das hier war noch mal eine andere Dimension. Jan hatte mir bereits am Telefon vorgeschwärmt, wie toll es sei. Es gab keinen besseren Adressaten für solche Botschaften als mich. Das musste Jan auch nach den Jahren, in denen wir uns nicht gesehen hatten, immer noch wissen. Er wusste, dass wir kommen würden, und er wusste, dass es mir super gefallen würde. Es war fast, als führe er irgendwas im Schilde. Aber wahrscheinlich war es einfach der Überschwang, den er mit seinem alten „Dänen" teilen wollte.

Wir schauten uns die alten, großen Häuser an, fuhren einfach durch die Gegend und tranken abends ein paarmal einen über den Durst. Es waren lustige Tage. Jans Prinzengarde hatte sich Gott sei Dank in eine Pferderanch verwandelt, auf der er jetzt wohnte. Er hatte die Pferdepflegerin eines Ranchers namens Werner kennen und lieben gelernt und war mit ihr zusammen in ein kleines Haus direkt neben einem Stück Wald auf Werners Anwesen gezogen. Wir schliefen dort auf einer Art Notcouch. Alles um uns herum schien vollkommen neu. Bislang kannten wir Amerika nur aus dem Fernsehen. Das sah nett aus, aber wirklich einordnen konnten wir diese Bilder erst jetzt, wo sie auf uns einstürmten wie ein 3-D-Film auf zwei Kinder.

Wir saßen hinten in Jans Auto und fuhren durch diese neue Welt. Die Sonne schien, und der Wind blies uns um die Nasen. Diese Ami-Autos, die auch Gulliver gut hätte mit auf Reisen nehmen können, umkreisten uns wie freundliche Schlachtschiffe, alle mit dem scheinbar gleichen Ziel, dem Sonnenuntergang. Alle Menschen, denen wir begegneten, waren freundlich, niemand schien es besonders eilig zu haben. Doch während die Autos größer waren, ging die Uhr hier nur halb so schnell. Die Einheiten waren in Amerika einfach anders. Auf eine komische Weise schien man das Leben hier noch mehr genießen zu können. Und genau das taten wir während der Handvoll Tage, die wir dort waren.

Wir saßen also hinten in Jans Wagen, als ich mich schon am zweiten Tag zu Manu umdrehte: „Na, Manu – wird Zeit, oder?" – „Ja, wird Zeit", nickte sie.

Die Eindrücke waren einfach zu groß – die Menschen und ihre Freundlichkeit, der Lifestyle, das Wetter. Jeder hier schien zu machen, was er wollte, ohne dabei Ärger oder Stress zu haben. Keine Hektik und keine ernsten Gesichter bei miesepetrigem Wetter wie in Deutschland. Alles schien ganz easy, ich wartete nur darauf, dass uns Brathähnchen in den Mund fielen. Hätte ich da schon gewusst, dass man in Amerika auch Häuser bauen kann, wie man will, hätte ich wahrscheinlich an Ort und Stelle die amerikanische Staatsbürgerschaft beantragt.

In Hamburg hatten wir eigentlich das geilste Leben gehabt, aber es schien, als könnte ein noch geileres in Zukunft in Texas auf uns warten. Uns konnte nichts mehr aufhalten. Wir mussten auch hierhin. Schenefelder Himmel hin oder her, wenn der Bauch sagt, wo's langgeht, sind die Richtungsschilder fertig. Is' so.

Aber noch war es natürlich nicht so weit. Man zieht eben nicht so einfach nach Amerika, wie man sich entschließt, ins Kino zu gehen.

Ein anderes Land als Amerika kam auch nicht in Frage, denn es ging nicht ums Auswandern an sich; wir hatten Texas gesehen und gewusst: Das ist es. Spontan. Es war ein Gefühl, da steckte kein Kalkül oder ein großartiger Lebensplan dahinter. Zudem war Englisch die einzige Sprache, die wir in Ansätzen beherrschten, das passte ganz gut. Glaubten wir zumindest.

Nur wenige Wochen später machten wir noch einmal drei Wochen lang mit den Kindern Urlaub in Amerika, wieder in Texas, und auch die beiden waren bald infiziert. Dieser zweite Trip über den Teich war ebenso beeindruckend wie der erste. Wir besuchten erneut Gainesville und zeigten den Kindern die Gegend, die uns vorher so aus den Schuhen gehauen hatte. Wir fuhren bis ganz in den Süden von Texas nach Corpus Christi an den Strand, um noch mehr vom Staat zu sehen.

Einen Tag nach diesem Strandbesuch saßen wir in einer Filiale der Frühstücks- und Fast-Food-Kette Denny's. So sehr man natürlich allzu viel Fast Food vermeiden sollte, so schön ist es doch, ab und zu in diesen breiten, flachen Häusern zu sitzen, die einem die Ketten in die Landschaft stellen. Es sind fast immer frei stehende Gebäude mit Fenstern zu allen Seiten, und man bekommt mehr von Land und Leuten mit, als man glaubt. Amerika liebt diese Fresstempel und scheint geradezu in ihnen zu leben. Das Wetter bietet einem nahezu immer die entsprechend helle und freundliche Kulisse, man hat viel Platz, egal, mit wie vielen Leuten man da einreitet, und man fühlt sich einfach frei. So war es auch an diesem Tag. Auf einmal kam aus dem Nichts die gesamte Belegschaft der Denny's-Filiale an unseren Tisch, stellte warmen Apfelkuchen mit einer besonderen Kerze auf den Tisch und sang „Happy Birthday" für Janina. Sie hatte tatsächlich Geburtstag, und Manu hatte die Denny's-Crew vorher heimlich eingewiesen und ihnen die Kerze zugesteckt. Dass aber die gesamte Mannschaft auflaufen würde, hatte auch Manu nicht geahnt. Nun gut, es ist ein alter Trick, aber er funktioniert fast immer, zumal wenn man 10.000 Kilometer von zu Hause entfernt nun wirklich nicht damit rechnet. Janina war fertig mit den Nerven.

Ähnlich ging es am nächsten Tag weiter, und Familie Reimann lernte ihre nächste Fast-Food-Lektion: Auf dem Weg zurück gen Norden hielten wir an einem Pizza Hut. Wir hatten alle ordentlich Hunger und bestellten vier Pizzen, zweimal large und zweimal medium. Das sollte reichen, dachten wir. Es reichte. Als die Pizza-Hut-Bedienung uns vier überdimensionierte Wagenräder auf den Tisch stellte, brachen alle Dämme. Manu fing an, und einer nach dem anderen schüttete sich aus vor Lachen. Es ging nicht mehr. Bayerische Portionen sind eine Sache, aber Amerika übertrifft die Portionsgröße der Bajuwaren noch um einiges. Es gibt Gegenden in der Welt, die könnten sich von den Portionen einer Pizza-Hut-Filiale einen Monat lang ernähren. Sieht man sich die eher korpulent gebauten Amis an, weiß man schnell, dass dieselbe Menge hier gerade mal reicht, bis es dunkel wird – und zwar für eine Person. Mit Tränen in den Augen und diversen „doggy bags" in den Händen setzten wir unsere Reise fort. „Doggy bags" sind übrigens keine Taschen, in denen man seinen Hund aus dem Restaurant tragen kann, sondern Papiertüten mit dem restlichen Essen, das früher wohl öfter im Fressnapf der Hunde landete.

Unser amerikanisches Leben hat auf bizarre Weise schon damals begonnen. Im Juli 2002 nahmen alle Reimanns an einem Rodeo teil. Wir waren derart begeistert, dass wir noch an Ort und Stelle beschlossen, daraus eine Tradition zu machen. Eine weitere sollte über zwei Jahre später die örtliche Weihnachtsparade werden.

In diesem Urlaub kauften wir auch schon unseren ersten Pick-up auf amerikanischem Boden und dazu noch einen Wohnwagen. Es war vollkommen klar, dass wir wiederkommen würden, und wir wollten weder Jan auf den Keks gehen noch uns auf die Dauerhaftigkeit seiner Beziehung verlassen. Der Pickup fiel uns dabei fast in die Arme. Er stand irgendwo einfach auf der Straße, ein Schild „Zu verkaufen" im Fenster, und lächelte uns so charmant an, dass wir ihn einfach aus seinem unsicheren Schicksal erlösen mussten. Er ist noch heute bei uns, und Manu ist nicht unglücklich mit dem alten Schlitten.

Werner, Jans Vermieter sozusagen, sollten wir viel später noch besser kennenlernen. Für den Moment durften wir unser neu erworbenes Fahrzeug und unsere ebenso neue mobile Unterkunft zwanzig Meter neben Jans Haus stehen lassen. Dort standen sie – bis wir ein Jahr später wiederkamen – im Wald von Texas.

Für die Auswanderung konnten die Botschaften uns keine Auskunft geben. Natürlich wollten wir alles generalstabsmäßig planen, aber schon bei den ersten Dingen wurde es schwierig.

Manu bekam schließlich über die Mutter von Janinas bester Freundin den Kontakt zur „Evangelischen Auswanderungsberatung". Ich weiß, das klingt nicht eben nach dem modernen Weg auszuwandern, aber die Menschen dort waren tatsächlich die einzigen, die wirklich wussten, was wir machen mussten, und die zudem noch nett und hilfsbereit waren. Für eine kleine Spende bekamen wir kompetente Infos zur Green Card. Man sagte uns, was wir genau zu tun hatten. Es galt, nur ein Formular auszufüllen und in einem bestimmten Zeitraum an die Ausländerbehörde nach Kentucky zu schicken.

Es muss Oktober 2002 gewesen sein, als Manu an der Green-Card-Lotterie teilnahm. Es war im Grunde ein groteskes Unterfangen: Die Chancen standen schlecht, nur jeder Hundertste gewinnt, viele machen Jahre mit und gehen immer leer aus. Ganz abgesehen davon, dass jeder Teilnehmer auch noch gewisse Bedingungen erfüllen muss. Dennoch: Manu glaubte von Anfang an fest daran, dass sie gewinnen würde. Aus irgendeinem Grund wusste sie sogar, dass sie es sein würde und nicht ich, der auch teilnahm, um unsere minimalen Chancen wenigstens etwas zu erhöhen.

Die Zeit verging, und nichts passierte. Weihnachten kam, Ostern kam, aber keine Post. Es war klar, wenn wir nicht gezogen werden, bekommen wir auch keinen Brief, niemand würde uns benachrichtigen und ein paar förmliche Zeilen Mitleid an uns adressieren. So war der Deal, so hatte man es uns am Anfang gesagt. Rechnungen kamen, Briefe, Ansichtskarten aus irgendwelchen Urlauben, Werbebriefe und allerlei üblicher Krempel in Papierform, nur die ersehnte Green Card war nie dabei. Je größer die zeitliche Distanz zu unserer Bewerbung war, desto seltener dachten wir an einen Erfolg oder an die Sache an sich. Ab und an öffnete Manu den Briefkasten und flüsterte ihm ein leises „Mann, schade" entgegen. Das war's, dann eben ein anderes Mal. Egal, is' so.

Manu verkaufte zu der Zeit bereits eigene Kindermode über das Internet. Sie war gelernte Schneiderin, sie hatte tolle Ideen, und ihre Marke „Bradkid" kam seit dem Start im Jahr 2001 bei den Leuten gut an. Das Geschäft lief nicht schlecht, ihre Kunden kamen, wie das bei digital abgewickelten Verkäufen üblich ist, aus aller Welt. Nicht selten hatte sie auch mit Amerika zu tun. Eines Tages, es war der 3. Juli 2003, saßen wir zu Hause im Wohnzimmer, als erneut Post aus den USA kam. Manu dachte zunächst, es wäre eine Rechnung oder ein Auftrag von einem ihrer internationalen Bradkid-Kunden. Als sie dann sah, dass der Umschlag in Kentucky verschickt worden war, bekam sie sofort ein mulmiges Gefühl. Sie öffnete den Brief und wurde kreidebleich, warf ihn auf den Tisch und sagte etwas atemlos: „Ich habe sie gewonnen." Es war sinnlos, nach weiteren Erklärungen zu fragen, jeder von uns wusste, was gemeint war.

Ich bekam sofort einen Stich ins Herz, denn in dem Moment wusste ich, „es ist vorbei", das Schenefelder Paradies würde unwiderruflich geschlossen und von etwas Unbekanntem abgelöst werden. Eben schwebten wir alle noch in unserem wunderbaren Leben, und nun kam aus dem Nichts dieses große Stopp-Schild, das wir auch noch selbst bestellt hatten. Ich hatte ein fieses Gefühl im Bauch. Ich dachte noch, so ähnlich muss es sein, wenn man stirbt, das bisherige Leben rast in Bildern an einem vorbei. Es war absurd, dabei war es doch genau das, was wir uns gewünscht hatten, was wir mit aller Macht wollten. Aber wenn so eine weitreichende Nachricht dann erst einmal da ist und schwarz auf weiß vor einem auf dem Tisch liegt, nörgelt die Seele eben doch noch mal kurz spontan los.

Ich muss zugeben, im ersten Moment war es ein Schock und auch kein ausnahmslos schönes Gefühl. Vielleicht ist es so ähnlich bei einem Fußballspieler, der in einem tollen Verein spielt und das beste aller Leben genießt, aber unbedingt in einem noch größeren, seinem Traumverein spielen will. Und dann, an dem Tag, wo sich herausstellt, dass er wechseln kann und der Traumverein ihn haben will, fällt ihm für einen Moment das Herz in die Hose. Tausend Dinge rasten in Bruchteilen von Sekunden in meinem Kopf herum. Aber wir alle fingen uns schnell, zumindest äußerlich. Wir jubelten und tanzten um den Küchentisch herum. Denn genauso, wie wir wussten, dass wir uns nun täglich ein kleines Stück aus Schenefeld verabschieden würden, war auch klar, dass ein ganzes Land auf uns warten würde, das sich mit Konny Reimann und seiner Familie genau die Richtigen ausgesucht hatte.

Das Land der unbegrenzten Möglichkeiten will den Mann und die Familie der unbegrenzten Unmöglichkeiten? Nichts erschien logischer. Wir werden zusammenpassen wie Hamburg und der Hafen, wie Pech und Schwefel. Die Zukunft soll kommen. Her damit.

Nach ein paar Minuten der Besinnungslosigkeit war sogar Denken wieder möglich. Ich blickte in unsere kleine Runde am Küchentisch und meinte mit dem größtmöglichen Grinsen nur: „Na gut, dann müssen wir jetzt anfangen ..."

Es war von Beginn an klar: wenn, dann ganz oder gar nicht. Unser ganzer Krempel, die ganze Werkstatt muss mit, alles große und kleine Werkzeug, der ganze Surf-Kram, einfach alles.

Natürlich haben wir sehr früh schon die Kinder gefragt, ob sie überhaupt Lust haben auf einen so entscheidenden Wechsel. Wir haben ihnen erklärt, was wir vorhaben, was das bedeutet, und sie haben sich Gott sei Dank schnell dafür begeistert und zugestimmt. Ehrlich gesagt – selbst bei einem „Nein" von ihnen hätten wir's gemacht, es gab nach dem Gewinn der Green Card einfach kein Zurück mehr. Es sollte so kommen, also mussten wir das durchziehen. Aber spätestens nach unserem zweiten gemeinsamen 3-Wochen-Urlaub, der im Sommer 2002 folgte, waren Jason und Janina ohnehin genauso begeistert wie wir.

Auch beim Ort gab es keinerlei Zweifel. Gainesville hat uns allen von Anfang an gefallen. Wir hatten in der Gegend mit Jan zumindest einen persönlichen Kontakt, und schon bald stand fest, dass wir uns dort niederlassen würden.

Aber damit war trotzdem lange nicht alles in trockenen Tüchern, und es gab noch Millionen Dinge zu erledigen. Als Allererstes war klar, dass wir heiraten müssen, um den Auswanderungsplan mit der ganzen Familie umsetzen zu können. Bisher war das all die Jahre zwischen Manu und mir kein Thema gewesen. Wieso heiraten? Es war logisch, dass wir zusammenbleiben würden, wir waren eine Familie, hatten alles, was wir brauchten, alle Freiheiten, jeden Spaß, den wir möglich machen konnten – wieso mussten wir dafür ein Papier haben, auf dem uns das noch mal in hölzerner Amtssprache bescheinigt wird? Es gab keinen Grund. Jetzt aber gab es einen. Mehr noch, es gab einen Zwang – ohne Heirat kein Übersiedeln nach Amerika, denn Manu hatte die Green Card gewonnen und ich war offiziell kein Familienmitglied, so absurd sich das auch anfühlte.

„Ist doch völlig unromantisch, menno" – Manu war wenig begeistert von der Idee, dass uns ein administrativer Akt eine zentrale Handlung des Lebens diktieren würde. Papiere und Paragraphen sollten für mich um ihre Hand anhalten? Das konnte nicht sein.

Wir waren gerade auf dem Rückweg von einem Gespräch bei der Evangelischen Auswanderungsberatung, die ihr Büro in der Nähe vom Hauptbahnhof hat, und fuhren, wie immer, wenn wir aus der Innenstadt kamen, die Elbchaussee hinunter. Ich stoppte den Wagen an einer roten Ampel und drehte mich zu Manu um.

„Willst du mich heiraten?"

Natürlich gibt es romantischere Orte, an denen man diese Frage stellen kann. Aber für Manu und mich war genau diese Ampel, auf genau dieser Straße, die wir immer nahmen und kannten wie unsere eigenen Beine – all das war in jenem Moment der romantischste Ort, den man sich vorstellen kann. Niemand auf der Welt und schon gar kein Zettel mit Zahlen und Buchstaben darauf würde uns vorschreiben, wann und wie wir zu heiraten hatten. Nichts und niemand würde uns einen liebevollen und einmaligen Antrag vermasseln. Ich saß dort mit Manu in unserem schwarzen Pick-up und wollte dem Ganzen etwas Selbstbestimmtes und Überraschendes geben. Das gelang. Ich überraschte sie und irgendwie auch mich selbst, und letztlich wurde es tatsächlich ein einmaliger Ort, um dieser Situation eine groteske Besonderheit zu verleihen. Irgendeine rote Ampel am unteren Ende der Elbchaussee in Hamburg. Der perfekte Ort für einen Heiratsantrag, würde ich sagen.

Am 29. Juli 2003 haben wir dann wirklich und richtig geheiratet, aber das ist eine andere Geschichte, die ich gleich erzählen will.

DIE VORBEREITUNG

Nach Manus und meinem Kurzurlaub bei Jan und dem ersten Urlaub mit den Kids im Jahr 2002 hatten wir bereits für den Sommer 2003 weitere Ferien in Texas geplant, als wir wenige Wochen vorher von der Nachricht überrumpelt wurden, dass wir wirklich „Siedler" werden. Der Urlaub war schon gebucht, stand nun aber natürlich unter ganz anderen Vorzeichen. Nach dem Elbchaussee-Antrag mussten wir jetzt auch noch tatsächlich heiraten und viele verschiedene organisatorische Dinge klären.

In Amerika hatten wir, wie bereits erwähnt, als Erstes einen Pick-up und einen Wohnwagen gekauft, damit wir uns künftig nicht immer bei Jan einquartieren mussten. Auch hier war mir unsere Unabhängigkeit sehr wichtig. Als wir das zweite Mal mit den Kindern nach Texas zurückkamen, freuten wir uns schon auf diese „vorbereitete" Freiheit. Allerdings hatte Jan nicht, wie verabredet, den Wagen einfach stehen lassen, sondern war sehr wohl damit herumgefahren, ohne uns Bescheid zu geben oder zu fragen. Aber das Auto war noch in Ordnung, es gab also keinen Grund für Ärger. Mir fiel dennoch auf, dass Jan sich bei unserem dritten Besuch bei ihm in Amerika für meine Begriffe wieder stark zu seinem Nachteil veränderte. Irgendwie war er scheinbar für einen gewissen Hang zur Unzuverlässigkeit und Umgehung gewisser schwieriger Situationen anfällig. Als wir am Ende dieses Urlaubs beides, den Wohnwagen und den Pick-up, erneut stehen lassen mussten, bevor wir endgültig wiederkommen würden, wollten wir beide Fahrzeuge lieber in einem Storage unterbringen, einer mietbaren Unterkunft also, die vor jeglichem Schabernack sicher war. Jan vermittelte uns einen deutschen Kumpel in Wylie, einem Vorort von McKinney, ganz in der Nähe der berühmten Southfork Ranch. Dieser Freund hatte ebenfalls eine Pferderanch, und er bot uns großzügig an, zumindest das Auto bei ihm zu lassen. Direkt gegenüber von seiner Ranch entdeckten wir dann noch einen offiziellen Stellplatz, bei dem wir den Wohnwagen am Ende unterbrachten. Immerhin dieses Mal schienen unsere beiden wichtigsten amerikanischen Gegenstände in sicheren Händen.

Aber zunächst verbrachten wir über drei Wochen mit den Kindern in Amerika. Was die Heirat anging, wollte Manu natürlich nicht, dass wir einfach so schmucklos zum Standesamt rennen und uns zwischen Einkauf und Steuererklärung zwei „Ja" zurufen. Nein, wenn wir schon vorher heiraten, dann richtig. Und so entstand der Plan, auf unserer Reise nicht nur nach Las Vegas zu fahren, sondern auch dort unsere Hochzeit zu arrangieren. Am Ende geschah das in der „Little White Chapel", in der auch Elvis geheiratet hat.

Wir machten den gesamten Trip mit dem Pick-up und dem Wohnwagen und genossen es, vollkommen losgelöst von allem herumzufahren, mit dem Wissen im Gepäck, dass dieses Gefühl bald unser ständiger Begleiter sein würde. Wir fuhren gen Westen und kannten nur unser Ziel: Las Vegas. Alles andere war offen wie der Himmel über uns.

Der erste Stopp war Amarillo, die legendäre Stadt ganz im Norden von Texas. Dort aßen wir im „Big Texan Steakhouse", bekannt dafür, dass man ein großes Steak mit Kartoffeln und Gemüse plus Brötchen bekommt und es in einer bestimmten Zeit aufessen muss. Gelingt einem das, hat man auf Kosten des Hauses gespeist. Selbst Amerikaner, nun wirklich keine Kinder von Traurigkeit, wenn's ums Essen geht, haben regelmäßig Probleme, ihren Teller in der vorgegebenen Zeit – ich glaube, es ist eine Stunde – leer zu bekommen. Wir haben uns diesem Essen-nach-Stoppuhr nicht ausgesetzt.

Weiter ging's auf dem Highway 40 nach Albuquerque im Staat New Mexico. Albuquerque ist eine sich flach ausbreitende Stadt, umgeben von herrlichen Bergen, die nicht selten ein paar Schneehüte aufhaben. Wir bekamen auf dieser Reise sehr schnell einen Eindruck davon, wie groß das Land wirklich ist, wie weit es sich erstreckt. Es war einfach geil, mit dem Wohnmobil in den USA zu campen. Der Tag begann mit Aufstehen und Frühstücken, bevor wir das Campingzeug zusammensammelten und dann gemütlich losfuhren. Drei bis vier Stunden absolvierten wir täglich auf dem Highway, bis wir keine Lust mehr hatten oder einen Ort sahen, an dem es sich gut übernachten ließ. Wie schon so oft in meinem Leben, hatte auch dieses Mal der Wagen unterwegs kleine Wehwehchen, die repariert werden mussten.

Jetzt entschied er sich eben, in Albuquerque ein bisschen schlappzumachen. Wir fuhren zu einem Autozubehörladen, kauften einen Benzinfilter, und ich begann, den Pick-up zu reparieren. Doch auch solche kleinen Zwischenfälle konnten uns nicht die Laune vermiesen. Mir schon gar nicht – Autos in Schuss zu bringen war für mich wie morgens Kaffee trinken.

Weiter ging's gen Westen zum Meteorkrater bei Winslow. Das riesige Loch entstand vor ungefähr 30.000 Jahren, als der Himmelskörper mit einer Geschwindigkeit von über 60.000 km/h dort einschlug und einen Krater von 1,2 Kilometer Durchmesser und 170 Meter Tiefe hinterließ. Schon in so grauer Vorzeit wusste selbst ein Meteor, wo er einzuschlagen hatte, um eine sichtbare Delle zu hinterlassen: Da, wo ordentlich Platz ist.

Bei unserem dritten Stopp in Flagstaff, Arizona, einem wunderbaren kleinen Städtchen im Norden des Sonnenstaates, war das Besondere eigentlich nur der außerordentlich schöne Pool, den wir auf unserem Campingplatz vorfanden. Bei all den großen Kulissen, Naturereignissen und mächtigen Städten, die Amerika zu bieten hat, findet man doch auch immer wieder mal etwas Einfaches wie einen genialen Swimming-Pool, der einem den Tag versüßen kann. Flagstaff selbst kam erstaunlich grün daher, speziell für Arizona-Verhältnisse. Das liegt daran, dass die Stadt sich in den Bergen befindet, die ab einem gewissen Punkt in Arizona ziemlich plötzlich in den Himmel aufsteigen und eine gänzlich andere Vegetation mit sich bringen als die Wüste, die man weiter südlich in Arizona vorfindet. Außerdem hatten wir von unserem Campingplatz eine super Aussicht auf Flagstaff. Überall, wo wir hinkamen, waren die Eindrücke überwältigend. Die Fahrt hätte nicht angenehmer sein können, und jeder gefahrene oder gelaufene Meter überzeugte uns mehr von der Richtigkeit unserer Entscheidung. Amerika war nicht nur ein Land für einen Urlaub oder zwei. Alles schrie danach, dass wir unseren Abenteuerspielplatz für eine wesentlich längere Zeit hierhin verlagerten.

Der vierte und letzte Stopp auf dem Hinweg unserer Reise war Las Vegas. Tagsüber eine mehr oder minder übliche amerikanische Großstadt, bei

Nacht sollte sich das Bild jedoch gehörig ändern. Falls noch jemand nach einer gewinnbringenden Tätigkeit Ausschau hält: Das Glühbirnenbusiness in Vegas wäre ein heißer Tipp. Synthetisches Licht wird hier gebraucht wie die Luft zum Atmen.

In Las Vegas sahen wir uns zunächst verschiedene Hochzeitskapellen an. Bereits die zweite war die „Little White Chapel", die wir am Ende auch auswählten. Nicht wegen Elvis, es war einfach die schönste und jene, die am meisten zu bieten hatte. Denn Amerika wäre nicht Amerika, wenn man nicht auch hier, gerade hier, das ganze Paket buchen könnte. Was wir genommen haben? Ganz genau! Die „Deluxe"-Version dieser Las-Vegas-Hochzeit. Sie enthielt die Zeremonie selbst, eine weiße, ewig lange Limousine mit einem Chauffeur, der einen nach der Heirat noch durch die Straßen kutschieren sollte, einen Frisör, eine Webcam, die alles festhielt, und noch einiges mehr. In Las Vegas gibt es sogar Drive-through-Hochzeiten. Ich weiß nicht genau, wie das abläuft, aber wahrscheinlich wird man von einer rostigen Gegensprechanlage gefragt: „Good evening, welcome at In-and-Out Wedding, my name is Wendy, can I help you?" Dann sagt man, mit wem man gekommen ist, dass man heiraten will und bitte noch eine große Coke mit Eis dazu möchte. Schließlich wird eine blecherne Stimme fragen: „Ist das alles für Sie, Sir?", man bestätigt, biegt um die Ecke, zahlt, und eine Frau im Firmen-Outfit und mit Headset-Mikrofon wird freundlich und etwas gelangweilt deklarieren: „Hiermit erkläre ich Sie zu Mann und Frau, Ihre Ringe erhalten Sie an Fenster 2, ich wünsche Ihnen noch einen schönen Tag." Oder so ähnlich. Man weiß es nicht. Wahrscheinlich ist es nur eine Frage der Zeit, bis es auch Drive-through-Scheidungen geben wird.

Bei unserer Hochzeit klappte jedenfalls alles bestens; es war aufregend, romantisch, wie immer etwas absurd und allein der Nachhall wunderschön. Wir ließen uns nach dem „offiziellen" Teil noch mit offenen Fenstern durch das seit Jahrzehnten durchgehend hellerleuchtete Vegas fahren, die Kasino-Lichter wetteiferten mit den Sternen, und Manu und ich waren im siebten

Himmel. Wir waren derart begeistert von der abendlichen Rundfahrt durch die Stadt, es hätte für uns ewig so weitergehen können. Und selbst bei dieser an sich nach klaren Programmpunkten ablaufenden Zeremonie hatten wir Glück. Wie sich herausstellte, war dies die letzte Fahrt des Chauffeurs an diesem Tag, und er erklärte sich bereit, uns noch die Stadt zu zeigen und einfach weiterzucruisen. Er sah sich mit mir sogar noch den Motor der Limousine an, wir fachsimpelten etwas und sind dann weiter, ab durch die Nacht von Las Vegas. Es war unglaublich – wir fuhren durch die blinkende Stadt, es schien der Anfang von etwas Großartigem zu sein, selbst Passanten jubelten uns zu und applaudierten. Man möchte meinen, die Menschen dort erleben das alle halbe Stunde: Ach, schon wieder Touristen, die heiraten. Aber von Routine keine Spur. Die Leute, an denen wir vorbeifuhren, freuten sich, als würden wir sie auf rosa Elefanten passieren und kilometerlange Schleier hinter uns herziehen. Sie applaudierten und lachten. Wussten sie, woher wir kamen, was wir hinter und vor uns hatten? Für einen Moment schien es so.

Die Rückfahrt war nicht weniger schön als der Hinweg, sie führte uns unter anderem zum Grand Canyon. Wir standen am Rand des Riesenkraters und bekamen ein Gefühl davon, wie Ameisen sich fühlen, wenn sie an einer Baugrube stehen. Ich kann nur jedem empfehlen, sich diesen Anblick zu gönnen. Etwas anders dachte ich über die Cadillac Ranch. Diese passierten wir auf der Route 66, auf der wir auf dem Rückweg ein paar Mal ein Stück langfuhren. Erst dachten wir darüber nach, an der Ranch anzuhalten, und bei meiner Vorliebe für amerikanische Autos wäre das auch nur logisch gewesen. Aber man konnte schon von Weitem erkennen, dass es dann eben doch nichts anderes ist als eine Reihe Karren, die kopfüber in der Erde stecken. Blöd. Amerika hat definitiv mehr zu bieten als das. Die Rückkehr nach Texas war in verschiedener Hinsicht besonders. Wir wussten, dass eine Menge Arbeit vor uns lag, das Erstaunliche war jedoch, dass wir alle, so komisch das klingen mag, schon so etwas wie Heimatgefühle hatten, als wir mit unserer mobilen Unterkunft am 3. August 2003 nach Gainesville zurückkehrten. Alles war bereits auf sonderbare Art und Weise vertraut. Die Entscheidung schien bereits zu diesem Zeitpunkt richtig zu sein. Dabei waren wir ja noch nicht mal ansatzweise wohnhaft in Amerika.

Am Wochenende danach waren wir schon wieder alle zurück in Deutschland und feierten mit Freunden eine kleine Hochzeitsparty in Schenefeld. Diese Party rundete unsere Hochzeit mehr als würdig ab. Von der Elbchaussee über Las Vegas und nun zum Abschluss Schenefeld hatten wir am Ende die Papiertiger doch noch überlistet.

Zurück in Deutschland wandte Manu sich organisatorisch vor allem den Behörden und Dingen wie der Schulorganisation für die Kinder zu, während ich den Umzug als solches managte. Nach dem positiven Green-Card-Bescheid fuhr ich noch zweimal alleine nach Amerika, um mich schon mal mit der Umgebung vertraut zu machen. Beide Male erwischte ich günstige Flüge, so dass ein wenig amerikanische Luft schnappen kein großes Loch in unsere Haushaltskasse riss. Sowohl im Oktober 2003 als auch im Frühjahr 2004 wohnte ich dabei wieder in dem zuvor gekauften Wohnwagen, auch wenn ich ab und zu mal mit Jan herumfuhr. Diese Male war ich aber nur sein Beifahrer, habe mich lediglich als sein Schatten neben ihn gesetzt, um mitzubekommen, wie so die Abläufe in Amerika funktionieren und wie Gespräche ablaufen. Auch versuchte ich mir dabei die ersten wichtigen Vokabeln zu merken, die wir später brauchen würden. Über die Ausflüge mit Jan und auch durch die Wege, die ich alleine zurücklegte, lernte ich bereits die ersten Leute kennen, ohne dass man schon von Freundschaften reden könnte. Vor Ort sah ich mir, unter anderem, verschiedene Geschäfte der Stadt an, speziell was sich im Handwerksbereich so vorfinden lässt. Gainesville und ich machten uns miteinander näher bekannt und waren uns, zumindest kann ich das von meiner Warte aus sagen, gleich sympathisch.

So stand ich zum Beispiel im Wal-Mart, dem größten Supermarkt der Gegend, saß in Fast-Food-Restaurants, schaute mir die Menschen und ihr Leben an, lernte, dass das Wetter hier oft eine launische Diva ist. Nicht umsonst sagt man in Texas: „Wenn dir das Wetter nicht gefällt, warte zehn Minuten." Auch bekam ich jetzt einen ersten Eindruck davon, wie Texaner so ticken. Ich sah Fernseher in jeder Ecke jedes Gebäudes, erlebte überschäumende Höflichkeit und einen gewissen Hang zum Pathos. Ich sah die vielleicht größten Autos der Welt, Straßen breit wie Häuser, Autobahnauffahrten, die an riesige Vogelnester erinnerten, so sehr trieben die auf Beton stehenden Straßenkurven quer durcheinander, und einiges mehr.

Ich kam, sah und siebte, filterte also alles aus, was für uns wichtig werden würde. Nach einer Arbeitsstelle sah ich mich zu diesem Zeitpunkt noch nicht um. Zum einen wäre es noch zu früh dafür gewesen, zum anderen vertraute ich darauf, dass sich auch in dieser Frage alles zum Guten wenden würde. Auf welche Art das passieren würde und welch teilweise komischen Wendungen mein Arbeitsleben in Amerika nehmen würde, konnte ich zu dem Zeitpunkt noch nicht ahnen. Aber das sind andere Geschichten, von denen ich später berichten werde.

Ein halbes Jahr nach meinem zweiten 2-Wochen-Trip alleine sind wir alle zusammen ausgewandert.

Man wird, wenn man die Green Card erhält, zu einem sogenannten „Interview" ins Konsulat eingeladen, bei dem man noch diverse Fragen beantworten soll. Anschließend muss man innerhalb von sechs Monaten in die USA reisen, um die Green Card „einzulösen" bzw. zu „aktivieren". Damit die Karte nicht wieder verfällt, muss man aber auch in den folgenden zwölf Monaten tatsächlich nach Amerika ziehen. Nach weiteren zehn Jahren ist es Pflicht, die Green Card zu erneuern. Zu diesem Zeitpunkt wird dann überprüft, ob der Aufenthalt in den USA weiterhin sinnvoll ist, ob über die vorgegebenen Auflagen verstoßen wurde, kurz: Vor allem, ob man Arbeit hat. Der Bescheid, dass wir gewonnen hatten, kam im Sommer 2003. Unser Interview wurde für April 2004 in Frankfurt anberaumt.

So fuhren wir also am 6. April 2004 nach Frankfurt am Main. Manu, die ja die Karte offiziell gewonnen hatte, hatte sich schon Wochen vorher auf diesen Termin vorbereitet und war entsprechend nervös, als wir dorthin fuhren. Eine sehr nette Frau, die im Konsulat arbeitete, half ihr schon einige Zeit vor dem Termin, sich auf den Tag einzustellen, und gab ihr weit mehr Auskünfte als eigentlich nötig. Wir reisten schon einen Tag früher an und übernachteten alle in einer Jugendherberge, die schön günstig war. Für so einen kurzen Trip wollten wir nicht extra in einem Hotel absteigen, um pünktlich am nächsten Tag vor der Tür vom Konsulat zu stehen.

Um sieben Uhr früh standen wir wie angespitzte Bleistifte vorm Eingang, außer uns waren noch acht andere Leute da. Das Konsulat war weiträumig abgesperrt. Noch durften wir nicht weiter, erst eine halbe Stunde später ließ man uns von der Hauptstraße zum Konsulat selbst laufen, um dort erneut in der sich bildenden Schlange zu warten. Hier waren wir aber immer noch nicht am Ziel; noch konnten Dinge schiefgehen, die Anspannung war spürbar. Reisepässe und Einladung vorzeigen, dann weiter zum eigentlichen Eingang, erneut Reisepässe und Einladung, dann Einlass, aber nur in 4er-Gruppen. Innen dann eine Prozedur wie am Flughafen: alle Taschen leeren, Jacken in eine Box, Regenschirm abgeben. Nächste Station war der Kassierer, bei dem wir für uns vier 1.740,– Dollar Gebühr bezahlten. Bei allen 50- und 100-Dollar-Scheinen musste man die Banknotennummer auf ein Formblatt schreiben. Nichts wurde dem Zufall überlassen. Ich war froh, dass sie nicht auch noch unsere Freischwimmerzeugnisse haben wollten. Immerhin, ein erstes Zeichen der Empathie bei all der Bürokratie und nervlichen Belastung war der Kassierer, der Manu zunächst mal zum Gewinn der Green Card gratulierte. Man konnte in ihrem Gesicht lesen, wie gut ihr das tat. Dann aber weiter zum nächsten Schalter, Schalter 21, wo wir unsere Fotos abgeben mussten, je ein Mal frontal 5 x 5 Zentimeter und ein Mal seitlich 3,5 x 4 Zentimeter. Schließlich noch auf einem Stück Papier unterschreiben, und die nächste Stufe war auch erledigt. Danach warten. Irgendwann wurden wir aufgerufen. Ab zu einem neuen Schalter, wo es galt, alle Dokumente und Kopien vorzuzeigen und ein paar davon abzugeben. Auch hier lief alles nach Schema F, keine besonderen Vorkommnisse. Wieder warten. Aber jetzt kam es drauf an, denn die nächste Station war der Konsul selbst. Das Interview. Manus Nervosität stieg an wie ein Fieberthermometer. Monate waren vergangen, seit wir den positiven Bescheid erhalten hatten. Alle Vorkehrungen waren getroffen, die Umkleidekabine vom einen zum nächsten Leben seitdem gedanklich und auch praktisch von uns dauerhaft besetzt. Der Parcours, der uns ins Ziel führen sollte, war noch nicht zu Ende, aber der Wassergraben mit der Green Card war bereits überwunden. Sicher, der Umzug würde noch mal eine große Anstrengung werden, aber hier, an dieser Stelle, am Nadelöhr Konsulat, beim Konsul selbst, leuchtete noch einmal ein unsichtbares Fragezeichen. Es war ein Sprung, der sitzen musste.

Dann kam schließlich der Aufruf. Desk 18. Unser Konsul war eine Frau. Eine „Konsulin". Erste Handlung an Desk 18: Fingerabdrücke. Wir pressten alle vier unsere Finger ganz modern auf ein kleines Viereck und wurden gescannt. Danach schwuren wir mit den Pfoten in der Luft auf die amerikanische Verfassung und mussten versichern, dass all unsere Angaben korrekt seien. Schließlich kam die erste Frage:

„Warum wollen Sie in die Vereinigten Staaten?"

Was für eine Frage. Warum wollten wir in die Vereinigten Staaten? Och, nur mal so, nur mal sehen, was so los ist. Sie hätte auch fragen können, was macht den Himmel blau? Oder: Wieso hat ein Kreis keine Ecken und warum haben manche Menschen eigentlich braune Haare? Vielleicht war das ja so gedacht, aber eine so allgemeine Frage hatten wir nicht erwartet. Manu hatte keine Zeit, viele Antworten in ihrem Kopf zu prüfen, also tat sie das einzig Richtige und sagte: „Weil es ein schönes Land ist und wir sehr, sehr gerne dort sind."

Es war die Wahrheit, und dennoch sah Frau Konsul uns eher kritisch an. „Haben Sie Familie dort?"

„Nein!"

„Wo werden Sie dort leben?"

„Wir wollen uns in Texas ein Haus kaufen."

„Haben Sie hier in Deutschland ein Haus?"

„Ja."

„Wollen Sie das Haus verkaufen?"

Irgendwie lief das Gespräch nicht so entspannt, wie wir uns das gewünscht hätten. Aber Manu beantwortete alles wahrheitsgemäß und tat ihr Bestes, dabei seriös und entschlossen zu wirken. Das Ziel der Befragung zeichnete sich immer deutlicher ab: Hier sollte an Ort und Stelle überprüft werden, was vorher anhand von ausgefüllten Papierbögen nicht sichtbar gewesen war. Wer konnte schon wissen, ob wir nicht an der Green-Card-Verlosung teilgenommen hatten wie jemand, der bei einem Preisausschreiben für einen Tuschkasten mitmacht? Vielleicht tauchen hier im Konsulat alle naselang Leute auf, die eine Green Card als eine andere Art von Amerika-Urlaub ansehen.

Dann aber schlug Manus große Stunde. Die Frage nach dem Verkauf des Hauses konterte sie lässig, aber bestimmt: „Ja, aber erst in ein paar Jahren, wenn wir ganz sicher wissen, dass wir in den USA bleiben wollen."

Das Gesicht der Konsulin entspannte sich. Das war exakt die Antwort, die sie hören wollte. Puh, keine Scharlatane. Und wir: Puh, kein Stress, keine

Umwege und auch keine Schwierigkeiten. Das Verhör war überstanden. Die Antwort hätte natürlich auch genauso gut erstunken und erlogen sein können, aber Manu war ehrlich, und das sah man ihr an. Hier wollte niemand seine zwei Kinder und einen Mann mit in ein lustiges Abenteuer nehmen, ohne zu wissen, ob morgen Dienstag oder Mittwoch ist. Familie Reimann bekam den Segen. Was die Frau nicht wusste, war, dass unser Auswandern für uns sehr wohl ein Abenteuer war, kein kühl kalkulierter Karrieresprung, mit mehr Ungewissheit, als uns selbst vielleicht lieb war. Aber anscheinend vertraute sie uns. Das wiederum tat sie zu Recht, denn hätte sie mich auch zu Wort kommen lassen, wäre ihr schnell klar geworden, dass sich Amerika den Richtigen ausgesucht hatte. Ich bin schließlich, frei nach Werner Brösel, der Meister! Wir wandern aus und basta. Nicht nachdenken – machen! Na ja, vielleicht war es ganz gut, dass Manu die Green Card gewonnen hat.

Frau Konsul sagte uns dann noch, dass unsere Visa per Post kommen würden, und ob wir noch Fragen hätten? Ich hatte keine, höchstens, ob man im Konsulat laut jubeln darf? Aber Manu erkundigte sich klugerweise, ob denn nun alles okay sei und ob wir jetzt unsere Green Card auch wirklich und sicher erhalten würden. Die Konsulin bejahte, und wir fragten sie noch nach der Frau aus dem Konsulat, die Manu bei der Vorbereitung auf den Termin so viel geholfen hatte. Die Dame wurde geholt, und wir bedankten uns ausführlich bei ihr. Sie hat später auch noch nette Kommentare in unserem Online-Gästebuch hinterlassen. Wir waren wirklich mehr als dankbar, dass sie sich so um uns gekümmert hatte. Um 9:30 Uhr war der Spuk vorbei, wir standen vor dem Konsulat, strahlten wie Kessler-Vierlinge und waren durch. Durch den Parcours und durch mit den Nerven.

Wir haben Deutschland ohne Pläne, ohne große Gedanken an die Zukunft, ohne Job und ohne eine feste, dauerhafte Unterkunft, die auf uns warten würde, verlassen. Wir hatten nur diese Wagenladung voller Mut und den unbedingten Willen, nicht unterzugehen. Kurz vor der Ausreise nahmen wir Englisch-Privatunterricht, vorher war einfach nie Zeit dafür gewesen. Denn so ganz wollten wir uns dann doch nicht auf unsere Grundkenntnisse verlassen, vielleicht aber auch einfach unser Gewissen beruhigen. Die Vorbereitungen sollten schließlich auf allen Ebenen solide laufen. Aber auch die paar Stunden haben am Ende nicht viel gebracht. Was nicht an unserem durchaus fähigen Lehrer Steve lag, der sich alle Mühe gab, aus unseren geringen Sprachkenntnissen Schuhe zu bauen, mit denen wir im amerikanischen Alltag nicht stolpern würden. Am Ende war die Zeit aber zu knapp, und Manu und ich waren mit unseren Gedanken schon ganz woanders, längst dort, wo wir die Kenntnisse würden anwenden müssen. Steve hatte aber noch einen ganz anderen Nutzen: Er führte wichtige Telefonate für uns, die bei der Verschiffung von Papagei Erwin anfielen und die wir nie hätten alleine bestreiten können. Vielleicht wäre Erwin jetzt irgendwo in Toronto oder Singapur oder schlicht zu Hause geblieben, wenn Steve nicht gewesen wäre. Aber das ist eine andere Geschichte. Im Zuge dieser Hilfsaktionen hat er auch gleich noch mit uns Telefonieren auf Englisch geübt; so etwas wie ein verbales Schweizer Taschenmesser für uns. Auch wenn es sich später nicht so schnell vollständig aufklappen ließ.

Sowohl Manu als auch ich haben bis kurz vor der Ausreise gearbeitet. Manu war damals Supervisor bei einem Arzneimittelhersteller. Es war relativ klar, dass sie in diesem Job in Zukunft nicht mehr arbeiten könnte, denn Gainesville ist nicht Hamburg und hat nicht entsprechend viele Angebote. Dass auch ihr künftiges Arbeitsleben sie an sehr unterschiedliche Orte führen würde, konnte sie damals noch nicht wissen. Zudem war es ja sehr ungewiss, wann wir beide überhaupt wieder in Lohn und Brot stehen würden. Doch finanziell hatten wir ohnehin etwas vorgesorgt. Wir mussten keine Schulden machen, hatten Geld aus einer Erbschaft von Manus Vater und eigene Konten, die das Schlimmste verhindern würden. Großartige Werte hatten wir ansonsten nicht. Bereits drei Jahre vor dem Auswandern hatten wir uns einen sogenannten Airstream-Wohnwagen gekauft. Das war ein silberner Trailer mit einer wunderbar runden Form. Meine Vorliebe für amerikanische Fahrzeuge erstreckte sich auch auf fahrbare Behausungen. Eigentlich wollten wir das Teil vor Amerika wieder verkaufen, hatten auch sehr schnell mehrere Interessenten gefunden, als ein klitzekleines Problem auftrat: Kein Käufer hatte das richtige Zugfahrzeug für den Wohnwagen. Der Airstream war kein Bollerwagen, und es gab nur zwei Fahrzeugtypen, die die silberne Schönheit überhaupt fortbewegen konnten: Ein Land Rover oder ein Pick-up. Die potentiellen Käufer mussten mit traurigen Gesichtern und leeren Händen wieder von dannen ziehen, ihre PKW waren einfach nicht stark genug. Also disponierten wir um: Der Airstream passte ja brillant zu unserem eigenen Pick-up. Es wäre unsinnig gewesen, ihn in Deutschland stehen zu lassen. Wir rechneten durch, was eine Überführung nach Amerika kosten würde, und kamen zu dem Schluss, dass es klüger wäre, ihn mitzunehmen. Da wir zudem wussten, dass ein solcher Wohnwagen in Amerika einen hohen Wert hat und äußerst populär ist – Pick-ups werden dort viel mehr gefahren als in Deutschland –, würde er sich dort immer noch verkaufen lassen. Es war schon etwas absurd – eine amerikanische Firma baute die Dinger für den europäischen Markt, und wir planten, die Kiste gleich wieder aus Deutschland mit nach Amerika zu nehmen.

Etwas Geld im Rücken zu haben war schön, aber wir wären auch ohne Geldpolster ausgewandert. Uns kam es nicht darauf an, einen Schritt in eine absolut sichere Zukunft zu machen. Der Schritt an sich war wichtig. Amerika war wichtig. Wirklich wissen, wie lange wir mit der Kohle auskommen würden, konnten wir eh nicht. Katastrophen können immer passieren. Ich könnte einen tollen oder einen absolut miesen Job bekommen oder auch gar keinen. Es war uns und mir egal. Wer vor so etwas Angst hat, hat schon verloren. Das vorhandene Geld machte natürlich trotzdem vieles leichter, da wir wussten, dass wir nicht sofort von morgens bis abends würden ackern müssen.

Für unsere Freunde war der Abschied vermutlich noch schwerer als für uns. Die besten von ihnen wollten uns nur ungern ziehen lassen, schlicht und ergreifend weil sie wussten, dass es funktionieren würde und wir nie zurückkehren würden. Und auch ich sagte mir: Wenn ich gehe, komme ich nicht wieder. Irgendwer meinte noch zu mir: „Konny, wenn du auswanderst, wirst du Millionär, das wissen wir!" So ganz ist das noch nicht in Erfüllung gegangen, aber im Prinzip hatten sie Recht. Ich fühle mich wie ein Millionär. Aber ich fühlte mich auch in Hamburg als Millionär, und in Texas hat sich das nicht geändert. Jeder, der das Leben mit beiden Händen greift und es auspresst wie eine Zitrone, wird das von sich behaupten können.

Denn auch wenn auf meinem Konto keine sieben Stellen vor dem Komma auftauchen, mein wichtigstes Konto führe ich in mir, und jeden Monat lege ich etwas mehr Erfahrung auf die hohe Kante. Ich bin mir sicher, dass ich 123 Jahre alt werde, daher ist noch viel Platz.

Aber man muss dabei auch den Mut haben, Dinge hinter sich zu lassen. Mit all den Abenteuern, die ein Comic-Held wie „Werner" nur in seinen Büchern und auf der Leinwand erlebt hat, den Wochenendfahrten nach Rømø und dem Blödsinn, den wir aus unseren Köpfen in die Realität scheuchten, war es eben jetzt vorbei. Doch es bleibt in meinem Gehirn gespeichert und ist in wasserdichten Koffern verpackt mit mir in die USA eingereist. Diese Zeiten machen mich zu einem gefühlten Millionär. Und es würde neue Fantasien und Pläne geben. Vielleicht noch bessere Abenteuer. Es würden andere tolle Erlebnisse kommen, die ausgelebt werden wollten. Und sie kamen.

Eine richtige Abschiedsparty gab es nicht. Wir wollten kein Drama. Erst beim Containerpacken im August 2004, als ich alleine nach Deutschland zurückkam, wurden am Ende ein paar Flaschen in den Himmel gereckt. Prost. Ich muss los. Das war's.

Ich glaube, ein paar Freunde waren traurig, weil es fortan niemanden mehr geben würde, der sie pusht. Bei allen gemeinsamen Aktionen mit all dem Unfug, den wir zusammen ausgelebt hatten, kam ich mir doch immer vor wie das i-Tüpfelchen-Männchen. Derjenige, der bei den unmöglichen Dingen noch sagt: Klar schaffen und machen wir das; sieh mir zu, ich probier das jetzt mal gleich. Auch im alltäglichen Leben haben alle davon was mitgenommen, und ein paar meiner Kumpels sagten dann: „Wenn Konny das kann, kann ich das auch." So manche Hürde wurde auf diese Art von meinen Freunden und mir überwunden.

Auch meinem Bruder gegenüber erwähnte ich unseren Plan nur beiläufig am Telefon, keine große Sache. Er war komische Aktionen von mir ohnehin gewohnt und zeigte sich wenig überrascht. Zudem trug er sich damals ebenfalls mit Auswanderungsgedanken. Aber das ist eine andere Geschichte.

AUSWANDERN

Wir sind ausgewandert wie Leute vor zweihundert Jahren. Es gab nur einen Plan: weg. Es gab nur eine Stoßrichtung: Amerika. Es gab nur eine Gewissheit: Es gibt kein Zurück. Wir wussten, es warten viel Arbeit und einiges an Geduld und Lernbereitschaft auf uns. Wir wussten, wir hatten weder eine Unterkunft noch einen Freundes-, Bekannten- oder Verwandtenkreis, der auf uns wartete. Wie vor zweihundert Jahren. Während jedoch viele Jahrzehnte vor uns die Menschen oft genug mit dem Mut der Verzweiflung über den großen Teich zogen, war es bei uns der Mut allein, vielleicht gepaart mit einem guten Schuss Abenteuerlust.

Und obwohl wir das erwähnte kleine Geldpolster hatten, blieb das Kribbeln im Bauch dennoch bis in die ersten Tage und Wochen hinein. Schließlich hatte niemand von uns auch nur 14 Monate vorher noch an eine derartige Entwicklung geglaubt.

Am 7. Juli 2004 nahmen wir das erste Flugzeug, das wir kriegen konnten. Frühmorgens. Wir wollten den Abschied von dem schönen Haus so kurz wie möglich halten. Schon vorher hatten wir eine große Auswanderungszeremonie vermieden. Keine großen Gesten, Geschenke oder Abschiedsreden mit Tränen. Kurz und knackig, ab ins Flugzeug und weg. Zudem überstrahlte unsere Neugier die schönen Gedanken an das Bisherige bei Weitem. Lediglich Manu und Janina hatten vor der Abreise noch ihre besten Freundinnen getroffen. Manu hatte sich ein paar Tage vorher auf einem Schiff im Hamburger Hafen mit ihrer Freundin Uta verabredet, Janina konnte passgenau noch ihre engste Freundin Maureen treffen, die gerade einen Tag vor unserem Verschwinden von einem Jahr Malaysia wiederkam. Nicht eben außerordentlich viel Zeit, um Vergangenes und Zukünftiges umfassend zu besprechen. Die beiden mussten im Schnelldurchlauf alles abhaken und hoffen, dass auch der Aufbruch nach Amerika ihrer engen Bindung nichts anhaben könnte, denn mehr Abschied, und in Janinas speziellem Fall mehr Festhalten, gab es nicht. Köpper ins neue Leben. Klappe, neue Szene. Lediglich ich sollte noch ein letztes Mal in Schenefeld erscheinen, aber das ist eine andere Geschichte, zu der ich noch kommen werde.

Die ganze Vorbereitung, die Organisation, alle Planungen bis dahin, der ganze Stress fielen von uns ab, als wir im Flugzeug saßen. Der Moment, in dem alles zu spät und nichts mehr rückgängig zu machen war und gleichzeitig nichts schnell genug gehen konnte. Manu, die unter Flugangst leidet, schaffte es ohne große Schwierigkeiten, den langen Flug zu überstehen. Vielleicht war es die Aufregung, die dieses Mal größer war als sonst, vielleicht die Gedanken an alles, was kommen würde. Vielleicht aber auch einfach nur Tapferkeit! Eine eigentlich banale, aber eben doch große Hürde war also schon mal meisterhaft überwunden.

Einer der Knotenpunkte unserer Auswanderung und, wie sich herausstellen sollte, unseres Lebens, war jedoch schon der Tag vor dem Flug in das neue Leben. Der Fernsehsender RTL suchte damals seit einiger Zeit ein paar mutige deutsche Auswanderer, die ihr bisheriges Leben hinter sich lassen und ins Ungewisse aufbrechen wollten. Mit einem Satz: Sie suchten uns. Dass sie uns auch fanden, war vielleicht einer dieser Zufälle, die es manchmal braucht. Manu hatte erst ein oder zwei Tage vorher in einem Internet-Forum von der Suche erfahren und mir gesagt, sie würde gerne das Fernsehteam kontaktieren, um den Einstieg ins Neue zu dokumentieren. Natürlich war ich erst etwas entsetzt und skeptisch, willigte schließlich aber ein, als Manu argumentierte, es wäre nicht zuletzt für die Kinder schön, später eine professionell gefilmte Erinnerung an diese entscheidenden Stunden zu haben.

Am Tag vor unserem Flug kam also ein Redakteur mit Kamera-Team zu uns nach Hause und führte zunächst ein sogenanntes Casting durch, also ein gefilmtes Interview mit uns, bei dem herauskommen sollte, was wir vorhaben, wer und wie wir in etwa sind. Zudem filmten sie die letzten Stunden in Hamburg, unsere Aufregung und die finalen Handgriffe vor dem Aufbruch. Dass die Fernsehleute uns nicht nur schon am Nachmittag vor der Abreise, sondern auch auf dem Flug begleiten würden, war mir da noch nicht klar. Erst in der Maschine von Hamburg nach Frankfurt offenbarte mir Manu, dass ein anderes RTL-Team am Flughafen in Frankfurt auf uns warten würde, um mit uns nach Amerika zu fliegen. Aber diese eigentlich gewichtige Änderung konnte mir nichts mehr anhaben, ich hatte andere Gedanken und nur noch unser Ziel im Kopf. Wie ich das meiste in meinem Leben eher leicht und locker nehme und versuche, aus nichts ein großes Drama zu machen, nahm ich auch die Tatsache, dass wir in Amerika gleich vom ersten Moment an gefilmt werden würden, auf die leichte Schulter. Es tangierte mich nicht, schien mir an diesem Punkt unserer Reise fast eher nebensächlich. Letztlich bin ich natürlich mehr als froh, hier nicht interveniert zu haben. Denn so lernten wir Dagmar Vetter kennen. Vielleicht eine der wichtigsten

Bekanntschaften auf unserem immer noch andauernden Trip. Sie kam mit einem Kameramann und einem Assistenten zum Flughafen, und es fühlte sich eigentlich von der ersten Minute an gut an. Auch als sie später anfingen, uns in Amerika zu filmen, merkte man, dass sie sich alle drei Mühe gaben und nicht nur irgendeinen Bericht abliefern wollten.

Dagmar selbst erzählte später einmal, dass ihr erster Gedanke eine Art „Ach, du meine Güte" gewesen war. Sie sah uns, vor allem mich mit meinem Cowboyhut und den Cowboystiefeln, und war etwas verwirrt. Dieser Freak wollte auswandern? Der sieht doch jetzt schon aus, als käme er aus Dallas, und nicht als würde er erst noch dahin wollen. Später merkte sie, dass ich zwar ungewöhnlich aussehe, aber, na ja gut, eigentlich auch etwas ungewöhnlich bin. Aber trotzdem seriös. Wenn ich etwas mache, mache ich das ganz. Dagmar hat uns fortan nicht nur begleitet und eine sehr schöne Reportage daraus gemacht, sie hat damit auch eine Lawine in Gang getreten, auf deren Spitze wir heute immer noch segeln.

Schon ein paar Stunden später erfuhr ich, was es heißt, von einem Filmteam begleitet zu werden. Der Pilot der Maschine nach Dallas kündigte den Passagieren, neben den üblichen Flug-Formalitäten, auch uns und die Fernsehleute an. Er sagte, es solle sich niemand wundern, dass in der Maschine gefilmt würde, es befänden sich Auswanderer an Bord, deren Reise dokumentiert wird. Aber allein diese Ankündigung setzte unsere Lok schon auf neue Gleise. Die Cousine meines späteren ersten Chefs Robin Wilson war mit in diesem Flugzeug und hatte sehr wohl gehört, was der Steuermann gesagt hatte. Ich kam gerade von der Bord-Toilette, als sie mir ihre Hand entgegenstreckte, sich vorstellte und sagte, ihr Onkel könne jemanden wie mich in seinem Betrieb gut gebrauchen. Viel verdutzter als ich in diesem Moment kann man wohl nicht ausgesehen haben. Ich hatte quasi schon vor der Ankunft einen Job. Unsere Überlegungen vor der Auswanderung waren dahin gegangen, dass wir uns im ersten Jahr lediglich akklimatisieren wollten, weil wir wussten, dass wir diese Zeit über auch ohne Job und neue Einkünfte würden überleben können, ohne finanzielle Sorgen zu haben. Danach sollte wenn möglich eine Beschäftigung folgen, die Geld ins Haus bringt. Und nun schien es, als wäre ein Job in Aussicht, bevor ich überhaupt einen Fuß auf amerikanischen Boden gesetzt hatte. Amerika war mir schon vor der Landung äußerst sympathisch. Hätten Wilsons Cousine und ich in die Zukunft schauen können, hätten wir gesehen, dass die Ansage des Piloten und ihre darauffolgende Kontaktaufnahme vor der Toilette 10.000 Meter über dem Ozean unserer Familie viel später zudem noch ein ganz ureigenes amerikanisches Fahrzeug bescheren sollte. Aber das ist eine andere Geschichte, die ich an anderer Stelle erzählen werde.

Robin Wilson war schließlich am Flughafen in Dallas, um seine Cousine abzuholen, und wir wurden miteinander bekannt gemacht. Besser hätten die ersten Schritte auf dem Mond nicht laufen können. Aber nach Gipfeln kommen auch immer wieder Täler, und unser erstes Tal wartete schon bald nach unserer Ankunft. Als Erstes mussten wir in einem Vorort von McKinney, wo der Pferdehändler-Kumpel und Kunde von Jan wohnte, unseren Pick-up und den Wohnwagen abholen. Er hatte uns ja versprochen, dass das Auto bis zu unserer Ankunft nicht benutzt werden sollte, damit wir gleich durchstarten könnten. Doch genau wie einst Jan nahm es auch der neue Hüter unserer mobilen Einheiten mit den Vereinbarungen nicht so genau. Der Pick-up war zwar noch da, als wir ankamen, jedoch waren die Reifen komplett heruntergefahren, der Reservereifen fehlte ganz, und das Auto war insgesamt in einem ziemlich desolaten Zustand. Um unsere Laune in dem Moment kurz zu umreißen: Euphorie geht anders.

Egal. Wir nahmen den Pick-up, wie wir ihn vorfanden, holten von gegenüber noch den immerhin unangetasteten Wohnwagen und bewegten alles Richtung Outlet-Mall, um dort auf einer Art Camping-Parkplatz die erste Nacht zu verbringen. Wir wussten, dass man dort offiziell campen durfte, obwohl es dort nicht wirklich aussah wie auf den Campingplätzen, die man aus Europa so kennt. Die Outlet-Mall hatte einfach sechs oder sieben Stellplätze, die mit Strom-, Wasser- und Abwasseranschlüssen bestückt waren und die man mieten konnte. Wir gingen zur Verwaltung, fuhren auf einen der Plätze und starteten das Abenteuer Amerika. So wurde unser erstes „Zuhause" schließlich ein Stück Asphalt für unseren Trailer auf dem Parkplatz neben dem ortsansässigen „Factory Outlet" an der Interstate-Autobahn. Hier verbrachten wir also unsere ersten zwei Nächte in den USA. Danach siedelten wir auf einen zwanzig Meilen entfernten „richtigen" Campingplatz über. Unsere erste „Adresse" war Sunshine Farm RV Park, 33806 Highway 82 W, Whitesboro, TX 76273. Doch hierher bekamen wir niemals Post. Es war ein Übergang, ein Drehkreuz in das neue Leben. Und trotzdem fühlte es sich bereits an wie das erste Stück Freiheit.

Als Allererstes mussten wir uns jedoch um unsere „social security numbers" kümmern, ohne die man eigentlich keinen professionellen Schritt machen kann, also nicht arbeitsberechtigt ist. Glücklicherweise gibt es sonst keinen großen Behördenkrempel, durch den man sich kämpfen muss. Kommt man aus Deutschland, ist das, als käme man als Soldat nach Jahren endlich aus dem Papierkrieg nach Hause. Am gleichen Tag, dem zweiten in Amerika, folgte dann schon das Gespräch mit meinem zukünftigen ersten Boss, Robin Wilson, dem Klimaanlageninstallateur, zu dem mir dessen Cousine vor dem Klo eines Airbus 340 den Weg bereitet hatte. Das Gespräch lief, wenn auch unter Zuhilfenahme von Händen und Füßen, sehr gut. Er fragte mich etwas, und ich entgegnete zumeist „It's great", eine fast immer gelungene und gültige Antwort. Er fragte mich, ob ich ein EPA Certificate hätte, und versuchte das mit „license" weiter zu erklären, als er sah, dass ich nicht wirklich im Bilde war. „Driver's license?", versuchte ich ein wenig Licht ins Dunkel zu bringen. Aber mein Führerschein war nun wirklich nicht gemeint, und so mussten wir uns Millimeter für Millimeter in ein verständliches Gespräch vorarbeiten. Viel später erst stellte sich heraus, dass man ein EPA nur benötigt, wenn man an kältetechnischen Anlagen arbeitet oder Kältemittel vom Großhandel beziehen will. Kurzum, am Ende stand der Deal: Wenn Wilson Bedarf hat, wird er mich anrufen, und ich kann sofort anfangen. Die Prognose ging dahin, dass dies allerdings mindestens sechs Wochen dauern würde, was mir zu dem Zeitpunkt entgegenkam, da wir ja zunächst auch eine Bleibe brauchten und der ganze Umzug noch zu Ende gebracht werden musste.

Das passte auch mit unserem recht entspannten Plan zusammen, binnen eines Jahres alle wichtigen Dinge in Ruhe anzugehen. Das heißt, ein ordentliches Haus zu finden, einen Job, wenn möglich auch einen für Manu, die Kinder in einer guten Schule unterzubringen und in das amerikanische Leben einzutauchen, ohne uns selbst darin zu verlieren oder fremd zu fühlen.

Dagmar, ihr Kameramann und der Assistent sahen uns in den ersten Tagen in Amerika über die Schulter und in die oft ratlosen Gesichter. Sie filmten, wie wir mit der Maklerin Rita Greer eine Wohnung suchten, wie ich Robin Wilson traf und mit ihm im Englischen eine gemeinsame Sprache suchte, und wie wir alle plötzlich in dieser neuen Welt die ersten Schritte unternahmen.

Mit der Maklerin Rita, die wir schon von Deutschland aus im Internet gefunden hatten, sahen wir uns am zweiten Tag zusammen mit den Kindern die ersten fünf Häuser an. Sie hatte schon welche vorsortiert, die wir uns leisten konnten, aber bis auf ein paar einzelne Räume, Tapeten und Details hier und da war kein Haus dabei, das uns übermäßig gefiel. Im Gegenteil, oft waren ganze Armeen von Flöhen stolze Bewohner, mit denen wir nicht bereit waren, unser zukünftiges Domizil zu teilen. Plüschteppiche, Filz und Dreck forderten von uns ein Höchstmaß an Fantasie, wie ein gemütliches amerikanisches Zuhause auszusehen hätte, konnten uns aber nicht wirklich überzeugen.

Das Haus Nummer sieben in der Buck Street am zweiten Besichtigungstag gefiel uns schließlich allen auf Anhieb gut genug und war auch preislich in Ordnung. Damals war der Dollar-Kurs immerhin noch 1:1 zum Euro, ein richtiges Schnäppchen war ohnehin quasi ausgeschlossen. Schon an unserem dritten Tag in Amerika konnten wir also auch diesen Punkt abhaken. Dachten wir zumindest. Wie viel Arbeit tatsächlich noch auf uns wartete, stellte sich erst später heraus, unter anderem auch in der Zeit, als ich im August schon wieder in Hamburg war, um etwas in Gang zu setzen, was uns alle noch viel Kraft und Nerven kosten sollte.

Kurz bevor wir den Vertrag unterschreiben wollten, eröffnete uns Jan, dass die Gegend, in der das Haus stand, nicht wirklich zu den besseren der Stadt zählt. Im Gegenteil, dort seien vor kurzem Leute erschossen worden, und auch sonst sei sein Vertrauen in die Nachbarschaft nicht wirklich groß. Wir waren schockiert. Gerade noch froh darüber, dass wir eine langwierige Suche abwenden konnten, sollte dieses sicher geglaubte Pferd jetzt auf einmal lahmen? Konny Reimann und seine Familie in einer Gegend voller Krimineller? Hm. Wir fuhren noch einmal in die Gegend, sahen uns alles genau an und sprachen mit dem Vorbesitzer und der Maklerin. Beide beruhigten uns und versicherten, die Nachbarschaft sei sicher und ruhig, es seien bisher keine großen Zwischenfälle passiert und die Einschätzung unseres Freundes sei falsch. Am Ende schien uns das plausibel und Jans Sorge unberechtigt, und so unterschrieben wir. Auch wenn wir später nicht vollkommen unbeschadet aus der Buck Street wieder wegzogen, hatte sich Jan erneut als unzuverlässig herausgestellt, und das nicht zum letzten Mal. Aber das sind andere Geschichten, zu denen ich noch kommen werde.

Zwei Wochen im Juli wohnten noch die alten Besitzer in unserem neuen Heim, dann konnte Manu mit den Kindern mit der Renovierung beginnen. Statt einer kleinen „Aufhübschung" schrie das Haus aber nach einer Generalüberholung. Dinge mussten herausgerissen werden, neue Farbe den Räumen Leben einhauchen und die Flöhe sich wohl oder übel eine neue Unterkunft suchen. Außerdem gab es dort bis dahin nur sogenannte „Window Units", also Fenstergeräte für die Kühlung. Diese waren weder wirtschaftlich noch auf Dauer erträglich, da sie einigen Krach machten, wenn sie erst mal liefen. Es dauerte allerdings am Ende fast ein Jahr, bis ich Zeit hatte, mich darum ordentlich zu kümmern und eine Klimaanlage einzubauen. Eigentlich komisch, wo ich doch genau das gelernt und zudem einen Job bei einem Klimaanlageninstallateur hatte. Die Anlage hat dann Kühlung und Heizung übernommen. Zwei Gasöfen mussten dafür zusätzlich das Feld räumen, die bis dahin mühsam versucht hatten, unser Haus zu heizen, und das von lediglich zwei Zimmern aus, in denen sie ihren Posten hatten.

Manu und die Kinder machten unser neues Haus flott, wohnten aber die ersten Wochen noch in dem Wohnwagen, den wir mit dem Pick-up 2002 in Texas gekauft und in den USA stehen gelassen hatten. Den Wohnwagen stellten sie kurzerhand direkt neben das Haus. Später, als unser Hamburger Airstream-Wohnwagen kam, nahm dieser den Platz ein, und der andere Trailer wanderte auf die Straße davor. Unser „Anwesen" sah jetzt fast aus wie ein Trailerpark. Irgendwann, ungefähr sechs Monate danach, sollte schließlich unser Nachbar von gegenüber immer öfter ein Auge auf den Wohnwagen am Straßenrand werfen, bis er ihn schließlich kaufen wollte. Der schnellste und einfachste Verkauf, den wir je abwickelten, wie es schien. Das gute Stück musste einfach einmal über die Straße gezogen werden. Da der Mann jedoch etwas knapp bei Kasse war, einigten wir uns mit ihm auf eine Ratenzahlung. Ein halbes Jahr lang ging das auch gut, bis seine monatlichen Geldtransfers ausblieben. Wir warteten noch eine Weile, bis wir ihn darauf ansprachen und er sich eingestehen musste, dass er sich den Wohnwagen nicht leisten konnte. Der Kauf wurde also rückgängig gemacht und das gute Stück erneut auf der Straße angeboten. Wieder zurück auf die andere Straßenseite, Zettel ins Fenster, alles von vorne. Glücklicherweise dauerte es kaum eine Woche, bis jemand darauf aufmerksam wurde und dieses Mal auch gleich alles auf einmal zahlen konnte.

Nachdem Teppiche und aller Ballast vergangener Tage das Haus auf unseren Schultern verlassen hatten, kamen die „Zwischenmieter" zum Vorschein: Flöhe, die nicht willens waren, freiwillig das Feld zu räumen. Zu ihrem Inventar gehörten zudem die Ausscheidungen der Katzenvormieter, die das Haus endgültig in einen unwirtlichen Ort verwandelten. Zu deutsch: Die Flohhütte roch nach Katzenpipi und bettelte darum, von Kammerjägern und hygienischen Hilfsmitteln traktiert zu werden. Wir verloren keine Zeit.

Am Ende haben Manu und die Kinder fast vier Wochen renoviert. Dann war ich mit ihnen noch mal fünf Wochen mit der Verbesserung des Hauses beschäftigt. Doch trotz aller Widrigkeiten und Umstände, die einen reibungslosen und schnellen Umzug unmöglich machten, dachte keiner von uns auch nur eine Minute daran, den Deal rückgängig zu machen. Wir waren ja nicht hier, um uns von der erstbesten Schwierigkeit in die Flucht schlagen zu lassen.

Während das Haus in der ersten Zeit von Manu und den Kindern renoviert wurde, flog ich Ende Juli noch mal für dreieinhalb Wochen nach Hamburg zurück, um die letzten Dinge und vor allem den Container-Transport zu organisieren. Dass ausgerechnet Erwin als der Kleinste das größte Problem und den meisten Aufwand verursachen würde, hätte ich vorher nie gedacht. Aber der kleine graue Freund, der uns mit einem erstaunlichen Wortschatz schon so oft sein Herz ausgeschüttet hatte, bedurfte eines logistischen Aufwands, der einem Rockkonzert in Übersee gleichkam.

Erwin ist unser Papagei. Ein kleiner Kerl mit vorrangig grauen Federn, der sein Herz stets auf der Zunge, oder sagen wir mal, im krummen Schnabel trägt. Wir haben ihn seit Ende Oktober 1999. Er stammt von einem Züchter im niedersächsischen Langenberg-Beuteler. Irgendwie hatte ich schon immer einen Hang zu diversen Arten von Vögeln. Zwergpapageien, Hühner, Hähne – immer flog irgendwas um mich herum und gackerte, gluckste oder sprach. In Schenefeld war das so, und in Amerika sollte das nicht anders werden. Dabei war speziell Erwin nicht wirklich ein Schnäppchen. Um die Jahrtausendwende, als wir ihn kauften, kostete so ein Tier um die 1.000,– DM. Manu hatte seinerzeit einen Züchter in Göttingen ausfindig gemacht, der drei kleine, noch sehr junge Papageien hatte. Einer von ihnen hatte einen abgebrochenen Schnabel, und ich zögerte keine Sekunde: „Den will ich haben!" Manu hat mir Erwin dann zu Weihnachten geschenkt und wegen des Schnabels noch etwas billiger bekommen. Dass unser neuer Gefährte kein Kuscheltier war, machte er schnell deutlich. Ab und an versuchte er zuzubeißen, uns klarzumachen, dass er durchaus etwas zu bieten hatte und nicht alles Mögliche über sich ergehen lassen würde, schließlich ist er ein starker Papagei, der auch seinen Stolz hat. Natürlich waren wir gar nicht darauf aus, ihn als lustigen Pausenclown zu betrachten, aber Erwin war trotzdem wehrhaft. Ich habe schnell herausgefunden, dass man nicht zurückzucken darf, wenn er einen beißt. Erwin merkte dann seinerseits sehr bald, dass er mir, obwohl es nicht unwesentlich weh tat, mit seinen Kniffen nicht beikommen konnte und dass das Beißen mir nichts ausmachte. Ich ließ es also über mich ergehen, und nach kurzer Zeit stellte Erwin die kleinen Attacken bei mir ein.

Zum Zeitpunkt seiner Übersiedelung war Erwin fünf Jahre alt. Es war, als würde man den Umzug einer staatlichen Institution von einem Land zum nächsten organisieren. Wir riefen Behörden an – eine, zwei, drei, viele. Jedes Mal die gleiche Antwort: Eine andere Verwaltung sei zuständig. Wenn diese dann nicht an eine neue Behörde verwies, schob sie den Schwarzen Peter zumindest wieder der vorherigen zu. Was in den nötigen Formularen stehen musste, konnte uns keiner sagen; immer gab es nur Bruchstücke, die wir wie ein Puzzle zu einem eigenen Formular zusammenfügten. Das meiste hat sich Manu aus dem Internet zusammengesucht. Am Ende dieser selbstgebastelten „Anleitung einer Papagei-Übersiedelung" saßen wir also mit einem Dokument da, dessen Urheber einzig und allein wir selbst waren, dreißig Seiten lang – die Gebrauchsanweisung für ein Atomkraftwerk kann kaum mehr Umfang haben. Vor uns hatte scheinbar noch niemand ein solches Tier von einem ins andere Land gebracht.

Damit hatte der Papageien-Marathon allerdings erst begonnen. Weiter ging's zum Tierarzt, der Erwins Fitness unter die Lupe nahm. Die von ihm ausgestellte Bescheinigung musste danach zu einem Amtstierarzt, der wiederum seines Zeichens den Wisch absegnete. Das somit verifizierte Papier musste anschließend zur Quarantänestation nach Miami geschickt werden, auch dort bekam es einen neuen Stempel. Zurück beim deutschen Amtstierarzt versah dieser dann den Stempel der Amerikaner mit, genau, einem neuen Stempel. Vermutlich ein Stempel, der den US-Stempel als richtig und gut „abstempelt". Diese Prozedur allein dauerte so lange, dass eine weitere Hürde hinzukam: All dieses Hin und Her soff die Zeit weg, zu viel Zeit, so dass wir einen Freund von uns als Erwins Besitzer und somit seine Wohnung als Zieladresse der Papiere angeben mussten, da ich lange wieder in Amerika sein würde, wenn der Papiersturm vorüber wäre. Und obgleich es vorher Wochen gedauert hatte, musste der letzte Stempel innerhalb von ein bis zwei Tagen auf das Papier kommen, denn Erwin sollte nun auf einmal sehr schnell mit dem erwähnten Zeugnis seiner körperlichen Unversehrtheit nach Miami. Die Quarantänestelle wollte sich dort rechtzeitig von unserem Vogel ein Bild machen, damit seine Quarantänezeit beginnen konnte. Ein sogenannter „Broker" holte Erwin vom Flugzeug ab und brachte ihn in einer einstündigen Zeremonie durch den Zoll. Ob sie den Vogel nach Schusswaffen durchsucht haben, weiß ich nicht. Da wir vorher pflichtgemäß alles bezahlt hatten, konnte der arme Papagei schließlich in Quarantäne gehen. Einen Monat wurde er, soweit wir das feststellen konnten, gut behandelt und am Ende für gesund befunden. Schließlich brachte ihn erneut ein Broker zum Flughafen und setzte ihn ins Flugzeug nach Dallas, wo wir ihn abholten. Nicht ohne Zweifel, ob der Kleine das alles gut überstanden haben würde, fuhren wir dorthin, aber als Erwin uns sah, fing er an zu trällern und schmetterte uns seine ersten Englischkenntnisse entgegen und die einzigen zwei Wörter, mit denen man die ganze Prozedur quittieren konnte: „So what?" Er hatte die Zeit tatsächlich genutzt, um Englisch zu büffeln beziehungsweise die Worte aufzuschnappen, die ihm wichtig erschienen.

Als Erwin am 18. November 2004 bei uns ankam, hatten wir zwei Broker, vier Konsulate und insgesamt sechs Ärzte, ein Ministerium und diverse Behörden, eine Frachtfirma, einen Freund und viele eigene Nerven sowie einen Papageien-Pfleger hinter uns gelassen. Letzterer ging mit den legendären Worten „Der Vogel ist gebucht" am 18. Oktober 2004 in unsere Geschichte ein. Hätte mein gefiederter Freund im Detail mitbekommen, was für ein langer und beschwerlicher Weg vor uns lag und wie wir, der Verzweiflung nahe, hartnäckig blieben, müsste er uns eigentlich heute noch dafür jeden Morgen küssen.

Im Gegensatz zu der Ausreise von Erwin war das Übersiedeln von Murphy geradezu ein Kinderspiel. Vielleicht sind den Amerikanern Hunde weniger suspekt, vielleicht übertragen sie weniger gefährliche oder gar keine Krankheiten, vielleicht plappern sie aber auch einfach keine nationalen Geheimnisse aus? Wie dem auch sei, Murphy, der es gewohnt war, in den Wäldern und Wiesen und Feldern rund um Schenefeld viel Auslauf zu haben, kam auch in Texas schnell zurecht. Zunächst hatte er bei unserem ersten Haus den Garten für seine sportlichen Aktivitäten. Nun am Moss Lake gibt es für ihn ein Riesengrundstück mit Rasen, Treppen und vor allem seinem inzwischen geliebten See. Sein neuestes Steckenpferd ist es, vom Bootssteg seine Stofftiere zu Wasser zu lassen und sie kurz vor dem Davontreiben und dem sicheren Untergang schwimmend zu retten und uns triefend an Land zu bringen. Sollten wir je in Seenot geraten, weiß Murphy alleine, ob er auch uns derart retten würde. Damals, in den Anfangstagen unseres Lebens in Amerika, kam Murphy jedenfalls wohlbehalten und nur etwas verschüchtert nach seiner Reise am 12. August 2004 in Gainesville an. Erst hier erlaubte sich der disziplinierte Hund wieder, sein Geschäft zu verrichten. Die Transportbox im Flugzeug war ihm dafür wohl, genau wie der Flug selbst, etwas suspekt erschienen.

Nachdem unser armer eloquenter Vogel zu einem ungeahnten Problem herangewachsen war, warteten weitere Fallstricke auf uns. Die Wahl unserer Umzugsfirma war nicht eine unserer glorreichsten Entscheidungen im Leben. Aber wie hätten wir ahnen sollen, dass sie den Umzug mit unserer Unterschrift und vor allem der hundertprozentigen Vorkasse weitgehend als abgeschlossen betrachten würden? Zunächst mussten wir einen Container für all unsere Sachen aussuchen. Wir nahmen einen 20 Fuß großen Kasten. Hätten wir damals schon gewusst, dass ein doppelt so großer nur 500,- Euro teurer war, hätten wir sicher den größeren genommen. So ließ ich ein paar Sachen meiner Werkstatt zurück oder verkaufte anderes, was ansonsten mitgekommen wäre. Die Umzugsfirma half uns dabei nicht. Auch das Verschiffen des Containers mit den Relikten unseres Schenefelder Lebens musste im Prinzip von uns organisiert werden. Die Überführung der Autos bereitete zusätzlich zahlreiche administrative Probleme, deren Lösung wir selbst suchen mussten. Ich weiß noch, dass für die Behörden allein schon der Herstellungsort der PKW am Ende entscheidend für einen erfolgreichen Versand war. Warum, weiß kein Mensch. Zunächst einmal mussten wir herausfinden, *dass* es so war, nach Gründen fragten wir zu diesem Zeitpunkt schon nicht mehr.

Der Airstream und der Hamburger Pick-up trafen am 23. September bei uns in Amerika ein. Eigentlich hätten beide schon um einiges früher ankommen sollen, doch das Schiff „Takayama", auf dem die beiden stummen Passagiere waren, landete auf der Überfahrt mitten im Sturm „Ivan", der zu der Zeit Meer und Land unsicher machte. Bei der Ankunft war am Auto eine Tür kaputt. Gut, dass wir versichert waren, und noch besser, dass die Umzugsfirma das nicht interessierte. „Wir bearbeiten das" war mehr als einmal die Losung, mit der sie den Vorgang in die Leichenstarre beförderten. Wir haben viel Geld ausgegeben und am Ende nicht mal für die Schäden etwas davon zurückerhalten. Ein Traum.

Nicht etwa, dass der Spuk mit der Ankunft des Containers in Amerika – Houston, um genau zu sein – ein Ende gehabt hätte. Die alles Geld verschlingende neunköpfige Hydra namens Umzugsfirma versuchte nach der Ankunft die Abholung des Containers immer weiter hinauszuzögern, wohlwissend, dass jeder Tag, den der Container in Houston ab Tag 5 nach der Ankunft stehen bleiben würde, ihnen vertraglich 100,- $ bringt. Zahlbar von ... uns – wem sonst? Ein ums andere Mal führten Ausreden und fadenscheinige Behauptungen dazu, dass der große Kasten mit all unseren Habseligkeiten in Houston blieb. Ich weiß nicht mehr wie, aber irgendwie gelang es uns, die Ladung gerade noch rechtzeitig auf den Weg nach Gainesville zu bringen. Doch dort angekommen, musste, ebenfalls laut Vertrag, der ganze Krempel in zweieinhalb Stunden ausgeladen werden. Für jede weitere Stunde würden noch mal 100,- $ anfallen. Während der Fahrer ein vermutlich verdientes Nickerchen machte, schleppten wir in rekordverdächtigem Tempo unser materielles Dasein ins Haus, und nach knapp sechzig Minuten musste ich den mürrisch die Augenlider hebenden Fahrer aus seinen texanischen Träumen reißen.

Ein Grund, warum das Herausholen unserer ganzen Sachen so flott ging, war, dass wir nicht etwa alles in das Haus räumten, sondern nur die Hälfte des Krempels. Die andere Hälfte gehörte schlicht nicht ins Haus. Es waren mein gesamtes Werkzeug, meine Baumaterialien, die Teile meiner Werkstatt – und wir sprechen hier nicht von einer üblichen kleinen Werkstatt, wie sie jeder zweite in seinem Haushalt haben dürfte. Meine Werkstatt war satt – ein Tempel aus Stahl und Holz, der nur den Zweck hatte, denjenigen zufriedenzustellen, der bauen wollte, was ihm in den Sinn kam. Alles musste umsetzbar sein. Dementsprechend viel hatte in die Werkstatt und später in den Container hineinpassen müssen. Ins Haus in Gainesville passte das dann natürlich nicht mehr hinein. Sollte es auch nicht, denn eine Werkstatt war ohnehin schon lange auch in unserer neuen Heimat geplant.

Bis es so weit war, am Ende ungefähr nach drei Monaten, fand mein gesamtes mitgenommenes Handwerker-Hab-und-Gut sein Zwischenlager in unserem Garten. Vor dem Haus. Als Dach fungierte eine große Plane, und dieser verhüllte Riese, acht mal zehn Meter groß, harrte dort vor unserer Tür der Dinge, bis ich mit dem Bau der Werkstatt im Garten anfing. Christo und Jeanne-Claude hätten ihre helle Freude daran gehabt.

Dass wir mit dem Ausräumen so schnell durch waren, hatte aber noch einen anderen einfachen Grund: Ich kannte den Inhalt dieses Containers und auch den Ort jedes einzelnen darin befindlichen Artikels besser als den Rücken meiner Hand. Die Vorbereitung für den Umzug all unserer Sachen kann getrost generalstabsmäßig genannt werden. In Hamburg hatte ich mit Freunden fast drei Tage gebraucht, alles zu beladen. Als ich im August nach Hamburg zurückflog, war die Beladung des Containers eine der großen Aufgaben, die ich jedoch schon Wochen vorher in Angriff genommen hatte. Tage bevor der Kasten im Schenefelder Garten stand, hatte ich bereits Kampfsportmatten in meiner kleinen Halle ausgebreitet, in genau der exakten Fläche, wie wir sie nachher als zu beladenden Kubus vorfinden würden. Ich stellte sogar schon Möbel und Kisten auf die Matten, um dieses Umzugs-Tetris zu proben. Damit nachher alles fließend vonstattengehen konnte, wollte ich vorher schon möglichst genau wissen, was zuerst beladen werden muss, was zuletzt.

Am Ende halfen 10 oder 12 Freunde mit, das Ding aufzufüllen. Aber selbst der bestmöglich geplante Umzug hat seine Tücken, und so musste ich oft spontan Dinge aussortieren, die in der Geometrie des Großraumkastens schlicht keinen Platz fanden. Ich glaube, das Letzte, was ich noch irgendwo oben hineingeschoben habe, war eine Bratpfanne, dann hielten zwei Mann die Wand unseres Plunders fest, während ich die Tür zudrückte. Fertig. Zusammen über 100 Jahre Leben in einer großen Fracht nach Übersee. Am 27. August 2004 startete das eiserne Ungetüm aus Hamburg, zwei Tage später dann aus Bremerhaven zur eigentlichen Fahrt ins Blaue. Das Schiff „LYKES Navigator" brachte unseren Kubus am 20. September in die USA, einen Tag später ging er durch den Zoll, und erwähnte fünf Tage danach stand er tatsächlich vor unserer Tür in Gainesville. Am 26. September endete die Odyssee der Riesenkiste.

Erst circa 5–6 Wochen nachdem die vorherigen Eigentümer aus unserem frisch erworbenen Haus in Gainesville ausgezogen waren, konnten Manu und die Kinder einziehen. Als ich aus Hamburg zurück war, stieß ich dazu und fing sofort an, größere Sachen zu renovieren. Ich restaurierte das Parkett, schliff es ab, besserte es aus und versiegelte es am Ende. In der Küche verlegte ich Linoleum; der alte Boden war nicht mehr zu retten und in keiner Weise erneuerbar. Insgesamt versuchte ich, im Haus ein paar deutsche Standards zu übertragen. Ich hatte vorher ein paar falsche Informationen über die Stromversorgung bekommen und war auch sonst in einigen Handwerksfragen falsch beraten worden, was dazu führte, dass ich gutes Werkzeug wieder verkaufen musste, das ich in Amerika nicht brauchen konnte. Umgekehrt hätten wir diverse Elektrogeräte gar nicht erst in Hamburg verscherbeln müssen, sondern sehr wohl in Texas benutzen können. Egal, is' so. Ich trauere dem nicht nach, sondern freue mich über das, was wir trotzdem aus der Situation gemacht haben.

In der Zwischenzeit geschah etwas, was wir weder geplant noch erwartet hatten, was aber unsere gesamte Zukunft auf ganz neue Beine stellen sollte. Dagmar Vetters Sendung über uns lief hervorragend. Die Leute liebten uns in Deutschland. Es war seltsam – wir kehrten Deutschland den Rücken, und ab jenem Moment nahm man auf einmal in einem ungeahnten Ausmaß Notiz von uns in dem Land, das wir zurückließen. Noch so ein merkwürdiges Element in diesem äußerst merkwürdigen neuen Leben. Immer wieder sollten Dagmar, ihr Kameramann und ihr Assistent uns in den kommenden Wochen bei unseren Unternehmungen begleiten, um die Fortsetzungen zu filmen. Aus Familie Reimann war auf einmal Fernsehfamilie Reimann geworden. Es war, als hätte auf einmal ein Drehbuchautor die Regie unseres Lebens übernommen, aber im Grunde fügte es sich ganz gut an mein vorheriges unkonventionelles Leben an. Geradlinig und 08/15 war das ja ohnehin noch nie.

Es war schon ein komisches Gefühl, als wir uns im Fernsehen sahen. Wir sahen noch einmal die Fahrt von McKinney zur Outlet Mall, eine untergehende Sonne blinzelte mich und meine Sonnenbrille an, der Wind blies durch das offene Fenster unseres Autos, und im Hintergrund lief das Lied „Turn the page" von Metallica. Eigentlich keine große Sache. Für uns aber schon, denn wie konnte Dagmar wissen, dass dies eines von Manus Lieblingsliedern war? Mal ganz abgesehen davon, dass man Metallica nicht alle Tage als Hintergrundmusik im Fernsehen hört. Nur ein kleines Indiz dafür, dass auch unsere Entscheidung, das Fernsehteam in unser Leben zu lassen, richtig gewesen war. Eines von vielen kleinen Zeichen, die uns auf unserem Weg immer mal wieder stumm zunickten und uns bestätigten.

Wir machten weiter im Text, wie wir es geplant hatten, und ließen uns nicht von irgendwelchen Star-Fantasien leiten. Alles sollte so normal wie möglich seinen Lauf nehmen. So normal, wie ein Konny-Leben eben sein kann. Das Haus in Schenefeld behielten wir als Sicherheit, obwohl uns allen klar war, dass wir es nie wiedersehen würden und diese Option eine Wolke war, die wir an einer Leine in der Hand hielten. Ich hatte unserem Nachbarn das Haus und das Grundstück für den Fall zum Kauf versprochen, dass bei uns alles glattläuft und wir nicht wiederkehren würden. Wir besiegelten das mit einem Handschlag, denn er war einer der wenigen Menschen, denen ich blind vertrauen konnte – und noch kann. Doch bis dahin sollte das Haus, dieser unsichtbare Anker im alten Dasein, eine finanzielle Sicherung für uns sein. Nicht mehr, aber auch nicht weniger. Es blieb ein Jahr lang leer stehen.

Am 16. August starteten auch Janina und Jason in ihr neues Leben. Hatte sich bis dahin noch alles wie ein Abenteuerurlaub anfühlen können, so kam an diesem Tag der Beginn ihrer amerikanischen Schulzeit. Manu hatte schon während unseres letzten Urlaubs in Gainesville der lokalen High School einen Besuch abgestattet, um Janina und Jason dort anzukündigen und sich die Schule überhaupt mal näher anzusehen. High Schools sind in Amerika so etwas wie die deutschen Gymnasien, haben aber eigentlich einen Gesamtschulen-Charakter. Ein amerikanisches „gymnasium" wiederum ist dort die Turnhalle! Um sich verständlich zu machen, ist dieser Unterschied nicht unbedeutend ... Richtig angemeldet hat Manu die beiden dann erst, als wir umgezogen und in dem neuen Haus in Gainesville waren. Obwohl Jason und Janina schon ein etwas mulmiges Gefühl hatten, all ihre Freunde in Hamburg zurückzulassen, so freuten doch auch sie sich auf das neue unbekannte Leben. Sie mochten Gainesville, und wie sich herausstellte, mochten die Schüler an ihrer High School sie. Für die Kids an der schlicht „Gainesville High School" genannten Schule war es sofort cool, diese beiden Jugendlichen aus der fremden Galaxie Deutschland kennenzulernen.

Die Sprache machte auch Janina und Jason ein paar Probleme. Sie hatten sich vorher in Deutschland nie wirklich für Englisch interessiert und schwammen nun in den Vokabeln wie in einem großen Meer. Gleich am ersten Schultag hatte Janina ihr „worst-case scenario". Nagelneu in der Klasse angekommen, fragte sie den Lehrer gleich mal nach einem „rubber", in der Annahme, dass es sich dabei um den Radiergummi handelt, wie er zum Beispiel ja auch in Großbritannien genannt wird. In Wahrheit nennt man das Ding hier in Amerika aber „eraser", während „rubber" gleichbedeutend mit Kondom ist. Damit, dass die junge Deutsche gleich am ersten Tag von ihrem Lehrer, vor den Augen und Ohren ihrer Mitschüler, ein Präservativ verlangte, hatte keiner gerechnet.

Unsere Kinder fanden heraus, dass es an amerikanischen Gymnasien jeden Tag den gleichen Stundenplan gibt, dass Abschreiben in Amerika selbst bei den Klassenrüpeln verpönt und natürlich verboten ist, und nicht zuletzt, dass amerikanische Jugendliche eher wenig unternehmungslustig sind. So verging für die beiden der Sommer, neben den vielen Umzugsarbeiten, eher langsam. Doch schon bald fanden sie sich an der Schule gut zurecht, merkten, dass keine Wunderdinge verlangt wurden und die vielen kleinen Tests fast ausschließlich aus „Multiple-Choice-Fragen bestanden, also à la Günther Jauch A, B, C, oder D – nur ohne Telefonjoker.

Die wirklich letzte Verbindung ins alte Leben war mein Handy-Vertrag. In den ersten Tagen in den USA lief dieser noch, ich kündigte ihn aber, als ich zur Erledigung der letzten Dinge in Hamburg war. Doch selbst damit gab es noch ein paar Probleme, denn ich habe nie eine gescheite Abrechnung bekommen. Es gab noch einen Briefwechsel darüber, wie das Ende des Vertragsverhältnisses ablaufen sollte, doch irgendwann gaben es beide Seiten auf. Verhandlungen mit Telefongesellschaften gehören spätestens seitdem nicht zu meinen liebsten Hobbys. Kurz bevor ich wieder zurück nach Amerika flog, konnte ich endgültig keine Gespräche mehr führen. Der deutsche Vertrag war zu Ende, aber das Handy habe ich später in Amerika noch eine Weile benutzt. Damit war auch diese Leine gekappt. Eine neue, amerikanische Nummer, Internet-Verbindung und alle neuen Zugänge zu unserer Familie meldeten wir während der Renovierung an. Ebenso besorgten wir uns neue Möbel, stellten sie aber erst ins Haus, als wir auch sicher waren, dass alle Flöhe das Weite gesucht oder das Zeitliche gesegnet hatten.

Jetzt konnte das amerikanische Leben richtig losgehen.

DAS ERSTE JAHR

Der erste Job, den ich in Amerika gemacht habe – freiberuflich, versteht sich – war eine relativ große und umfangreiche Auftragsarbeit mit weitreichenden privaten Folgen. Wir lebten seit etwa zwei Monaten in Amerika. Eines Tages unterhielt ich mich etwas länger mit Werner, dem Rancher, auf dessen Grundstück Jan wohnte. Werner war schon vorher so nett gewesen und hatte uns seine Adresse zur Verfügung gestellt, als wir für das Konsulat eine amerikanische Postadresse für den weiteren Briefverkehr angeben mussten. Die Behörden brauchten eine erste wirklich offizielle Adresse, allein schon, um sicherzugehen, dass wir nach dem Green-Card-Erhalt nicht einfach übersetzen und auf den Straßen Amerikas auf gut Glück durchstarten würden.

Wie sich herausstellte, war Werner äußerst interessiert daran, was ich für Arbeit suchte und was ich im Gegenzug bereit war zu leisten, wo meine Fähigkeiten lagen. Auch er schien auf deutsche Tugenden zu vertrauen und bot mir an, einen lange fälligen Zaun um seine Ranch zu ziehen. Ich sagte ihm, dass das eine Menge Arbeit bedeuten würde, schließlich umfasste sein Gebiet eine Menge Land. Da der Kontakt ursprünglich über Jan zustande gekommen war, schien es mir nur logisch und fair, den Auftrag mit ihm durchzuführen. Zudem war Jan mit dem Beschlagen von Pferden nicht eben voll ausgelastet und konnte Bargeld gebrauchen. Also fing ich an, alles zu planen, und erstellte ein Angebot, was wir für Material benötigen und wie viele Arbeitsstunden am Ende anfallen würden. Werner sah sich das Angebot an, es schien ihm professionell zu sein, und er willigte ein. Anschließend begann ich mit den Vorbereitungen und schwor auch Jan auf den Job ein. Ich trug die Verantwortung für die korrekte Fertigstellung und wollte meinen ersten Auftrag in Amerika genauso solide und pünktlich ausführen wie den letzten und alle davor in Deutschland auch. Ich setzte uns das ehrgeizige, aber machbare Ziel, mit dem Zaun in sechs Wochen fertig zu sein. Die Aufregung stieg, als der erste Arbeitstag nahte. Mit Jan hatte ich mich für sieben Uhr früh an der Stelle verabredet, wo wir mit dem Zaun anfangen würden. Ich kaufte das gesamte Material ein und ließ es an die Baustelle liefern. Pünktlich um kurz vor sieben Uhr morgens kam ein Fahrer im Laster zur besagten Stelle auf Werners Anwesen. Um Punkt sieben begann ich damit, die Sachen vom Laster zu laden. Eisenrohre von insgesamt 25 Tonnen Gewicht warteten auf mich. Es war Viertel nach sieben, als ich das erste Mal auf die Uhr schaute. Kein Jan. Wo blieb der Mann? Egal, weiter. Es blieb mir nichts anderes übrig, der Fahrer musste wieder los. Ich räumte und schleppte und bereitete alles Nötige vor. Als Erstes musste ich die Eisenrohre zersägen und auf Maß schneiden. Ein einziges Rohr war dabei vierzehn Meter lang und wog einhundert Kilo. Viertel vor acht. Acht. Halb neun, kein Jan. Ich rief ihn an und fragte ihn, wo er bliebe. Er sagte, er sei unterwegs und müsse noch dringend etwas erledigen, sei aber gleich da. Nun gut, meine Laune hellte sich dadurch nicht unbedingt auf, aber sei's drum, fang ich eben alleine an, dachte ich mir.

Es war eine immens anstrengende Arbeit, und eine helfende Hand wäre nicht nur nett, sondern schlicht notwendig gewesen. Einige Dinge konnte man einfach alleine kaum schaffen. Es ging gegen Mittag, als ich Jan erneut anrief.

„Noch ein, zwei Sachen, dann bin ich gleich da!"

„Jan, wir hatten eine Verabredung um sieben Uhr früh, ich stehe hier und muss für dich mit arbeiten. Wir müssen uns ranhalten, wenn wir alles schaffen wollen."

„Kein Problem, bin sofort da!"

Der Tag verging, und ich versuchte alles aus mir herauszuholen. Es war später Nachmittag, als ich Jan ein letztes Mal anrief. Mit irgendwelchen neuen fadenscheinigen Argumenten entzog er sich der Sache und sagte, er würde morgen dabei sein.

Am zweiten Tag stand jemand um sieben Uhr früh an dem zu errichtenden Zaun. Es war ... Konny Reimann. Von einer zweiten Person weit und breit keine Spur. Ich versuchte gar nicht erst, Jan noch mal anzurufen. Genauso gut hätte ich auch versuchen können, einen Baum aus dem nahe gelegenen Wald zur Arbeit zu überreden. Es gibt nicht viele Dinge, die mich dazu bringen, jemanden komplett abzuschreiben. Unzuverlässigkeit, speziell in schwierigen Situationen, gehört jedoch dazu. Es war schade; Jan war ein guter alter Kumpel von mir. Wie schon beschrieben, haben wir viel zusammen erlebt. An ein paar Weichen in meinem Leben war er, gewollt oder zufällig, entscheidend beteiligt. Aber ein paar Mal hat er mich auch schwer enttäuscht und dieses eine Mal in einer wirklich heiklen Situation hängenlassen. Und das Schlimmste daran war: Er merkte es nicht mal. Er kam noch einmal wieder, sah mir zu, wie ich versuchte, in doppelter Geschwindigkeit einen Auftrag zu erledigen, der bereits zu diesem Zeitpunkt Züge einer aussichtslosen Mission angenommen hatte. Dabei tat er, als sei im Grunde nichts gewesen, fragte, wie es ginge, und machte einen vollkommen unbedarften Eindruck. Ich sah weg und arbeitete weiter. Ich hatte keine andere Wahl, ich musste Werner von der Misere erzählen. Glücklicherweise brachte er einiges Verständnis für mich auf und wusste scheinbar bereits selbst, dass Jan nicht eben jemand war, dem man seine Großmutter anvertraute, um sie sicher nach Hause zu geleiten. Ich machte Werner klar, dass der Auftrag länger brauchen und ich mir schnell jemand anders als Hilfe suchen würde. So kam es dann auch; trotz der schwierigen Umstände schaffte ich es, den Auftrag in sensationeller Zeit zu Ende zu bringen, und am Ende war auch Werner mit dem Ergebnis zufrieden.

Jan habe ich danach nicht mehr wiedergesehen.

Die Arbeit bei Robin Wilson begann, knapp ein halbes Jahr nachdem wir in Gainesville eingezogen waren. Robin war ein gemütlicher Mittfünfziger mit einem freundlichen Gesicht und einem Bauch, der auf seinen Hang zu reichlich Essen und etwas Bier deutete. Er war, ähnlich wie ich, nicht der Typ, der einen die ganze Zeit zuquatscht, was mir gleich gut gefiel. Es dauerte tatsächlich eine Weile, bis er genug Arbeit für mich hatte. Ich freute mich sehr, auch diesen Baustein in unser Leben eingebaut zu haben und die Jobsuche vorerst abhaken zu können, auch wenn ich wusste, dass es keine Vollzeitstelle war. Was mich in der Elm Street in Denton bei Robin jedoch erwartete, entsprach aber nicht wirklich meiner Vorstellung von Arbeit. Die anfänglichen Handlangerdienste, die er für mich hatte, waren weit unter meinem Niveau. Natürlich war mir klar, dass ich nicht als Chefingenieur anfangen würde, aber die Praktikantentätigkeit, die ich zu erledigen hatte, war dann doch etwas mager. Ich fügte mich aber und wollte ihm zeigen, dass ich weit mehr draufhabe. Nach und nach sah er, dass ich sehr wohl Ahnung habe und den Amis in Sachen Klimaanlagen sogar ein, zwei Dinge beibringen könnte. Doch das Realisieren einer neuen Situation und der Umgang damit sind zwei Paar Schuhe. Robin hatte, wie viele Chefs, dabei seine Schwierigkeiten. Solange Vorschläge von ihm kamen, war alles in Butter; versuchte ich, ihm Dinge zu erklären oder Dinge anders zu handhaben als er, wurde es schwierig. Robin ist ein netter Kerl, aber diese Art der Zusammenarbeit konnte nicht lange gutgehen. Denn auch wenn er schon bald anfing, mich mit „Moin, Moin" zu begrüßen, und mich scheinbar durchaus sympathisch fand, konnte er seine Chef-Attitüde doch nie ganz ablegen. Selbst vor den RTL-Kameras stellte er seine Boss-Haltung zur Schau. Ich arbeitete für ihn ungefähr 4–5 Monate. Danach war seine Auftragslage wieder löchrig, genau wie meine Geduld.

Mein nächster Job sollte mich zu einem riesengroßen Kasten mitten im Nirgendwo kurz hinter der Grenze zum Staat Oklahoma führen: dem Win-Star-Kasino. Aber das ist eine andere Geschichte, die ich später erzählen werde.

Neben dem Broterwerb gab es jede Menge Arbeit, die im und am Haus auf uns wartete. Als Erstes musste ich meine Hamburger Werkstatt-Halle auch in Gainesville haben. Okay, es wurde am Ende keine Halle, aber immerhin ein kleines Haus im Garten. Im Oktober fing ich an. Vorher hatte ich versucht herauszufinden, was es für Baubestimmungen gibt, was ich einhalten muss, welche Regeln und Paragraphen sich mir in den Weg stellen würden. Hierfür ging ich zum Rathaus, sprach dort mit einer Frau, die für derlei Dinge zuständig war, und erzählte ihr von meinen Plänen. „Zeichnen Sie mal auf, wie das in etwa aussehen soll", sagte sie gelassen. Ich nahm ein Stück Papier und malte so gut es ging auf, was ich vorhatte. Sie sah den Wisch einen Moment lang an, sagte, alles, worauf ich achten müsse, sei, dass das Haus einen Meter vom Nachbarzaun entfernt sei. Fertig. „Das macht dann 16,– Dollar."

Ich war keine drei Minuten in ihrem Büro gewesen und hatte mit einer eilig hingeworfenen Zeichnung eine Baugenehmigung erhalten. Ich konnte es nicht fassen. Deutsche Beamte hätten einen Herzstillstand erlitten bei einem solchen Szenario. Später am Moss Lake sollte es noch besser laufen. Das wenige, was an Bauvorschriften in amerikanischen Städten zu beachten ist, entfällt außerhalb der Ballungsräume ganz. Alles ist hier komplett deine eigene Sache: Privates Vergnügen oder Qual, je nachdem, wie man sich anstellt. Da kann man bautechnisch machen, was man will. Sollte ich jemals in einem Paradies landen, muss es ähnlich aussehen wie das Bauland Amerika.

Die Begegnung mit den typischen amerikanischen Traditionen war für uns keine große Sache und auch keine große Veränderung. Halloween stand zuerst an. Doch da das Fest in Deutschland den barmherzigen St. Martin längst von der Bildfläche gedrängt hatte, in der Popularität klar vorne lag und schon jahrelang ähnlich wie hier absolviert wurde, hatten auch wir, also Janina und Jason hauptsächlich, damit keine Probleme. Am 31. Oktober wurden Masken und Schminke rausgeholt und die Nachbarschaft vor die Entscheidung gestellt: „Trick or Treat" – „Süßes! Sonst gibt's Saures!" Neu für uns waren nur die Verkleidungen im Mutterland des Überkandidelten. Sie sind hier einfach aberwitziger, und auch die Inszenierungen um den Termin herum wirken ausufernder, ungezwungener und wesentlich bunter als in Deutschland.

Nachdem wir den stressigen Umzug, die turbulenten ersten Tage und Wochen gut überstanden hatten, ein Dach über unserem Kopf stand, zumindest ich einen Job und eine neue Werkstatt hatte und die Kinder in der Schule gut untergebracht waren, kam der erste Winter im neuen Land – und mit ihm Manus amerikanischer Führerschein. Sie machte ihn als Erste von uns allen. Zunächst bestand sie am 21. Dezember den theoretischen Test, dann einen Tag vor Silvester auch den praktischen. Keine 24 Stunden nach ihrer ersten Prüfung fiel der erste Schnee in Gainesville. Pünktlich zwei Tage vor Weihnachten. Eigentlich schön, weiße Weihnachten an einem Ort, der einen sonst das ganze Jahr über mit angenehmen Temperaturen versorgt. Aber dieser Gedanke war keinen Tag alt, da war er schon wieder sprichwörtlicher Schnee von gestern. Einen einzigen Tag währte die weiße Pracht, das war's mit dem Winter, folks.

Aber auch ohne Schnee war Weihnachten für uns ein wichtiges Datum. Manu und ich sind beide sehr versessen auf bestimmte Traditionen. Am 24. Dezember muss ein gescheiter Baum im Zimmer stehen, und dieser wiederum muss dann auch gescheit dekoriert sein. Wie genau der grüne Freund behangen wird, darüber gibt es allerdings sehr unterschiedliche Ansichten.

Während Manu eher auf Kugeln und Kerzen setzt, bin ich der Lametta-Typ. Ein Baum ohne silberne und goldene Fransen ist für mich eigentlich gar kein Weihnachtsbaum. Da dieser Konflikt jedoch wenig Spielraum für einen Kompromiss zulässt, haben wir vor langer Zeit schon entschieden, dass jede Partei ihr eigenes „Schmückjahr", immer abwechselnd, bekommt. In jenem Jahr, an unserem ersten Weihnachten weit weg von den Märkten in und um Hamburg, wollten wir, wie wir es auch immer in Deutschland gemacht hatten, am 24.12. morgens einen Baum kaufen, ihn dann schmücken und dann am Abend das Weihnachtsessen bereiten. Kein Problem, dachte ich. Ich fuhr los, aber Gainesville ist in Sachen Weihnachtsbaum eben nicht Hamburg (und eigentlich auch sonst nicht). Ich suchte alles ab. Überall, wo ich hinkam, waren die Dinger schon ausverkauft. Die Amerikaner, so erfuhren wir in jenen Tagen, kaufen ihren Weihnachtsbaum immer schon Wochen vorher. Also kam ich zurück und konnte nur mit den Achseln zucken – kein Baum, die Katastrophe drohte. Glücklicherweise fiel uns noch Werner ein, inzwischen auch einer unserer guten Bekannten, auf dessen Ranch mit viel Land und einem Stück Wald auch Jan seinerzeit noch wohnte. Werner sagte, das sei kein Problem, wir sollten einfach vorbeikommen und irgendeinen seiner Bäume abholzen.

Also fuhr ich nach Valley View und lief mit einer Axt in den Wald, um einen schönen Weihnachtsbaum von seiner Herde loszueisen. Das Problem war nur: Werner hatte allerlei Bäume in seinem Wald, aber keine wie auch immer geartete Tanne.

Ich kam nach Hause, Baum auf der Schulter, lief ins Wohnzimmer und fing an, die Konifere zu „installieren". Es war zwar keine Tanne, mehr so eine Art Karaoke-Version davon, aber sie war dunkelgrün, hatte Nadeln, und wir waren zu diesem Zeitpunkt längst nicht mehr pingelig. Wir hatten die „Konny-fere" kaum fertig geschmückt – ich weiß nicht mal mehr, ob Manu oder ich, bunte Bomben oder silberne Hippie-Haare –, da gaben die schmächtigen Zweige des Möchtegern-Weihnachtsbaumes nach, und er drohte aus den Latschen zu kippen. Ich hatte Weihnachten anders in Erinnerung ... Obwohl, wenn ich an meine Mutter und ihren zarten und brüchigen Baum denke ... Aber wir hatten schon andere Probleme gelöst, da würde so ein schüchterner Grünling uns nicht das Fest verderben. Irgendwie fanden wir eine Balance, tarierten den Schmuck aus wie die Satteltaschen eines zu voll bepackten Esels und konnten kurz vor knapp mit unserem ersten Weihnachten in Texas beginnen.

Für unser erstes Silvester fuhren wir dann extra aus der Stadt raus. Neben gewissen Traditionen wie Weihnachtsschmuck und inzwischen auch dem Rodeo gibt es bei mir nämlich kein Silvester ohne Knallerei. Feuerwerk muss sein. Silvester ohne Raketen ist wie Reiten ohne ein Pferd. Glücklicherweise erfuhren wir noch rechtzeitig, dass man in Gainesville keine Raketen zünden darf und wir uns hierfür einen Platz außerhalb der Stadt würden suchen müssen. Zwischen Gainesville und Denton gab es einen Picknickplatz, der hierfür geeignet schien. Zu der Zeit hatten wir gerade Besuch von unseren Freunden Martina und Christian, die ebenfalls kurz davor waren, auszuwandern. Manu hatte die beiden in einem Internet-Forum kennengelernt. Martina war damals schwanger mit einem kleinen Jungen, den sie später Ben genannt haben. Also fuhren wir mit unseren Gästen aus der Stadt raus, und ich baute an besagtem Ort unsere kleine Einweg-NASA-Station auf. Punkt zwölf Uhr leuchtete ich mit den Geschossen den Himmel aus. Ganz nebenbei galt es ja auch noch, unser erstes erfolgreiches US-Halbjahr zu feiern.

Kaum war unser Feuerwerk in der Luft, machten wir auch schon das erste Mal Bekanntschaft mit der Polizei – happy new year, Mr. Reimann. Die Beamten waren allerdings sehr höflich und wiesen uns darauf hin, dass auch an diesem Ort derartiges Abbrennen von Raketen untersagt war. Das Land der unbegrenzten Möglichkeiten zeigte ausgerechnet an Silvester, wo der unbegrenzte Spaß sein Ende hat. Manu und ich zuckten mit den Schultern: „We didn't know that." Statt uns aber nur zurechtzuweisen, hatten die Polizisten eine noch bessere Idee: Sie sagten uns, dass ganz in der Nähe eine alte Kirche an einer Kreuzung sei, bei der wir ungestört und ungehindert alles in den Abendhimmel schicken könnten, was uns einfiele. Sie erklärten uns, dass die Raketen selbst an Silvester verboten seien, weil sie ansonsten den Verkehr zu sehr beeinflussen und die Autofahrer ablenken würden. Die Kirche dagegen war schon lange nicht mehr in Betrieb, etwas ramponiert und tatsächlich das einzige Haus weit und breit. Auch Autos kamen hier nur selten entlang, die Luft für das Feuerwerk schien also rein zu sein. Da waren wir also am Ende eines aufregenden Jahres, neben einer verlassenen Kirche mitten in der texanischen Prärie, und feuerten ein bisschen Licht gen Himmel. Wir standen unter dem Leuchten im weiten Nachthimmel von Nordtexas und waren glücklich.

Die Kinder hatten sich nach einem halben Jahr mit der englischen Sprache nicht nur angefreundet, sie beherrschten sie anscheinend fast perfekt. Besser als Manu und ich, wie ich befürchte. Beiden gefiel die Lockerheit und Freundlichkeit der Amerikaner gut, und somit war es auch keine allzu große Schwierigkeit für sie, neue Freunde zu finden. Selbst an die zeitweilige Begleitung ihres Lebens durch die Fernsehkameras hatten sie sich gewöhnt. Man darf das nicht unterschätzen, beide hatten sich innerhalb kurzer Zeit mitten in Texas und mit einem TV-Sender an der Seite wiedergefunden. Nicht eben die übliche Entwicklung in einem Teenager-Leben. Aber während ihnen das am Anfang noch komisch vorkam, hatten sie sich doch spätestens mit Beginn des neuen Jahres an beides gewöhnt. Jason sprach später sogar davon, dass ihm die Besuche des RTL-Trios und das Mitfilmen richtig Spaß machen würden.

Wie überraschend gut die Sendung ankam, erfuhren wir zuerst von Dagmar, die uns bald nach der Ausstrahlung des Berichts über unsere ersten Tage auf amerikanischem Boden die gute Nachricht mitteilte. Manu hatte damals bereits eine Internetseite von unserer Familie und unserem Auswanderungsabenteuer angelegt. Zunächst erreichten uns dort noch wenig direkte Mitteilungen und Zuschauerreaktionen, doch spätestens mit Sendung zwei und drei änderte sich das. Auf einmal gab es sehr viele Einträge in unser Online-Gästebuch. Und auch wenn mehrere Wochen zwischen den einzelnen Beiträgen lagen, hielt sich das Interesse der Zuschauer doch auf einem konstant guten Niveau.

Jason absolvierte Anfang Februar 2005 sein erstes Fußballspiel mit dem High-School-Team. Einen Monat später zog ich mit Manu gleich und schaffte ebenfalls meinen US-Führerschein. Der März war ohnehin der Monat der Bescheinigungen, bekamen wir zu jener Zeit doch auch von einem Amt unsere offizielle Bestätigung, dass wir selbstständig arbeiten dürfen. Langsam, aber sicher setzten sich alle Dinge an ihren Platz. Wir waren angekommen in Texas.

Vermutlich würde man denken, wo wir schon so nah (etwa eine Autostunde) an Dallas wohnten, triebe es uns alle naselang dorthin. Große Stadt, US-Stadtleben einatmen, zwischen Wolkenkratzern und Shops pendeln. Dem war aber gar nicht so. Ich war schon in Hamburg nicht darauf aus gewesen, meinen materiellen Besitz zu vergrößern und Wertgegenstände oder schicke Klamotten anzuhäufen. Oder kann sich jemand da draußen vorstellen, wie ich in einem Hugo-Boss-Anzug aussehe? Nix da. Ich bin mir selbst Boss genug. Mir ging und geht es viel mehr darum, Dinge zu machen, etwas möglich zu machen. Wenn ich dafür einen Gegenstand brauche, kaufe ich ihn mir (so ich ihn mir leisten kann). Anderen Krempel brauche ich nicht. Mein Blaumann, meinen Hut, und ab geht er, der Peter beziehungsweise der Konny.

Dallas war (und ist) für mich vollkommen uninteressant, keine Stadt zum Leben. Es ist zudem nicht eben die schönste Metropole der Welt. Downtown beherrschen viel Glas und Stahl das Bild, und um 17 Uhr wird dort der Bordstein hochgeklappt. Auch sonst gibt es wenig zum Anschauen. Wohngegenden ziehen sich wie Kaugummi, zum Teil steht nur alle hundert Meter ein Haus, das dann auch noch aussieht wie eine Pappschachtel. An viktorianische Häuser wie in Gainesville ist nicht zu denken. Es gibt nur eine Gegend für die Besserverdienenden, wo entsprechend üppige Häuser stehen, die teilweise an die Zeiten des amerikanischen Bürgerkriegs erinnern. Fährt man aber diese Straßen entlang, wird man selten mehr sehen als ein paar Mexikaner, die die Vorgärten pflegen. Bewohner der Häuser bekommt man nicht zu Gesicht. Eine ziemlich tote Gegend.

Es ist ausgerechnet eine Autobahnauffahrt, die ich an Dallas klasse finde. Ich weiß, nicht eben ein Kompliment für eine Stadt, die etwas auf sich hält. Aber die wie bei einer wilden Achterbahn durcheinanderstrebenden Abfahrten und Verkehrskreuze sind besonders an einer Stelle so besonders ineinander verschlungen und führen in Unmengen an Biegungen zwischen den Hochhäuserschluchten hindurch, dass einem fast schwindlig wird. In einer besonderen Kurve kann man fast vom Auto aus in ein Bürohaus gucken und den Menschen dort hinter Glas bei der Arbeit zusehen, während man sich selbst gerade spiralförmig von einer Richtung in die andere windet. Als ich dort das erste Mal entlangfuhr, dachte ich: „Jo, das is 'n geiles Gefühl", und musste unweigerlich grinsen. Ansonsten wurde Dallas für uns die Stadt, in der Jason mal zum Kieferorthopäden gehen konnte und Manu sich ab und an mit einer Kollegin ein paar Läden ansieht.

Manu hatte im WinStar-Kasino schon im März 2005 einen Job gefunden, just nachdem sie vier Wochen an einer Tankstelle in Denton, einem Ort in der Umgebung, gearbeitet hatte. Der Tankstellenbesitzer sagte zu ihr am Anfang, er sei froh, eine Deutsche als Angestellte gefunden zu haben. Die seien zuverlässig und pünktlich. Als sie vier Wochen später ging, weil der Kasino-Job doch etwas verlockender schien, war der Mann um eine Illusion ärmer, aber Manu konnte sich das Timing eben nicht aussuchen. Sie war noch im Februar zu einer sogenannten „job fair", einer Job-Börse, gegangen und hatte sich dort etwas umgesehen, um irgendwann mal weitere Optionen zu haben. Es war klar, dass sie ihr Dasein nicht an einer Tankstelle fristen wollte, auch wenn der Chef sehr nett und die Gelegenheit, überhaupt zu arbeiten, eine gute war. Gleich vor Ort auf der Job-Börse hatte Manu ein Job-Interview mit den Kasino-Leuten. Und obwohl sie damals noch nicht brillant Englisch sprach, waren ihre zukünftigen Glücksspiel-Kollegen sehr angetan von ihr. Amerikaner fackeln bei so etwas nicht lange. Keine Gefangenen. Manu schien gut und tüchtig zu sein, also sollte sie dort arbeiten. Wann? Sofort!

Nun sieht Manu nicht unbedingt wie eine Schwerverbrecherin, Terroristin oder Drogenschmugglerin aus, aber auch sie konnte und wollte sich nicht der hier obligatorischen Prozedur von Fingerabdrücken und Drogentest entziehen, die man zum Antritt bei einer neuen Arbeitsstelle absolvieren muss. Am nächsten Tag sollte bereits das Berufstraining sein. Keine halben Sachen. Die Tankstelle musste folglich sehr schnell ohne ihre Dienste auskommen. Chips, Karten, Geld und Banditen mit nur einem Arm und großer Unterlippe, in der sich die Münzen sammelten, warteten schon auf sie.

Am 16. März 2005 kam schließlich Manus erster Arbeitstag. Das WinStar-Kasino wird, wie die meisten anderen Kasinos in Amerika auch, von Indianern geleitet. Das hängt nicht nur mit dem traditionell ausgeprägten Spieltrieb der Indianer zusammen. Ich weiß nicht, ob das als eine permanente Entschuldigung gelten kann für das, was den Indianern in der Geschichte Amerikas angetan wurde. Auf jeden Fall wollten die Weißen wohl etwas gutmachen. Die Indianer müssen fast keine Steuern zahlen und bekommen den Betrieb von Kasinos auch an solchen Orten zugesprochen, wo das Glücksspiel ansonsten verboten ist. Das Gesetz, das die Grundlage hierfür bildet, ist schon uralt, gilt aber heute noch. Im Glücksspielmekka Las Vegas herrschen indes andere Regeln. Hier sind es nicht die Indianer, sondern größtenteils die Mafia, die die Strippen zieht. Für die Indianer, die sich zur Verteidigung ihrer Rechte in der National Indian Gaming Association zusammengeschlossen haben, bedeutet der ungehemmte Kasinobetrieb natürlich auch die Gefahr, in Spielsucht und Alkoholabhängigkeit abzurutschen. Aber das ist eine andere Geschichte.

Die erste Zeit bei WinStar war nicht einfach für Manu, zumal ihre Vorgesetzten nicht viel von langwierigen Einarbeitungszeiten hielten. Einen Tag sah sie einer Kassiererin zu, am nächsten Tag saß sie auf deren Platz. Geld auszahlen, ein paar nette Worte für die Kundschaft bereithaben und Auskunft geben. Das alles mit dem hier immens wichtigen Service-Gedanken im Kopf und natürlich mit dem richtigen und verständlichen Ami-Englisch. Ich muss sagen, Manu hat sich mehr als tapfer geschlagen, sich sehr schnell in ihrem Job eingefunden, und auch ihre Chefs waren beeindruckt. Berücksichtigt man noch, dass nicht wenige Kunden aus dem Südwesten der USA stammen und somit einen Dialekt sprechen, der sich anhört, als würden sie bei jeder Silbe einen Klops Kautabak von einer Mundseite zur anderen wälzen, kann man ihr nur gratulieren.

Manu wandte hierfür einen nicht zu unterschätzenden Trick an: Sie lernte sehr schnell, was für Leute zu ihr an die Kasse traten und was diese an Nichtig- oder Wichtigkeiten zu sagen hatten. Meist waren es nur Höflichkeitsbekundungen, irgendein stereotyper Satz, wie er an zigtausenden von Kassen oder Countern im ganzen Land im Sekundentakt ausgespuckt wird. Manu war sehr gut darin, zu unterscheiden, welche Sätze wichtige Informationen enthielten und welche lediglich das schöne Wetter, den bisherigen Verlauf des Tages oder die ein oder andere Gruß-Variante beinhalteten. Die „chinesische" Version ihres Reaktionsalbums war ein schönes Lächeln, hier und da garniert mit einem „How're ya doin'?" Natürlich verstand sie schnell immer mehr, und formvollendete Antworten ließen nicht lange auf sich warten. Außerdem lebten wir zu diesem Zeitpunkt ja schon mehrere Monate in Texas.

Einmal jedoch traten zwei Herren zu ihr an die Kasse und nuschelten derart unverständlich ein paar Sätze in den Raum, dass selbst deren eigene Mutter Schwierigkeiten gehabt hätte, sie zu verstehen. Manu verwandelte sich umgehend in ihre chinesische Inkarnation und tat ihr Bestes, dem Gesagten höflich und mit einem breiten Lächeln zu begegnen. Der Wortführer hielt inne, blickte sie einige Sekunden lang an, wandte sich schließlich zu seinem Freund und sagte: „She doesn't understand a word we're sayin'." Bei ihm hörte es sich jedoch mehr an wie „Schiesnanderstäädäwöödwrrsään". Aus irgendeinem Grund konnte Manu *das* wiederum verstehen, den beiden Herren daraufhin höflich ihr Geld auszahlen und sie bestens verabschieden. Puh.

Ein paarmal hatte sie allerdings auch die Lacher auf ihrer Seite. „To get a shot" heißt im Englischen, eine Spritze verpasst bekommen, und ein Veterinär ist ein „veterinarian". Im Kreis ihrer Kollegen erzählte Manu freudestrahlend einmal, wie unser Hund Murphy von einem Veterinär gegen

Tollwut geimpft wurde, heraus kam aber: „Murphy got shot by a vegetarian." Die Runde ihrer Kollegen war entsetzt und etwas verblüfft, dass ein Vegetarier unseren Hund erschossen haben sollte und Manu das auch noch komisch fand. Ebenfalls in der Anfangszeit erzählte sie einer Kollegin, dass die englische Sprache und speziell die Grammatik ihr noch etwas Mühe bereiten würden: „English is hard and also grammar." Das war nicht nur etwas verkürzt formuliert, sondern wurde auch noch falsch verstanden. Da „grammar" fast wie „grandma" ausgesprochen wird, dachte ihre Kollegin, dass Manu nicht nur das Englisch Schwierigkeiten macht, sondern auch ihre Großmutter. Eine zugegeben etwas sonderbar anmutende Aussage.

Am 1. April kam, kein Aprilscherz, der erste Gehaltsscheck für Manu vom Kasino. Es war, als würde auf dem Stück Papier viel mehr stehen. „Herzlich willkommen in Amerika, Sie sind jetzt offiziell eine von uns, baby", las sich das Ganze für uns.

Im Mai 2005 begann ich, nachdem die Werkstatt lange fertig war, für Manu ein Nähzimmer hinten an das Haus anzubauen. Mit den extrem laxen Vorgaben des Rathauses hätte ich vermutlich auch den Eiffelturm in unserem Garten nachbauen können, es hätte niemanden gestört. In diesem Fall war es jedoch ein einfaches neues Zimmer hinten am Haus zum Garten, wo vorher nur ein paar Grashalme ihr wenig aufregendes Leben gefristet hatten. Ich genoss dieses Bau-Schlaraffenland in vollen Zügen. Im August 2005 konnte Manu ihre Nähmaschine in ihrem neuen Zimmer aufstellen und somit wieder weit besser ihrer eigentlichen Leidenschaft, dem Nähen, nachgehen. Das Geschäft von bradkid.com konnte weitergehen. Sie entwarf neue Kinderanziehsachen und nähte dort später Janinas Prom-Kleid, also das Kleid, mit dem unsere Tochter auf ihren Schulabschlussball ging, und sie stellte dort ihre allseits beliebten Kirschkernkissen her.

Später im Jahr, ich glaube es war November 2005, mietete Manu einen Stand auf der „Arts & Craft Fair", also der Kunst- und Handwerksmesse in Gainesville, um eben diese Kirschkernkissen anzubieten. Da dem gemeinen Texaner Kirschkernkissen in etwa so bekannt sind wie die Binnenalster, lief das Geschäft eher schleppend. Sehr schleppend. Ein Kissen gefüllt mit Kernen statt mit Federn? Man muss es warm machen? Und dann? Das Ergebnis war niederschmetternd: Gerade mal ein Kissen verkaufte Manu pro Tag auf der Messe. Aber sie ließ sich nicht entmutigen und bestellte im nächsten Jahr erneut einen Tisch. Dieses Mal jedoch wusste sie, was zu tun war, um das Geschäft anzukurbeln: Neben ihre Kissen platzierte sie in jenem Jahr nicht nur ihre selbstgemachten Kinderklamotten, sondern auch ihren Running Gag – Milch und Cookies aus Filz. Und sie stellte eine Mikrowelle auf. Vor allem Letztere war für den Ausgang ihrer zweiten Messe entscheidend. Denn nun konnte sie den Besuchern live und in Farbe vorführen, was es mit den Kirschkernen auf sich hat. Sie wärmte die Kissen, drückte sie den Besuchern in die Hand, und man konnte den potentiellen Käufern förmlich das Licht aufgehen sehen. Der Erfolg gab Manu und ihrem kleinen Trick Recht. Die Kissen und auch andere Dinge verkauften sich gut, und langsam sprach sich das Bradkid-Angebot herum. Noch heute bucht Manu sich bei der Arts & Craft Fair einen Platz, und ihr Angebot ist inzwischen wohlbekannt. Manchmal, meistens eigentlich, muss man im Leben eben nur Ausdauer haben und an sich glauben ...

Manu und ich guckten uns über Google Earth immer mal wieder im Internet das alte Haus in Schenefeld an. Es war irgendwie beruhigend zu sehen, dass alles noch so war, wie wir es verlassen hatten. Quasi eine eingefrorene Vogelperspektive der Vergangenheit. Schon in der zweiten Hälfte unseres ersten Jahres war klar, dass wir in Texas bleiben würden, dass wir weder das Haus in Schenefeld noch sonst irgendwas aus der alten Heimat als Sicherheit brauchten. Vielmehr würden wir bald das Geld benötigen, das ein Verkauf einbringen würde, um hier weiter voranzukommen. Als sich das alles abzeichnete, verkauften wir unser altes Schenefelder Paradies an unseren ehemaligen Nachbarn Manfred. Er war schon länger scharf darauf gewesen, und wir waren immer gut miteinander ausgekommen, also war es eigentlich klar, dass, wenn wir verkaufen, er der Erste wäre, den wir fragen würden. Ein paar Monate nach dem Verkauf guckten wir wieder bei Google Earth das Satellitenbild auf unserem Computer an und sahen – nichts. Natürlich sahen wir noch das Grundstück in Schenefeld, aber alles war anders. Zum ersten Mal seit unserer Auswanderung hatte sich Schenefeld verändert, war nicht mehr das, was wir kannten. Die Büsche waren weg, die wir angelegt hatten, der Teich war nicht mehr da, die Werkstatt weg, der Hühnerstall weg, nur der Carport und die Halle waren noch da. Es war ja logisch, ich hatte damals nach dem Kauf auch diverse Dinge verändert, und Manfreds Vorstellung von dem Grundstück sah eben anders aus als meine vor Jahren. Es war logisch, und trotzdem war es irgendwie niederschmetternd.

In Gainesville hatten wir mit unseren Nachbarn derweil nicht so viel zu tun. Zur einen Seite wohnten Mexikaner, mit denen wir so gut wie keinen Kontakt hatten, die jedoch in unserer Zeit in Gainesville noch eine gewisse Rolle spielen sollten. Die Mexikaner in Texas, und wie ich fürchte in ganz Amerika, haben zumeist kaum Kontakt zu Einheimischen. Viele von ihnen, so auch unsere Nachbarn, haben, seit sie aus Mexiko ausgewandert sind, nie richtig Englisch gelernt. Bei den Kindern der Einwanderer sieht das etwas anders aus. Sie werden mit Englisch groß und sind an der Schule und durch ihre Freunde dort schon früh an die Sprache gewöhnt. Die Eltern hingegen scheuen oft jegliche Anstrengung in dieser Richtung. Sie haben ihr eigenes Leben und sind nicht erpicht darauf, daran noch mal etwas zu ändern. Der mexikanische Familienvater nebenan lebte bereits zwanzig Jahre in Texas, als wir in das Haus einzogen, und dennoch konnte er kaum auf Englisch „Guten Tag" sagen. Jedes Mal, wenn jemand zu ihm kam, musste er seinen Sohn holen, der dann als Übersetzer einsprang.

Zur anderen Seite wohnte eine Mutter mit ihren zwei Kindern. Zwar hatten wir auch zu ihr keinen großen Kontakt, sie schien aber sehr nett, und hier und da ergab sich mal ein kleines Gespräch. Man konnte ihr ansehen, dass sie nicht eben ein leichtes Leben lebte. Die Kinder waren anscheinend auf dem Land groß geworden und waren das, was man hier typische „rednecks" nennt. Sie fingen früh an, Bier zu trinken, schienen schnell den falschen Umgang zu haben, zumeist Kleinkriminelle aus der Gegend, und auch sonst keine Ziele oder Pläne für ihr Leben zu fassen. Es war ein wenig traurig, das mit anzusehen. Der Sohn fuhr auch einen Pick-up, und so kamen wir mal ins Gespräch, ein anderes Mal hat er mir bei der Arbeit geholfen, viel mehr Kontakt gab es aber auch mit diesen Nachbarn nicht. Sie lebten ihr Leben, und wir lebten unseres.

Das erste Jahr diente uns allerdings auch hauptsächlich dazu, Erfahrungen zu sammeln, die Mentalität der Menschen kennenzulernen und uns auf unserem Weg zurechtzufinden. Richtige Freunde sollten wir erst später und an einem anderen Ort finden. Aber das ist eine andere Geschichte, von der ich später erzählen werde.

Bei Reimanns gibt es eigentlich nie Routine, geschweige denn Langeweile. Das war in Hamburg so und in Texas erst recht. Es gab einen einzigen Zeitpunkt, an dem sich vielleicht so etwas wie Wiederholung einstellte. Die Dinge hatten sich gerade alle geordnet, unser amerikanisches Leben lief, die turbulenten ersten Tage lagen hinter uns. Manus neues Nähzimmer war gebaut, meine Werkstatt hinten im Garten ebenso. Manu arbeitete im Kasino, ich hatte meinen Job, die Kinder waren „versorgt", hatten erste neue Freunde gefunden, und ein Familienurlaub war vorerst auch nicht in Sicht, so beschäftigt waren wir beim Jonglieren all dieser kleinen Bälle. Tage fingen an, sich zu ähneln. Konny Reimanns Leben im Gleichstrom? Undenkbar.

Gerade begann ich, ein wenig über diese seltsame Vereinheitlichung nachzudenken, mich mit neuen, selbstinitiierten Veränderungen zu beschäftigen, als sich wieder alles ganz von allein auf den Kopf stellte und eine neue, aufregende Gabelung auf unserem Weg auftauchte.

7
MOSS LAKE

In Texas haben mehr als 50 % der Menschen deutsche Vorfahren. Einige dieser Familien haben Wurzeln, die bis in die Mitte des 19. Jahrhunderts zurückreichen, aber nicht wenige resultieren aus einem Neuanfang, den deutsche Kriegsgefangene des Zweiten Weltkrieges hier nach dessen Ende gewagt haben. Auf der Landstraße 1201 sieht man noch die gespenstischen Überreste vieler Keimzellen dieser deutschen „Einwanderer": Kleine Beton-Stummel – kleine Stelen, aus denen dünne, kurze Eisenstangen ragen – kauern auf den Feldern, oft in Straßennähe hinter den Zäunen der Felder. Sie erinnern an die vielen Gefangenenlager aus der Zeit nach dem Zweiten Weltkrieg. Die Deutschen mussten sich diese Lager selbst bauen und wohnten darin. Zunächst denkt man an alle möglichen Arten von Lagern und Baracken und erschrickt sich. Aber die Amis haben die Deutschen durchaus gut behandelt, diese durften während ihrer Gefangenschaft in die Stadt und waren auch danach in den USA willkommen. Sie haben sich hier ihre neue Existenz aufgebaut, Familien gegründet und waren am Ende natürlich begeistert, wie schnell sich ihr Blatt gewendet hatte. Es war der totale Kontrast zum totalen Krieg. Statt zermürbender Arbeitslager mit unbestimmtem Ausgang und dem Hass der Einheimischen spürten sie, dass sie wie Menschen behandelt wurden, die genauso unter dem Krieg zu leiden hatten wie die Sieger. Keiner der Soldaten, die hier die Chance hatten, ein neues Leben zu beginnen, hat das je vergessen.

Später wurden die Baracken wieder abgerissen, nur hier und da stehen heute noch einsame Schornsteine mitten auf einem Feld, umgeben von einer kleinen Gruppe Stelen, die stumm an die Vergangenheit denken und die wenigen Wolken am Himmel zählen.

So sahen die Bilder aus: die stummeligen Stelen und die Schornsteine, die vereinzelten Kühe und Farmen, ab und an ein paar Briefkasten-Armeen, die auf einmal am Straßenrand in Reih und Glied stehend auftauchen, für Häuser, die etwas ab vom Schuss liegen; dazu Rehe, Kojoten, Geier, Hasen und Eichhörnchen, aber auch Stink- und Gürteltiere oder hier und da ein Opossum ... Das waren die Bilder, die ich von November 2005 an fast jeden Tag sah. Es war die Route zum Moss Lake. Der Weg in unsere neue Heimat, zu unserem neuen Grundstück.

Texas, speziell der Norden von Texas, ist eine ziemlich trockene Gegend und nicht eben bekannt für seine üppigen Wasserlandschaften. Irgendwann nach mehreren Monaten, die wir bereits in Gainesville lebten, mussten wir abends eine Freundin von Janina nach Hause bringen. Wir fuhren in eine Gegend, die wir vorher noch nicht gesehen hatten, und setzten das Mädchen an ihrer Tür ab. Hinter dem Haus ihrer Eltern entdeckten wir etwas, von dem ich vorher nichts gewusst hatte. Keiner von uns. Ein versteckter See, den sogar die meisten Karten von der Gegend vergessen hatten. Wunderbar gelegen, ideal, um darauf Boot zu fahren, darin zu schwimmen, einfach am Ufer zu sitzen oder allerlei Unsinn zu treiben. Ein See, der etwas verborgen ein paar Kilometer im Nordosten von Gainesville lag. Moss Lake!

Als wir Moss Lake entdeckten, konnte sich mein Hang zum Wasser nicht mehr länger in mir verstecken. Das Hamburger Kind in mir kam zu mir gelaufen und zog an meinem Hosenbein, als wolle es dringend ein Eis haben. Es erinnerte mich an die Alster, an meine langen Sommer in Hamburger

Gewässern, an die Paddeltouren und all das. Erst später kamen wir, erneut angeregt durch Dagmar, auf die Idee, dass man hier eigentlich auch sehr gut leben könnte. Dagmar war es am Ende auch, die bei einem ihrer Dreh-Besuche sagte, wir sollten doch mal nach einem Grundstück dort suchen. Vorher hatten wir nicht ganz zu Unrecht angenommen, dass die Preise für derartiges Besitztum nicht wirklich unsere Kragenweite wären. Aber unsere Maklerin Rita Greer konnte uns eine Tür öffnen, und wir lösten ein Ticket in eine weitere neue Welt. Rita wohnte, wie wir auch erst zu dieser Zeit erfuhren, ebenfalls an dem künstlich angelegten See.

Kaum hatte Dagmar damals die Idee mit Moss Lake ausgesprochen, riefen wir auch schon Rita Greer an und erkundigten uns nach den Chancen, an dem See etwas zu finden. Es war bei ihrem Optimismus und ihrer professionellen Einstellung wenig überraschend, dass sie meinte, das sei kein Problem. Sie sah durchaus Chancen, dass wir fündig werden könnten. Die aufkommende Routine in unserem Abenteuer USA schien schnell wieder neuen Herausforderungen zu weichen. Wir verabredeten uns und standen wenig später im Juni 2005 auf unserem heutigen Grund und Boden. Eine kleine Schottereinfahrt, nur eine Einkerbung an der Landstraße, führte zur ersten Adresse, zu der wir mit ihr fuhren. Sie hatte eine Handvoll ausgewählt. Vorher hatten wir nur ein einziges mickriges Foto dieser Adresse im Internet ansehen können, das aber wenig aussagekräftig gewesen war. Es zeigte das Haus, das wir am Ende sogar abgerissen haben.

Von Gainesville aus fährt man knapp eine halbe Stunde zum Moss Lake, im Prinzip muss man nur zwei Mal abbiegen, die Route 1201 führt einen direkt dorthin. Auf dem Weg tauchen hier und da ein paar Farmen auf, die mit einem einfachen und doch stolzen Torbogen auf sich aufmerksam machen, der Farm- oder Nachname der dort lebenden Familie oder schlicht deren Initialen prangt im Zentrum einer Eisenschleife oben am Tor. Schließlich sieht man den Moss Lake links liegen. Der künstlich angelegte See verschluckt an einer kleinen Lichtung die ehemals dort langführende Straße. Meist

ist dieses Ende des Sees umringt von ein paar Booten und Autos. Auf der anderen Straßenseite stehen Garagen, zu mietende Bootshäuser, in denen Jet-Skis, Motorboote und Ähnliches untergebracht sind, die hier oft an Wochenenden für eine kleine Spritztour herausgeholt werden.

Leider sind auch tote Tiere am Straßenrand ein tägliches Bild. Erst vor Kurzem sah ich abends zwei Rehe an unserer Einfahrt über die Straße und in die Nacht verschwinden. Am nächsten Tag lag eines von ihnen (ich vermute zumindest, dass es eines der beiden war) tot im Straßengraben. Als ich nach Hause kam, sah ich aus dem Auto heraus in den Himmel und entdeckte einen Geier. Es war klar, was ich als Nächstes vorfinden würde. Zehn bis zwölf seiner Kollegen hatten es sich auf dem Kadaver des Rehs gemütlich gemacht, hüllten das arme Tier vollständig in ein zupfendes Schwarz, und jeder versuchte, die Beute nach eigenen Maßstäben so ungerecht wie möglich zu verteilen.

Wir fuhren also die 1201 am ersten Seezugang mit den Bootsgaragen vorbei weiter, Moss Lake verschwand zunächst wieder hinter den Bäumen, und ein paar Meilen später sahen wir irgendwann ein kleines Schild, das mit dem Daumen nach links in einen Schotterweg wies. Dieser Kiesweg mit einigen Schlaglöchern teilte sich nach wenigen Metern, führte an einigen Grundstücken vorbei und endete kurz danach im Gras. Die Nachbarschaft dort schien nicht besonders groß, was ich aber nicht unbedingt als Nachteil empfand.

Von außen war zunächst kaum erkennbar, wer hier wo und wie wohnt. Wir entdeckten Wiesen, Unkraut, irgendwo mittendrin mal ein Haus und einen Schuppen, beide hätten aber auch genauso gut verlassen sein können. Ein niedriger Holzzaun markierte den Beginn des Grundstücks, das wir uns mit Rita ansahen.

Wir traten auf das abschüssige Gelände. Geradeaus hinunter führte linker Hand an einem Zaun entlang ein straßenbreiter Schotterweg, der im Grunde genau wie die Einfahrt von der 1201 zu den Grundstücken aussah. Rechts lag auf einem lange nicht gepflegten Stück Boden ein Haus. Das Haus von dem Foto.

Unkraut stand herum wie ein Haufen Schaulustiger. Das Grundstück war hier oben etwa 35 Meter breit, rechts und links bei den Nachbarn sah es ähnlich aus. Wirklich attraktiv war es nicht. Was weiter unten lag, konnte man auch mit zugekniffenen Augen nicht erkennen, Büsche und Bäume standen am unteren Ende der Fläche Spalier.

Das Haus selbst konnte uns noch nicht wirklich überzeugen, einiges war kaputt oder sah stark angegriffen aus. Es schien, als müsse man viel herausreißen, wenn man hier wohnen wollte. Zunächst liefen wir durch die Räume wie damals, als wir in Amerika angekommen waren und Rita uns die ersten Häuser in Gainesville vorführte.

Draußen versuchte einen die Sonne durch die verstreut stehenden Bäume weiter anzubrüllen und die Pflanzenwelt mürbe zu machen. Auf der Rasenfläche rechts vom Schotterweg, unterhalb des Hauses, stand noch ein Schaukelgestell ohne Schaukeln, dahinter begann direkt das Grundstück des nächsten Nachbarn, ähnlich wüst mit einem Spiel- und einem Parkplatz, einem Motorboot auf einem Anhänger und natürlich einem Pick-up, wie ihn fast jeder Texaner fährt. Zur linken Seite erstreckte sich ein Zaun gerade am Schotterweg entlang, daneben lag ein nicht genutztes Grundstück mit viel Wildwuchs und kleinen Feldblumen-Sträußen, die man hier „wildflowers" nennt.

Was uns später weiter unten zum See hin erwarten sollte, übertraf jedoch all unsere Vorstellungen und Wünsche und regte schnell unsere, und speziell meine, Fantasie an. Denn hinter den Büschen und Bäumen, die das Ende der oberen Hälfte markierten, begann das eigentliche Paradies. Der obere Teil des Grundstücks war alles in allem etwa 120 Meter lang und verlief langsam bergab, bevor das üppige Grünzeug den Eingang einer kleinen steilen Steintreppe markierte. Wir standen am Rand der Treppe und erkannten bereits den See, wie er uns anblinzelte und zu sich rief. Kurz hinter dem Treppenanfang lag links das zweite Haus. Es sah aus, als wäre es besser in Schuss als das obere, aber auch noch keine Traumvilla. Doch schon von dort oben sah man, was dieses Grundstück wirklich zu bieten hatte – ein Versprechen, das sich unter dem oberen Teil versteckte. Die Steintreppe ver-

Die Reimanns: *Manu, Konny, Jason, Janina, Erwin und Murphy.*

Schild von Gainesville.

Konny's Autogrammfoto.

Konny mit seinem kleinen Bruder auf dem Schoß vor den Wellblechbaracken.

Manu bei ihrer Einschulung 1975.

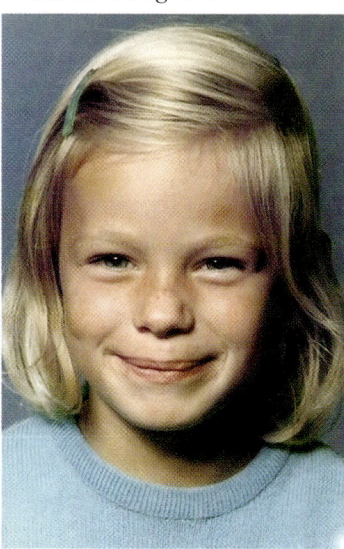

Konny bei der Bundeswehr 1975.

Karatewettkampf.

Konny, Dedl und Yorck am Strand.

Rechts:
Konny bei einer Karatevorführung.

Unten links:
Beim Klippenspringen in Südfrankreich.

Unten rechts:
Beim Surfen in St. Peter-Ording.

Links:
Konny vor dem gekauften Schulbus.

Unten:
Reste des Hauses am Moss Lake nach dem Abriss.

Papagei Erwin. *Mit Hertel Turtle im Pool.*

Diese Doppelseite unten: *Der Bootssteg neben Konnys Hafenkneipe.*

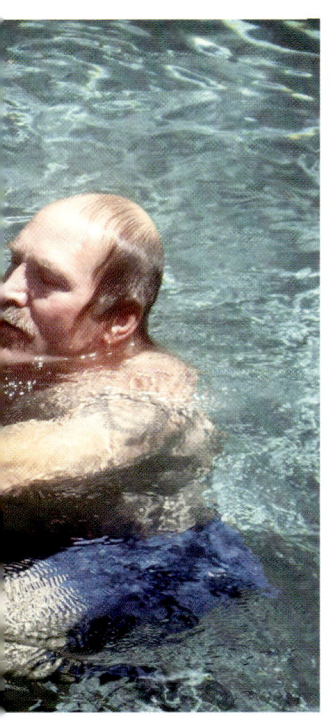

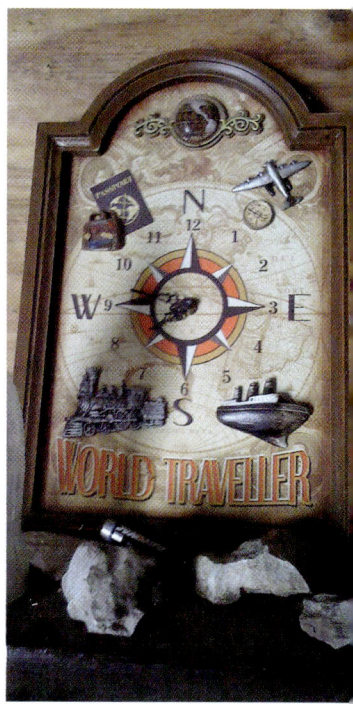

Oben:
Uta Möller-Pahnke, Manu Reimann, Dagmar Vetter und Janina bei Utas Hochzeit im Mai 2008 in Hamburg.

Rechts:
Konny in seinem Geburtstagsgeschenk, dem Strandkorb.

Rechts:
Manu und Konny vor dem Schild von Las Vegas nach ihrer Hochzeit in Las Vegas am 29. Juli 2003.

Unten:
Gästehaus Blankenese.

Sonnenuntergang über dem Moss Lake.

Diese Seite und links:
Konny beim Bootfahren und Power-Surfen auf dem Moss Lake.

Oben rechts: *Gästehaus Dithmarschen.*

Rechts:
Arbeiten am Haus Dithmarschen.

Unten:
Der Weg zum See und zur Kneipe.

Diese Seite:
Konny und Manu in der Hafenkneipe am Moss Lake.

Haus der Reimanns in Gainesville.

Die California Street in Gainesville.

Team-Foto von unserem RTL-Team und den Reimanns (Marvin, Jens, Jason, Manu, Dagmar, Janina, Konny).

lief, kleine Haken schlagend, etwas verwinkelt und ziemlich steil den Berg hinunter.

Meine erste Assoziation war Südfrankreich. Mit nur ein paar Schritten waren wir aus dem heißen und trockenen Texas an die Küste irgendwo in Südeuropa transportiert worden. Oben an der Steintreppe flankierte einseitig ein altes schwarzes Stahlgeländer die Stufen, und Steinplatten, die durch die Zeit herrlich ramponiert waren, führten einen weiter in die Tiefe. Rechts und links verteilten sich ein paar Zedern und Eichen, zwei Pinien und diverse Büsche. Steine, Erde und neues Unkraut bedeckten den Rest des Abhangs, der gleichmäßig aufgeteilt die Steintreppe umgab. An einer Stelle musste man zwischen zwei eng stehenden Bäumen durch einen natürlich gewachsenen Eingang hindurch weiter die Treppe hinuntergehen. Von dort konnten wir auch schon das andere Ufer des Sees erkennen. Keine 500 Meter entfernt lag der Anfang des Horizonts. Ein Spiegelbild der herrlichen Natur, in der wir uns in diesem Moment befanden. Blickte man unten am Ufer nach rechts, sah man dank der Y-Form des Sees fast fünf Kilometer weit.

Das zweite Haus war im oberen Bereich neben der Steintreppe errichtet und erstreckte sich ungefähr fünfzehn Meter nach links in den Wildwuchs-Abhang hinein. Als wir beide Häuser gesehen hatten, waren wir erst etwas erschrocken. Das obere war mehr als desolat, das untere immerhin weitestgehend in Ordnung; hier bedurfte es „nur" einer Renovierung. Wir ahnten damals nicht, dass es weit schlechter um beide Buden bestellt war, als man bei dieser ersten, flüchtigen Diagnose erkennen konnte. Dennoch: Vor Ort bei dieser Besichtigung liefen bereits sehr schnell Bilder in meinem Kopf ab, wie das Ganze später mal aussehen könnte. In Gedanken schlug ich schon die ersten Nägel ein, änderte, renovierte und plante, was hier alles möglich war. Der „französische" Abhang hatte es mir sofort angetan.

Auf halber Strecke nach unten wurde die kleine Steintreppe von wesentlich breiterem Geröll, eingefasst mit Eisenbahnschwellen, abgelöst, und der Abstieg wurde auch wieder flacher und mündete ans Ufer des Sees. Links unten am Ende dieser großen Abhang-Schneise lag ein kleiner Schuppen direkt am Wasser. Rechts kam man über einen schmalen Steinweg zum Bootssteg. Dieser war ein kurzer Holzweg, der einen wiederum zu einer ca. zehn Quadratmeter großen, ebenso hölzernen Plattform führte, die fünf Meter ins Wasser des Sees hineinragte. Hinter alldem erstreckte sich Moss Lake. Ein See, wie er schöner nicht an einem Grundstück liegen kann. Der Abhang führte vor allem rechts des Abstieges ziemlich steil hinunter zum Wasser. Ich weiß noch, wie ich dachte: „Jo, das is' ja geil!" Bei aller Vorstellungskraft, die man aufbringen musste, war mir schnell klar, dass wir hier auf Gold gestoßen waren. Nicht in dem Sinne, dass dies eine unglaubliche Wertanlage war. Nein, dieses Stück Land, so sehr es auch nach neuen Kleidern schrie, hatte das Potential, diverse Träume, Sehnsüchte und Wünsche auf einmal zu erfüllen. Unser Bauchgefühl nickte schon bald heftig, so dass es weitere auf dem Besichtigungsplan stehende Häuser sehr schwer haben würden.

Das Fazit dieses zuerst besichtigten Areals lautete: Der obere, nennen wir ihn mal häuslichere Teil des Grundstücks, wurde huckepack getragen von einem Paradies am See, mit umfangreichen Möglichkeiten des Ausbaus. Alle nachfolgenden Häuser und Grundstücke, die wir uns an dem Tag ansahen, konnten dem tatsächlich nur wenig entgegensetzen. Irgendwas stimmte bei allen nicht. Zu klein, zu teuer, zu schlecht gelegen, zu hässlich etc. pp. Bei den meisten hatten wir zudem sehr schnell den Eindruck, dass sie nur für die Präsentation zurechtgemacht worden waren, hinter einer mühselig zusammengehaltenen Fassade aber nicht viel zu bieten hatten. Wir kamen am Ende noch mal zurück zu unserem ersten Treffpunkt und den beiden Häusern dort, und spätestens in jenen Minuten hatten wir unsere Entscheidung getroffen.

Der große Haken, den es bei allem immer gibt, war in diesem Fall jedoch der Preis. 180.000,– US-Dollar sollte der Spaß kosten, eine Summe, die wir nur schwer mit der rationalen Seite unseres Gehirns in Einklang bringen konnten. Doch Rita versicherte uns, dass die Eigentümer durchaus bereit wären, den Preis zu senken, wenn es sein musste, sogar drastisch. Also war erst einmal Warten angesagt. Gott sei Dank bestand, bei aller Liebe zu dem Gesehenen, keine Hast und kein Zwang, umzuziehen oder schnell zu handeln, und zum Glück schienen andere Interessenten ebenfalls nicht in Sicht. Letztlich zahlte sich die Geduld aus: Der alte Eigentümer überließ uns das „Anwesen" für einen Kaufpreis von 140.000,- Dollar. Heute wissen wir, dass wir zur richtigen Zeit am richtigen Ort waren, denn gerade in jüngerer Zeit sind die Begehrlichkeiten der Menschen, am Moss Lake zu wohnen, enorm gestiegen. Auf einmal scheinen Hinz und Kunz dieses versteckte Wässerchen entdeckt zu haben. Heutzutage würden wir wohl nicht mehr mit einem so niedrigen Grundstückspreis davonkommen. Viel Geld war es natürlich trotzdem, allerdings muss man dazusagen: Ich ahnte, dass die Kosten für den Umbau, der andere Leute ein kleines Vermögen gekostet hätte, sich überschaubar halten ließen. Ich wusste sofort, was hier zu tun war, und auch, dass ich es alleine würde umsetzen können. Statt Tausenden von Dollar kamen also „lediglich" viele Tausend Stunden Arbeit dazu. Doch Arbeit erfüllt mich seit jeher wie andere ein Einkaufsbummel. Ich hatte nie Schwierigkeiten damit, hart zu arbeiten, um mir die Umgebung für mein Traumleben selbst zu zimmern. Der Weg ist das Ziel, und er darf gerne steinig sein.

Letztlich sollten der See und seine angrenzenden Bewohner uns aber auch eine ganze Menge Geschichten und neue Gesichter bescheren. Der Zufall mit Janinas Freundin und die Tatsache, dass ausgerechnet *die* Frau dort wohnte, die unsere Vermittlerin in Wohnungsfragen war, stellten da nur den Anfang dar. Eine von Manus Arbeitskolleginnen war Terry. Während Terry bei WinStar arbeitete, verbrachte ihr Mann, ein Trucker, die meiste Zeit des Jahres auf den Straßen, den Highways und Freeways des Landes. Sein Zuhause war im Grunde sein riesiges Gefährt, mit dem er Waren von A nach B transportierte. Ab und an kam er zurück zu seiner Frau, zurück an den Moss Lake in Texas, wo die beiden wohnten. Terry war es jedoch irgendwann leid, immer nur auf ihren Mann zu warten. Sie hatte zwar einen Job und ein gutes Leben, aber der größte Teil davon fuhr Güter durchs Land und schlief abends in einer Koje, statt neben ihr in einem Bett in ihrem Haus. Um an dieser Tatsache etwas zu ändern, wären wahrscheinlich die meisten Menschen auf die Idee kommen, dass der Mann in dieser Partnerschaft sich besser eine Arbeitsstelle in der Nähe seiner Frau und seines Wohnortes suchen sollte, an einem festen Standort. Nicht so bei Terry und ihrem Mann, die sprichwörtlich in die genau entgegengesetzte Richtung aufbrachen. Sie kündigte kurzerhand ihren Job, verkaufte das Haus und zog zu ihrem Mann in den LKW. Sie tauschte ein geräumiges Haus an einem schönen Stück Wasser gegen eine Kabine von der Größe eines Doppelbetts. Fortan lebten beide „on the road". Es hört sich an wie eine von diesen „... und wenn sie nicht gestorben sind"-Geschichten, aber es ist wahr.

Selbst wir wurden noch in Terrys Story einbezogen. Die Truckerfrau hatte Monate vorher Jason seinen ersten Job verschafft. Er sollte bei ihr im Garten den Rasen mähen. Jason kam und mähte, Terry erschien weiter bei der Arbeit im Kasino, bis sie den Entschluss fasste, fortan im Lastkraftwagen ihres Mannes zu leben. Im Zuge dieses Umzugs wollte Terry auch allerlei Krempel loswerden, den sie künftig definitiv nicht mehr würde brauchen können. Darunter war auch ein Kanu, wovon wiederum Manu Wind bekam. Kanu, Manu, für mich war alles klar. Als ich von dem überflüssig werdenden schmalen Boot hörte, musste ich es haben. So entführten wir es später von einem Ende des Sees zum anderen und hatten unseren ersten Schritt aufs Wasser getan. Weitere sollten folgen. Gewagtere. Aber das ist, wie immer, eine andere Geschichte, die ich zu gegebener Zeit erzählen werde.

Hubert H. Moss starb 1952 an einem Herzinfarkt, als er gerade auf der Jagd war. Zu diesem Zeitpunkt hatte der als Schulleiter von Cooke County arbeitende Moss bereits seine ganze Kraft darangesetzt, dass sein Bezirk die Anlage eines künstlichen Sees in seiner Gegend befürwortet und absegnet. Ein solches Gewässer war seiner Meinung nach nötig, damit der Wasservorrat im gesamten Umkreis gesichert werden könnte. Moss war zudem ein Naturbursche und Frischluftfanatiker, so dass es kein Wunder war, dass er sich um die Umgebung und gleichzeitig die Zukunft der darin lebenden Menschen Gedanken machte. Er war ein Mann der Tat und sprach früh mit dem „Water Control Board" in Austin über die Angelegenheit. Er schob damit etwas an, wofür ich ihm heute noch höchstpersönlich dankbar bin. Aus heutiger Sicht ist es für mich fast undenkbar, dass es diesen See nicht gibt. Natürlich hätten wir Reimanns sicherlich auch etwas anderes gefunden. Vielleicht wären wir aber auch noch eine ganze Weile in Gainesville geblieben. Das Grundstück am Moss Lake aber war wie ein Traum für uns. Einfach großartig.

Hubert Moss konnte die Fertigstellung seiner Idee nicht mehr miterleben. Erst vierzehn Jahre nach seinem Tod wurde der See eingeweiht. 380 Hektar schönste Natur, wenn auch erschaffen von Menschenhand. Ein Staudamm wurde am See ebenso angelegt. Alle paar Jahre wird hier zudem, wie in einer riesigen Badewanne, das Wasser ein Stück „abgelassen", ca. ein bis zwei Meter, um den Anwohnern die Chance zu geben, ihre Stege und Befestigungen zu renovieren und auf Vordermann zu bringen. In den letzten Jahren hat die Stadt Gainesville allerdings immer mehr Wasser aus dem See geholt, um

Trinkwasser daraus zu gewinnen, so dass diese Renovierungsarbeiten in Zukunft fast ohne zusätzliches Ablassen stattfinden können. Zuletzt gab es gar eine Ankündigung, dass sie bis zum Jahr 2010 die Menge des abgezapften Wassers verdreifachen wollen. Das Problem dabei ist, dass ein derartiger Aderlass den Wasserspiegel senken würde und auch Konsequenzen für alle Bewohner vom See hätte, also auch für uns. Alles, was am und um den See gebaut ist, würde auf einmal anders aussehen. Eigentlich sonderbar, dass an dieser Stelle Amerika versucht, Deutschland nachzuahmen. Das Wasser gehört Gainesville, aber der See nicht, und schon hat man ein lupenreines Behördenproblem. Klar ist: Die Stadt will hier mit aller Macht so viel Geld wie möglich rausholen, die Anwohner hingegen wollen natürlich möglichst weiter an dem üppigen und schönen See wohnen, an den sie sich inzwischen über Jahrzehnte gewöhnt haben. Aber das ist eine andere Geschichte, die sicher noch diverse Fortsetzungen haben wird.

Nachdem wir uns schon ein Jahr in einer neuen Welt befunden hatten, entdeckten wir mit diesem See noch ein neues kleines Universum. Und eine Ecke dieses Universums machten wir uns zu eigen. Der Umzug dorthin und die vor uns liegende Zeit sollten noch weitere Überraschungen und bizarre Kontakte für uns bereithalten. So kam es also dazu, dass sich durch das visionäre Vorgehen eines ehemaligen texanischen Lehrers, der seine Umwelt verbessern wollte, durch die gute Arbeit und das Engagement einer tüchtigen Maklerin und nicht zuletzt durch die Entschlossenheit einer deutschen Fernsehredakteurin für uns alles änderte. So kam es also, dass wegen all dem auch die gewichtige und scheinbar absurde Entscheidung der Frau eines Truckfahrers, ihr Leben zu verändern und zu ihrem Mann ins Auto zu ziehen, ebenso für uns eine kleine Rolle spielte. Ungewöhnliche Handlungen von außergewöhnlichen Menschen folgten auch in den kommenden Monaten und Jahren am Moss Lake. An diesem herrlichen See, dessen bester Freund die Sonne ist. Ein klein wenig Hamburg in Texas. Erinnerung, Sehnsucht und Ausblick auf ein ziemlich ruhiges Fleckchen Welt und auf eine – wie es bis zum heutigen Tag aussieht – gute Zukunft.

LEBEN IN TEXAS

Unseren ersten Independence Day feierten wir bei Stephanie, einer Lehrerin von Jason und Janina, in Pilot Point, einem kleinen Städtchen südlich von Whitesboro und südwestlich von Gainesville am Ray Roberts Lake. Für die Amerikaner ist der amerikanische Unabhängigkeitstag einer der wichtigsten Tage des Jahres, denn am Independence Day haben die USA Geburtstag. Ich kenne die Geschichte dieses Brauchs nicht in allen Einzelheiten, aber da Freiheit und Unabhängigkeit gefeiert wurden, hatten die amerikanischen Männer und Frauen in uns schon mal vier neue Verbündete.

Während des Sommers 2005 und bis in den Herbst hinein fuhren wir schon oft zu dem Grundstück am Moss Lake, saßen unten am Steg und spannen herum, was man dort alles würde machen können. Uns gehörten die Häuser und der Grund und Boden noch nicht, aber irgendwie war es klar, dass es darauf hinauslaufen würde. Außerdem wohnte auch sonst niemand dort, keinen störte es, ob wir da herumliefen und Duzfreunde mit dem See wurden oder nicht. Wir fühlten uns sehr schnell sehr wohl dort, und als wir im Herbst den Vertrag unterschrieben, waren wir innerlich eigentlich schon lange umgezogen.

Die Finanzierung lief allerdings in einem wesentlichen Punkt anders als bei all unseren bisherigen Unternehmungen. Wir konnten das Grundstück nicht einfach aus eigener Tasche bezahlen. Manu war nicht wirklich wohl bei der Sache, ein derartiges ökonomisches Wagnis waren wir vorher noch nie eingegangen. „Das ist aber viel Arbeit und wird finanziell tierisch eng", meinte sie. Aber ich zerstreute ihre Bedenken mit meiner Begeisterung und einem Plan, wie wir das Ganze bezahlen könnten. Trotz aller Bauchschmerzen, ob und wie wir die Sache finanziell wuppen würden, schlug Manus Herz natürlich auch schon nach wenigen Stunden für den Hang und die Häuser, die Steintreppe und den Bootssteg des Moss Lake. Nur ein Mensch mit faustgroßen Tomaten auf den Augen hätte sich nicht sofort in dieses Fleckchen Erde verliebt.

Im Juli 2005 schafften wir uns Hühner an, die wir zunächst im Garten des Hauses in Gainesville unterbrachten. Vielleicht ahnten wir damals schon, dass sie bald umziehen und der Grundstein für eine Art kleinen Bauernhof im oberen Teil des Grundstücks werden würden. Zwei Jahre später sollten sie zudem in ihrem Stall einen Mitbewohner bekommen, von dem aber auch wir zu diesem Zeitpunkt noch nichts ahnten. Für eine ordentliche WG war der kommende Insasse, so viel sei vorweggenommen, nicht der richtige Kandidat. Aber das ...

Am 10. September 2005 passierte etwas, womit ich schon lange gerechnet hatte: Ich wurde fünfzig. Da ich aber schließlich vorhabe, 123 zu werden, ist das für mich nur eine von vielen Zahlen. Ich habe weder Angst vorm Alter, noch bin ich stolz darauf, die Fünfzig geschafft zu haben. Dementsprechend gab es auch keine große Party. Wir feiern ohnehin das ganze Jahr über schon oft genug, Anlässe finden sich ja immer.

Von RTL bekam ich einen großen blau-weiß gestreiften Strandkorb, der noch heute vor unserer Trailertür steht.

Einen Monat später feierte auch eines unserer Kinder einen ganz persönlichen Unabhängigkeitstag, die Freiheit wuchs, die Grenzen wurden weiter: Janina bekam ihren Führerschein ausgehändigt, so dass jetzt nur noch Jason in der Autofahrerfamilie fehlte.

Im November 2005 fing auch ich an, im WinStar-Kasino zu arbeiten. Während Manu ein paar Mal ihr Arbeitsfeld wechselte, war meine Rolle dort vorprogrammiert: Haushandwerker, fest angestellt, parttime, 39 ½ Stunden die Woche. Ich weiß, 39 ½ Stunden klingt nicht eben nach einem Teilzeit-Job, aber das war genau der Trick, mit dem die Kasino-Betreiber arbeiteten. Ab vierzig Stunden beginnt in Amerika die offizielle „full-time"-Arbeit. Für alles, was darunterliegt, muss der Arbeitgeber keine Versicherung für seine Angestellten abschließen, braucht keinen Urlaub zu gewähren und auch keine Sozialversicherungsbeiträge zu zahlen. Kurzum: Der Arbeitgeber kann sich um alles drücken, was unangenehm ist und Geld kostet.

Die Arbeitszeit dort kam mir eigentlich entgegen. Ich konnte morgens von 9 bis 12 auf dem neuen Grundstück am See arbeiten und dann von 14 Uhr bis spätabends im Kasino, bevor ich den Tag mit einem Sprung in den Pool in unserem Garten in Gainesville langsam ausklingen ließ. Es war eine schöne Zeit, die Arbeit im riesigen Glücksspiel-Eldorado gefiel mir anfangs gut, und die Arbeit am See liebte ich schon allein wegen des täglichen Fortschritts, den man sehen und spüren konnte.

Dennoch habe ich bei WinStar nach sechs Monaten wieder aufgehört. Mir war schnell klar, dass dort keine Astro-Physiker arbeiten, die demnächst den Nobelpreis erwarten würden. Kein Problem eigentlich, aber nach ein paar Wochen realisierte ich, dass die meisten meiner Kollegen den IQ eines Gartenzauns hatten. Es war keine Seltenheit, dass sie mir Fragen stellten wie: „Wie lange hat die Autofahrt von Deutschland nach Amerika gedauert?" oder „Was für eine Sprache sprecht ihr eigentlich in Deutschland?" Auch über die alles entscheidende Frage „Wie miauen denn die Katzen in Deutschland?" konnte ich mich schon bald nicht mehr freuen. Ich fürchte, ich bin die Antwort darauf schuldig geblieben. In dem Kasino waren Menschen beschäftigt, die nicht wussten, wo der nur fünf Kilometer entfernte Ort Lindsay liegt, geschweige denn andere Städte, nicht zu sprechen von anderen Ländern. Manu und ich müssen einigen von denen vorgekommen sein wie Marsmenschen. Ja, vielleicht würden wir in Deutschland Außerirdischen derartige Fragen stellen, würden sie auf einmal neben uns bei der Arbeit stehen. Man konnte den Eindruck gewinnen, einige meiner neuen Kollegen verlassen ihr Bett, ziehen sich an, gehen über die Garage zum Auto, setzen sich hinein, fahren zum Kasino und enden auf umgekehrten Weg abends wieder in ihren Federn, um unter dem Summen des fußtiefen Fernsehprogramms einzuschlafen.

War mal einer von ihnen anders, stach er sofort heraus wie eine Giraffe in einem Kaninchengehege. Ein Kasino-Kollege von mir war mal in der Karibik, um sich seine Zähne richten zu lassen. Im amerikanischen Gesundheitssystem ist es nichts Besonderes, wenn jemand für derlei Leistungen das Weite sucht – so er es sich leisten kann. Also flog der Mann zum ersten Mal in seinem Leben außer Landes und kam wieder, als wäre er Reinhold Messner, Gandhi und Richard Branson persönlich begegnet. Seine Zähne waren schnell zur Nebensache geworden, er wollte so bald wie möglich wieder weg. Reisen, Dinge erleben, die Welt sehen. Es war das alte Lied: Kaum sieht mal jemand über seinen Tellerrand, schaut hinter den Horizont, als würde er lediglich eine Gardine wegziehen, schon ist er abhängig von seiner eigenen Neugier. Wunderbar, was würde man dafür geben, dass alle Menschen diese Art von Erleuchtung haben? Die Welt sähe definitiv anders aus, so viel ist mal klar.

Ich erinnere mich zum Beispiel auch sehr gut noch an einen älteren Mann, sein Name war Don, der mit mir im Kasino arbeitete. Er war um die 65 Jahre und sagte mir einmal, er arbeite dort nur aus Langeweile. Vor kurzem war er Rentner geworden, wollte sich aber noch nicht zur Ruhe setzen, dafür war er auch noch viel zu agil. Er wollte lediglich etwas Abwechslung von seinem bisherigen Berufsleben. Ich war erstaunt, hatte aber vorher schon gewusst, dass der Kerl anders war als die übrigen Angestellten. Er erzählte mir, er habe vorher auf einer Bohrinsel gearbeitet, und ich weiß noch, dass ich bei mir dachte, das gibt es wahrscheinlich auch nur in Amerika, dass jemand von Ölbohrungen an den Black-Jack-Tisch wechselt. Einfach so, aus Spaß. Um mal etwas Neues zu erleben. Nun gut, seine Frau wohnte auch in der Gegend. Aber die Stelle bei WinStar war für den Kerl definitiv kein Schritt nach oben auf der Karriereleiter. Doch Don dachte weder an Karriere noch an irgendeinen Status, den er haben wollte. Dafür war er zu alt, aber ich mutmaße, dass es ihm auch in jüngeren Jahren nie darum gegangen war. Durch den Bohrjob war er in der ganzen Welt herumgekommen und hatte entsprechend viel zu erzählen. In den kommenden Wochen hielt ich mich in den Pausen immer an ihn. Der Mann hatte offensichtlich etwas im Kopf und noch mehr zu berichten, von Orten, die andere bei WinStar nicht mal als solche identifiziert hätten. Bei jeder sich bietenden Gelegenheit saßen wir zusammen und erzählten uns abwechselnd aus unserem Leben, lamentierten über diesen oder jenen aus unserer Umgebung und hatten eine Menge Spaß.

Don war mit einer Portugiesin verheiratet und hatte nach den vielen Einsätzen in der Fremde nun ausnahmsweise mal für eine Weile an einem festen Ort arbeiten wollen. Das war ihm im Kasino geglückt, aber auch er litt schnell wie ein Hund unter den etwas monotonen Anforderungen und den eher einfach gestrickten Kollegen. Eines Tages kam er zur Arbeit und bot mir an, mit ihm auf eine Bohrinsel zu wechseln. Er meinte, ich sei wie geschaffen für den Job. Der Golf von Mexiko, Venezuela, es gab verschiedene Optionen und Orte. Don hatte ein Vorstellungsgespräch absolviert, eine Bohrinsel wollte ihn anscheinend mit Kusshand nehmen, und sie waren wohl auch an mir interessiert. Er erzählte davon, wie er beim Arbeitgeber für mich bürgen würde, dass man einiges an Geld dort verdienen könne und die Arbeit weitaus mehr Spaß machen würde als hier bei den Jetons und den ratternden Maschinen. Er sagte „einiges" an Geld, tatsächlich war es viel – sogar sehr viel – mehr Geld. Konny Reimann hätte ohne Weiteres 10.000,– bis 12.000,– Dollar pro Monat verdienen können. Ein paar Tage schaukelte ich den Gedanken in meinem Kopf hin und her, sprach mit Manu darüber und überlegte ernsthaft, den Job anzunehmen. Der Kerl war mir sympathisch, er schien seriös, und das von ihm Beschriebene hörte sich ziemlich spannend und letztlich auch lukrativ an. So, wie er es mir schilderte, wäre ich auf so einer Plattform zum Beispiel für die Wartung des Maschinenparks zuständig gewesen. Ich hätte neue Orte kennengelernt. Und ich wäre für mehrere Wochen, wenn nicht Monate, am Stück weg gewesen. Genau dieser Punkt war am Ende ausschlaggebend dafür, dass ich ihm abgesagt habe. Kein Golf von Mexiko, kein Venezuela und auch nicht mehr Geld. Manu und die Kinder benötigten mich hier und nicht irgendwo im Meer vor Südamerika. Dort hätte ich auch schwerlich an unseren Aufgaben am Moss Lake weiterarbeiten können. Die Versuchung war da, aber ich blieb.

Eines Tages war der Öl-Mann weg. Meine Pausen waren dann nur noch Pausen von der Arbeit, es gab keine kurzweiligen Geschichten mehr, keine Witze über den einfachen Amerikaner, kein Herumspinnen oder das so amüsante Wühlen in Zukunftsoptionen an seltsamen Orten dieser Erde. Der alte Don war aufgebrochen zu sprichwörtlich neuen Ufern, und ich saß in einem Glücksspielparadies im Süden Oklahomas und wusste, dass nicht nur meine Pausen einsam werden würden, sondern auch meine gesamte Arbeit. Es war seltsam – ich kannte den Typen ja erst wenige Wochen, aber durch die Exklusivität unserer Verbindung im Kasino, durch die intensiven

Gespräche, war er so etwas wie mein Verbündeter geworden. Als er weg war, fehlte ein großer Teil, und so wurde der Mann vom Bohrturm letztlich die Initialzündung meiner Kündigung. Ich ärgere mich bis heute, dass wir es nicht geschafft haben, in Kontakt zu bleiben. Ich habe ein, zwei Mal versucht, ihn anzurufen, bekam ihn aber nicht an die Leitung, und er hat sich auch nicht von alleine zurückgemeldet. Auch über das Kasino bekam ich keine Mitteilung von ihm, aber ich würde mich nicht wundern, wenn er eines Tages bei WinStar in der Tür steht und Manu auf die Schulter tippt.

Ein halbes Jahr hatte ich für WinStar gearbeitet, bevor ich den immer lauter werdenden Rufen nach Abwechslung folgte.

Janina hatte derweil ihren ersten amerikanischen Job angefangen. Sie arbeitete seit Ende November bei Braum's, einem bekannten lokalen Eisfabrikanten. Braum's hatten eine eigene Eisdiele beziehungsweise eigentlich ein ganzes Haus, in dem Janina eingesetzt wurde. Man konnte da neben Eiscreme aber auch typisch amerikanische Hamburger und Pommes Frites essen. Janina fing am 23. November 2005 an und war naturgemäß sehr gespannt, was sie erwarten würde. Am Abend des ersten Tages aber kam sie enttäuscht nach Hause. Ihr Chef hatte sie zum Geschirrwaschen abgeordnet, also irgendwo unterhalb der ersten Sprosse auf der Karriereleiter. Wenn etwas von der „Vom Tellerwäscher zum Millionär"-Story wahr sein sollte, hatte Janina ihre erste Seite dieser Geschichte geschrieben. Oder zumindest die erste Zeile der ersten Seite. Ihr selbst kam es an jenem Abend wohl eher wie ein halbes Wort vor. Doch schon am nächsten Tag durfte sie in der Eisdiele bedienen, und nach und nach wurde ihre Tätigkeit etwas anspruchsvoller und ihre Laune deutlich besser.

Schon kurz nachdem der Kaufvertrag für das Grundstück und die Häuser am Moss Lake unterschrieben war, machten wir uns an die Arbeit. Es war Mitte November, als wir zunächst anfingen, uns das kleine „Bootshaus" unten am See vorzunehmen. Eine Hafenkneipe. Was konnte das anderes werden als eine waschechte Kaschemme am See – die amerikanische Reinkarnation von „Konnys Hafenkneipe"? Zunächst hatten wir das kleine Wellblechhäuschen nur als Stützpunkt am See für die Familie gedacht, eine kleine Rückzugsmöglichkeit. Da es sich dort aber eben auch hervorragend feiern ließ, war der ursprüngliche Plan schnell verworfen. Erst zog ich Traversen ein und sah mir dann an, was man alles aus der Hütte machen könnte. Sie bekam ein neues Innenleben, eine Veranda mit Dachplane, innen spendierte ich ihr eine Bar, außen Lichterketten, Kleinkram und Verschönerungen. An einer Außenseite der Bude brachte ich eine Handwerker-Arbeitsfläche mit einem Waschbecken und einem Regal an, auf und unter dem sich heute Kanister, Töpfe, Werkzeug, allerlei Materialien, alte Autoreifen, Holz, ein Spaten und vieles mehr stapeln. Über der Spüle wartet derzeit eine kaputte „Miller"-Bier-Leuchtreklame mit ihren Neonröhren auf bessere Zeiten. Auch den Weg zu unserer neuen Kneipe baute ich aus. Heute ist es ein breiter Holzweg, an dessen linker Seite sich unsere sehr lieb gewonnene große offene Feuerstelle befindet, an der wir alle paar Tage aufs Neue unser Lagerfeuer entfachen oder einfach alten Müll verbrennen. Blumenbeete, Manus Aloe-Vera-Anbau, Brennholzreserven und hier und da noch altes Unkraut ergänzen die Kulisse.

Ich verlegte damals Stromkabel, deutsche Steckdosen und noch mal diverse Lichterketten den kompletten Weg von ganz oben am Eingangstor bis nach unten, die Treppen entlang und um die Wellblechkneipe herum. Abends hat man jetzt den Eindruck, man geht durch ein wahres Lampenland: Der ganze Hang leuchtet mit den vielen Ketten, und unten, kurz über dem Lagerfeuer, findet sich dazu oft noch eine ganze Horde Glühwürmchen ein. Die Veranda der Kneipe dient uns inzwischen an den zahllosen warmen Tagen und Abenden mit ihren vielen Stühlen, einer aus einem Auto herausgerissenen Sitzbank und ein paar Tischen fast als Wohnzimmer. Man sitzt dort direkt am Wasser. Veranda und Kneipe zusammen wissen, wie sie einem das Leben angenehm machen können mit einem Kühlschrank in der Hütte, der einen stets mit dem Nötigsten versorgt.

Zwar erledigte ich die schwierigen Aufgaben auf unserem neuen Grundstück, aber Manu und die Kinder packten auch mit an, und uns wurde allen sehr schnell klar, dass hier noch ein ganzer Haufen Arbeit auf uns wartete. Die Kneipe war erst der winzige Anfang eines sprichwörtlich großen Berges an Aufgaben.

Richtig eingeweiht wurde Konnys Hafenkneipe in der Nacht vom 31. Dezember 2005 auf den 1. Januar 2006. Unser zweites amerikanisches Silvester stand ganz im Zeichen der neuen, na ja, Immobilie, der kleinen Wellblechbar am See. Vielleicht war es nicht die größte Party, die wir je hatten, aber sicher eine der schönsten.

Neuerdings schaut der kleinen Bar noch ein weiteres Haus auf den Kopf. Aber das ist eine andere Geschichte – für später.

Schon im Spätherbst 2005 hatte ich angefangen, das Haus oben am Grundstück zu bearbeiten. Ich versuchte zunächst, zu retten, was schon nicht mehr zu retten war und selbst ich nicht retten konnte. War der Plan eigentlich gewesen, das Innenleben des Hauses zu erhalten und nur auszubessern, wo es nötig war, wurde schnell überdeutlich, dass dies bedeuten würde, ein gegessenes Brot zu schmieren. Der Kasten war hin. Ich riss die Wände raus. Alles war Bruch. Schaute man genauer hin, fand man nur Müll vor. Wenn es nicht schon kaputt war, drohte es einem direkt damit, in nächster Zeit seinen Geist aufzugeben.

Es gab keine andere Lösung – wir mussten das Haus abreißen. Das Gute daran war, dass ich natürlich sofort den Plan entwickelte, etwas Größeres dort hinzustellen. Etwas, was sich mit dem Vorhandenen nur noch die Bezeichnung Haus teilen würde, und auch das nur mit viel Mühe. Schon bald spukte noch ein anderer Begriff zusätzlich in meinem Kopf herum: Leuchtturm.

Die Arbeit am Haus war derart umfangreich, dass es eine kleine Ewigkeit dauerte, bis ich entscheidend vorankam, da ich nur vor und nach meinen Schichten im Kasino dort weiterarbeiten konnte. Zudem waren nun, mit dem Kauf des gesamten Geländes, auch gleichzeitig noch Dutzende anderer Baustellen eröffnet. Als klar war, dass das Haus oben hinter dem Eingang nicht stehen bleiben würde, ging ich systematisch vor. Alles aus der Bude, was auch nur halbwegs eine Überlebenschance hatte, was irgendwo irgendwie noch eine Verwendung haben konnte, ein Zweitleben, holte ich aus der Klappermühle heraus, selbst wenn es nur Details waren. Der Ventilator aus dem ehemaligen Wohnzimmer zum Beispiel steht – beziehungsweise dreht – heute noch seinen Mann unter der Plane auf der Veranda der Hafenkneipe, wo seine Anwesenheit bei teilweise über vierzig Grad auch dringend erforderlich und gewünscht ist. So förderte ich im Januar 2006 ein paar Dinge zutage, riss im März ein paar Sachen ein oder schmiss sie weg, bis ich im Juni schließlich das Dach abnahm. Übrig blieb ein Skelett eines Hauses, eine Ahnung von dem, was es mal gewesen war. Die letzten Worte einer Behausung.

Dann kam der 18. Juni 2006. Während in Deutschland das ganze Land noch unter dem hysterischen Eindruck eines Tores von dem Fußballer Oliver Neuville stand und am gleichen Tag die brasilianische Mannschaft versuchte, Australien in die Schranken zu weisen, stand bei uns der endgültige Abriss eines Wohnhauses auf der Agenda. Wenig war von dem ehemaligen Domizil übrig geblieben, das früher mal ein Trailer mit angebauten Zimmern gewesen war. Ich legte ein festes, großes und langes Tau um die verbliebenen Wände, befestigte es anschließend am Pick-up-Truck und setzte mich danach ans Steuer. Ich fuhr so ruckartig an, wie ich konnte, und hinter mir stürzte der traurige Rest des Hauses in sich zusammen. Was dann noch übrig war, verschwand in den nächsten Wochen. Im September 2006, zehn Monate nach Beginn der Arbeit, war das Haus nur noch eine Erinnerung.

Heute sind nur noch der Eisenrahmen und ein paar Steine von dem Haus geblieben, die zusammen daran erinnern, dass dort überhaupt mal etwas gestanden haben könnte. Auf diesem ca. einhundert Quadratmeter großen Rahmen liegen wahlweise immer mal wieder Materialien, die ich für die künftigen Bauten brauche, oder Zeug, das von früher übrig geblieben ist. Zuletzt waren das ein zusammengerollter Maschendrahtzaun und ein paar Backsteine, alte Äste und langsam verschwindender Krempel vom Abriss des Hauses. Ein alter Pfahl ragt ebenfalls noch aus dem Boden – einziger Überlebender einer vergangenen und, wie ich vermute, weit weniger lebhaften Zeit hier. Etwas oberhalb davon haben wir unseren liebgewonnenen Airstream platziert, und wiederum weiter oben steht ein kleines Haus mit Nummernschildern, aber dazu später.

Eine kleine, aber feine Neuerung montierte ich am anderen Ende des Grundstücks, am sprichwörtlich letzten Meter, bevor der See zum Eigentum des Staates Texas wird. Ich konnte nicht umhin, an unserer kleinen hölzernen Plattform, zu der der Steg führt, ein Sprungbrett anzubringen. Natürlich konnte man auch vom Holz aus ins Wasser springen, aber ein richtiges Sprungbrett durfte nicht fehlen. Also besorgte ich eines und brachte es an.

Viele Monate lang hatten wir an dem weißen Brett unseren Spaß und mit uns die vielen Gäste. Bis – ja, bis die ohnehin etwas morsche Verankerung der schon leicht in die Jahre gekommenen Plattform von einem ziemlich übergewichtigen Gast an ihre Grenzen geführt wurde. Der korpulente Mann nahm Anlauf, sprang mit aller Kraft auf das Brett, um mit möglichst viel Schwung im kühlen See zu landen, und hinterließ ein etwas geknicktes Sprungbrett, dessen Federung fortan nicht mehr wirklich federn wollte. Schade, aber is' so. Ich bin allerdings fest entschlossen, das Ding wieder in einen brauchbaren Zustand zu versetzen. In der Zwischenzeit hatte ich mir im Februar des Jahres 2006 meinen ersten Betonmischer in den USA besorgt. Ich ersteigerte ihn bei einer Auktion. Was für andere vielleicht seltsam anmutet, war für mich ein wesentlicher Schritt, denn nun war es endlich möglich, dem ganzen Gelände ein neues Gesicht zu geben.

Kurz darauf segelte auch die erste Fan-Postkarte in unseren Briefkasten. Allerdings keine, auf der wir um ein Autogramm oder so gebeten wurden. Wir hatten ein paar Tage vorher dazu aufgerufen, dass man uns doch Postkarten von wo und wem auch immer schicken sollte, damit wir damit unsere Hafenkneipe bestücken können. Am 19. Februar erreichte uns die erste, es folgten schnell sehr viele, und die Wand in Konnys Hafenkneipe füllte sich rascher als gedacht.

Es gab tatsächlich wenig, was ich vermisste. Wir hatten hier alles, und vor allem, wir hatten jeden Tag etwas Neues. Ich musste schon etwas nachdenken, um eine Sache zu benennen, die mir in Gainesville wirklich fehlte. Irgendwann kam ich drauf: Es gab nichts, ohne das das Leben nicht weitergegangen wäre, aber ein Kino mit dem tollen Sound, den ich aus dem Hamburger UFA-Palast gewohnt war, hätte tatsächlich nicht schaden können. Hier in Gainesville und Umgebung gab es nichts dergleichen, dafür hätte man schon nach Dallas fahren müssen, und das war mir für einen Kinobesuch dann doch etwas weit.

Dafür habe ich mir als Erstes einen THX-Receiver gekauft, einen, der einem den Sound verschafft, den ich bei Fernsehen und Computerspielen zu Hause gewohnt war. Ich gebe es zu, ich bin ein leidenschaftlicher Computerspieler, allerdings nur bei Spielen, in denen es nicht ausschließlich um Geballer und Gewalt geht. Heutzutage komme ich allerdings kaum noch zum Spielen, von Fernsehen ganz zu schweigen. Ab und zu schalte ich mal den Discovery Channel an, der mir in beeindruckenden Bildern die Fleckchen Erde zeigt, die ich derzeit nicht ansehen oder mit meiner Familie erobern kann. Aber davon abgesehen gibt es unter den Hunderten von Kanälen kaum welche, die ihr Angebot nach meinem Geschmack ausrichten.

Sollte ich je Sehnsucht nach ein paar bunten, flackernden Bildchen haben, wenn ich mal irgendwo unterwegs bin, brauche ich ja nur in ein Restaurant oder in irgendein anderes öffentliches Gebäude zu fahren.

Außer ein bisschen Sound vermisste ich also nichts, ich hatte auch kein Heimweh, im Gegensatz zu Manu, die sich schon eher ab und an mal in Cafés oder zu alten Freunden wünschte. Aber auch sie war insgesamt mit dem neuen, aufregenden Leben in den USA mehr als glücklich.

Nach über einem Jahr in den USA betrachtete ich auch die Mentalität der Amerikaner, die mir anfangs so gut gefallen hatte, mit gemischten Gefühlen. Nach wie vor mochte ich die Freundlichkeit der Menschen, den Servicecharakter aller Unternehmen und Institutionen sowie die Einfachheit der Dinge hier drüben. Etwas schwieriger tat ich mich mit der Art, wie die Amis mit wirklichen Freundschaften umgehen. Hier weiß man nie genau, was eine enge und was eine weniger enge Freundschaft ist. Ist das jetzt mein richtiger Freund, weil ich ihn über eine längere Zeit fast täglich gesehen habe? Und ist es wirklich ein Beweis von Zuneigung, wenn man sich mit jemandem schnell sehr gut versteht? Der Spruch „Aus den Augen, aus dem Sinn" muss von einem Amerikaner erfunden worden sein. Manchmal macht man die Tür hinter jemandem zu, mit dem man viel Zeit verbracht hat, und kurz darauf scheint es, als hätte man sich nie kennengelernt. Der Kontakt bricht ab, als hätte jemand eine Leitung durchgeschnitten. Trifft man sich dann aber doch mal wieder, selbst nach Jahren, wird man so herzlich begrüßt, als sei man keine fünf Minuten getrennt gewesen. Es ist etwas schwierig, sich darauf einzustellen.

Wir feierten am Moss Lake Grillfeste, zu denen wir amerikanische Freunde eingeladen hatten. Sobald das Essen alle war, schien die Lust auf Geselligkeit für die US-Gäste ebenso zur Neige zu gehen. Man stand auf und ging, gleich so, als wäre die Mission der Nahrungsaufnahme und des netten Plauderns erfüllt. Nächste Haltestelle zu Hause, eigenes Bett – und vermutlich eine Late-Night-Show im Fernsehen. Eine Kultur des lockeren Zusammensitzens, der langen Abende, an denen man endlich mal in Ruhe klönen kann, die gibt es hier nicht. Und vermutlich wird es sie nie geben. Dazu müssten noch weit mehr Einwanderer aus Europa kommen und diese schöne Sitte etablieren. In Texas ist es schon außergewöhnlich, wenn mal jemand bis neun oder zehn bleibt. Dann wird man fast misstrauisch. Zu Hause rausgeflogen? Drogen? Fernseher kaputt? Sonstige Probleme?

Vielleicht ist das ein unlösbares Rätsel. Die Amerikaner sind das netteste Volk, das ich kennengelernt habe und doch nicht ganz kenne. Es sind eben Menschen, die unter dem Etikett „Freundschaft" etwas ganz anderes verstehen als wir. „Freundschaft" scheint hier eher eine Visitenkarte zu sein, die man im Zweifel auch schnell wegschmeißen kann. Ändert man die Adresse, ist auch die Karte wertlos. Bei der Übergabe jedoch könnte die Herzlichkeit kaum größer sein.

Auch was die Erziehung und die Bildung angeht, ticken die Uhren in Amerika deutlich anders als bei uns. Manchmal habe ich den Eindruck, der Fernseher ersetzt in den USA beides. Ich selbst schalte die Kiste wie erwähnt so gut wie gar nicht ein. Ein paar Spiele zur Zerstreuung, hier und da mal eine Naturfilm-Dokumentation, aber das war's auch schon. Meine Einstellung war immer: nicht anderen zusehen, selbst machen. Machen! Alles selbst machen! Ich habe mich zum Beispiel auch schon in Deutschland nicht für Fußballübertragungen interessiert. Wenn ich eine Sportart interessant fand, musste ich mir sofort selbst einen Ball, oder was auch immer, besorgen und loslegen. Ich hatte auch nie Vorbilder. Ich war immer mein eigenes Vorbild. Wer weiß, vielleicht liegt das ja auch daran, dass sich in meiner Familie keiner für ein derartiges Rollenbild aufgedrängt hat. Früher war ich mal kurz Fan von Bruce Lee. Aber der ist ja dann auch irgendwann gestorben.

Aber zurück zu den Amis. Neben einer guten Portion Nationalstolz und etwas Pathos, vielen Episoden der eigenen Geschichte und für Interessierte ein paar losen Klumpen Spanisch wird dem Durchschnittsschüler hier nicht viel von der Welt da draußen vermittelt. Dafür erlernen alle die Tugend der Hilfsbereitschaft: Anderen zu helfen und dabei höflich zu sein steht in den USA einfach immer auf der Tagesordnung! Hier könnten sich Europäer im täglichen Umgang miteinander sicher ein paar Scheiben abschneiden. Denn bei allen Dingen, die man an Amerikanern kritisieren kann (bei Deutschen, Franzosen, Japanern ist das ja nicht anders), fallen mir doch auch immer wieder schöne Geschichten ein. Ich erlebe täglich Sachen, die mir die Amerikaner ans Herz wachsen lassen. Allein der Weg zum Moss Lake erinnert mich mit seinen Stelen daran, was vielleicht die größte Leistung der Menschen hier war. Und immer wenn jemand in meiner Gegenwart über die Amis allzu sehr herzieht, sage ich: Wisst ihr eigentlich, was der Marshall-Plan ist? Amerika hat Deutschland befreit und dann tatkräftig geholfen. Wie viele Frauen haben sich mit Russen zusammengetan nach dem Krieg und wie viele mit Amerikanern? Allein daran lässt sich ablesen, wie unterschiedlich die einzelnen Länder mit uns und der schlimmsten aller Situationen umgegangen sind. Und auch wir fühlen uns nach wie vor sehr willkommen in Texas, Amerika.

Wie sich herausstellte, hingen die Kinder nicht so sehr an ihren deutschen Freunden, dass es ein Problem dargestellt hätte. Für Manu und mich war relativ klar, dass unser neues Leben uns derart einnehmen würde, dass wir gar keine große Möglichkeit hätten, alten Kumpels nachzuweinen. Natürlich vermisste Manu ihre Freundinnen, aber ansonsten ging unser Achterbahnleben hier genauso munter weiter wie zuvor in Hamburg, nur eben in einer erst langsam vertraut werdenden Umgebung. Wir kannten schon eine ganze Menge, hatten nach über einem Jahr die wichtigsten Dinge gelernt und fanden uns auch in der Gegend gut zurecht. Aber es gab immer noch Orte und Dinge, die es zu entdecken galt, die noch etwas im Dunkeln lagen. Darüber konnten wir uns aber ohnehin keine allzu großen Gedanken machen. Mit immer wieder neuen Ideen, was wir hier an unserem neuen Grundstück machen könnten, was es noch zu erforschen galt, und nicht zuletzt mit unseren Jobs gab es keine langweilige Minute. Es war wunderbar. Es gab irre viel zu tun, aber im Grunde war es trotzdem wie 365 Tage Ferien. Umso schöner, dass auch Janina und Jason das Leben hier ohne allzu großen Respekt annahmen, es ausprobierten und sich schnell darin zurechtfanden.

An das Leben in der Schule hatten sich die Kinder wie schon erwähnt schnell gewöhnt, Freunde gefunden und viele kleine amerikanische Angewohnheiten übernommen. Doch bei aller Lockerheit im alltäglichen Leben reagierte die High School der beiden auf kleine Erschütterungen im sozialen Miteinander ziemlich strikt. Nachdem es irgendwo in der Gegend an einer anderen Schule Schwierigkeiten mit Drogen gegeben hatte, führte Janina und Jasons High School Drogenhunde ein. Zudem gab es bald darauf auch eine neue Kleiderordnung. Shirts mussten in der Hose getragen und es durften keine zu kurzen Röcke mehr angezogen werden. Janina und Jason hielten das für übertrieben, waren von den Änderungen aber ohnehin nicht sonderlich betroffen. Man merkte, dass die Schule versuchte, mit strikten Maßnahmen, aber zugleich auch etwas unsicher mit Härte, Prüderie, Übereifer und Panik auf Taten zu reagieren, die für sie aus dem gesellschaftlichen Rahmen fielen. Wer weiß, wann es in Deutschland die ersten Drogenhunde an Schulen geben wird.

Im März 2006 begann ich mit dem, was auch am Moss Lake unweigerlich folgen musste, dem Bau einer eigenen Werkstatt. Ich platzierte sie direkt hinter den Gartenzaun oben am Anfang des Grundstücks, in der Nähe der geparkten Autos, an denen es in regelmäßigen Abständen immer wieder etwas zu schrauben gab. Ich musste, wie schon vorher bei der Werkstatt im Garten unseres Hauses in Gainesville, ganz bei null anfangen. Im April hatte ich die Grundplatte gelegt, dann kam das Gerüst, und Ende Mai, Anfang Juni konnte hier gearbeitet werden. Ähnlich wie die Postkarten an der Innenwand von Konnys Hafenkneipe kam auch an die Wand der Werkstatt eine kleine Sammlung, allerdings nach außen. Es waren aber keine Karten aus fernen Ländern, sondern ein Gruß aus der alten Heimat: Gut sichtbar von dem Schotterweg außerhalb des Grundstücks addierten sich hier schnell Nummernschilder aus Deutschland, die Besucher uns mitbrachten. Heute ist es schon eine stattliche Anzahl, aber wer zufällig in der Gegend ist, darf gern noch weitere hinzufügen.

Die Werkstatt ist kleiner als die in Gainesville, und seit einiger Zeit ist klar, dass sie in nicht allzu ferner Zukunft einer großen Werkstatthalle wird weichen müssen. Ich denke da eher an eine Halle, wie wir sie in Schenefeld hatten. Ich kam bald auf die Idee, eine solche auf das kleine Stück Land schräg gegenüber zu bauen, oben an der anderen Seite des Schotterweges, der von der Landstraße aus zu den Grundstücken führt. Hierzu müssten wir das Gelände dort natürlich erst einmal kaufen. Und dafür wiederum würden wir neues Geld brauchen. Irgendwie war es Segen und Fluch zugleich: Unser Neuerwerb am Moss Lake war wie geschaffen für alle möglichen und unmöglichen Baumaßnahmen, jedoch waren Zeit und Geld, um das alles umzusetzen, nicht immer vorhanden. Aber wir wollten uns ohnehin die Zeit nehmen. Und das Pläneschmieden allein war und ist für mich schon eine helle Freud.

Ein See ist nicht nur dazu da, nett daraufzugucken und die leisen Wellen plätschern zu hören. Das war mir als Allererstes klar. Am 26. März 2006 war es endlich so weit: Ich holte mein Brett raus, ging hinunter zum Steg, ließ alles Nötige zu Wasser, paddelte ein wenig hinaus, stellte das Segel auf und konnte das erste Mal auf dem Moss Lake windsurfen. Es war nicht das Mittelmeer mit den Mistral-Winden und auch nicht Rømø, aber es war der Moss Lake. Und dieser hatte einen ganz entscheidenden Unterschied zu all den Urlaubsorten: Er war „meins". Ich wohnte jetzt dort, wo ich surfte. Ich genoss jede einzelne Minute. Jedes Mal, wenn ich fertig war, stellte ich alles wieder weg und war direkt zu Hause. Mein Ferienort und mein Wohnsitz waren zu einem verschmolzen. Freiheit, Abwechslung, Arbeit und Familie, alles in Reichweite und unter einem Hut. Einem Cowboyhut in Texas.

Hätte ich nur viel früher gewusst, dass man für ein Boot in Amerika keinen Führerschein braucht, ich wäre weit schneller zum Kapitän aufgestiegen, als es am Ende der Fall war. Andererseits hätte ich es im Grunde schon ahnen können – wer Menschen alles bauen lässt, was ihnen in den Sinn kommt, wann und fast auch wo man will, der lässt einen auch auf hoher und nicht so hoher See tun und lassen, was man will. Ich erinnere mich noch, wie ich einmal Rita Greer fragte, wie weit ich denn einen neuen Bootssteg in den See hinein bauen dürfte, wenn ich einen zweiten Steg in Angriff nehmen wollte? Rita blickte mich an, als hätte ich sie gefragt, ob sie künftig nicht mein persönlicher Sklave sein möchte. Ihre Antwort war vollkommen sprachloses Unverständnis. Natürlich konnte hier jeder den Bootssteg bauen, der ihn in seinen kühnsten Träumen verfolgt. Vermutlich hätte ich den ganzen See in eine Holzfußgängerzone verwandeln können. Mir schien es zumindest so.

Am Moss Lake gibt es übrigens auch keine Bestimmungen, was den Verkehr auf dem See angeht. Jeder fährt, wo und womit er will, sei es ein Ruder- oder Motorboot, ein Jet-Ski, ein Rettungsring oder schlicht mit der Kraft seiner Arme und Beine nur mit Badehose. Das heißt nicht, dass man einfach drauflosfahren darf und sich um nichts scheren muss. Alle, die sich auf dem

See tummeln, nehmen im Gegenteil sogar sehr viel Rücksicht auf die anderen. Denn wenn mal etwas passiert, drohen dem Schuldigen drakonische Strafen. Heißt im Klartext: Tu, was du willst, solange du keinem schadest und alles gutgeht.

Noch wohnten wir im Frühjahr 2006 in der Stadt, auch wenn ich bereits seit Monaten dabei war, aus dem Moss-Lake-Grundstück ein neues Zuhause zu bauen. Während der März schon genügend Wind geboten hatte, um mich mit meinem Brett auf den See zu schicken, brachte der 28. April 2006 schließlich genug Wind, um ganze Kühe durch die Luft zu wirbeln. Genauer gesagt zog ein Tornado durch Gainesville. Niemand aus unserer Familie hatte die Vorwarnung gehört. Es begann mit Hagel und Regen. Um halb acht abends wurde die Lage plötzlich schlimmer. Während wir es schon nach wenigen Monaten gewohnt waren, dass das Wetter in Texas oft verrückt spielt, Temperaturschwankungen von zwanzig Grad innerhalb von einer halben Stunde keine Seltenheit sind und auch extreme Wetterlagen die Gegend ab und an besuchen, schien sich hier etwas Schlimmeres zusammenzubrauen. Der Regen wurde stärker, der Hagel hartnäckiger, schließlich peitschte eine Mischung aus beidem waagerecht durch die Straßen. Als es uns unheimlich wurde, brachten wir zunächst Manus 8.000-Dollar-Nähmaschine in Sicherheit, wenn es denn in so einer Situation eine „Sicherheit" gibt. Das Perfide an dem Tornado war, dass er innerhalb von Sekunden da war. Ich stand zu der Zeit hinten am Fenster in unserem Haus in Gainesville und blickte in den Garten, wollte Zeuge des anfangs noch lustigen Spektakels werden.

Janina arbeitete an jenem Tag bei Braum's, doch auch dort hatte niemand die Warnung vor dem schweren Sturm mitbekommen. Als der Chef und seine Mitarbeiter sahen, was sie erwartete, war es bereits zu spät. Braum's ist nicht eben ein vor derartigen Wetterkatastrophen vollkommen gesichertes Haus in Gainesville. Die wenigsten sind das. Also scheuchte Janinas Boss seinen Stab in den Kühlraum. Kein wirklich überragender Ort, um sich länger aufzuhalten, aber immer noch besser, als im Auge eines Tornados zu stehen.

Genau wie Janina hatten auch wir, sagen wir mal, einen gewissen Respekt vor dem herannahenden Kollegen, ohne genau zu wissen, was da eigentlich kommt. Wie hätten wir den Tornado auch als solchen identifizieren sollen? Das Härteste, was ich in dieser Richtung je erlebt hatte, war Windstärke zwölf oder dreizehn beim Surfen damals. Ein Wetter also, bei dem man, wenn auch unter größter Kraftanstrengung, sogar noch dem Meer trotzen und Spaß haben kann – ich zumindest. Nun aber sah ich, wie sich vom Dach des Nachbarhauses hinter unserem Garten Wellblechteile lösten und durch die Luft wirbelten. Sie schlackerten, rissen sich los und segelten ungelenk davon. Es war, als würden überall die Häuser und Gegenstände in der Nachbarschaft wimmern und klappern. Der Tornado schluchzte mit Hochgeschwindigkeit durch die Gärten und Straßen, und selbst wenn man nicht im Zentrum des Sturms war, konnte man genug Befürchtungen haben, dass jederzeit die Haustüren auffliegen würden. Aber selbst die wirbelnden Wellblechteile vom Nachbarn fand ich zunächst eher aufsehenerregend als beängstigend. Ich sah dem riesigen rostigen Blechlaub zu, wie es sich vom Dach des angrenzenden Hauses verabschiedete und im Sekundentakt in meine Richtung abhob wie Flugzeuge von einer Landebahn, wähnte mich jedoch ziemlich in Sicherheit und war zudem sehr gebannt von dem ganzen Spektakel. Die Luft bäumte sich auf, nichts schien mehr am Boden verankert, alles konnte einem jeden Moment um die Ohren fliegen. Als wir uns später die Gegend ansahen, war es fast ein Wunder, dass unser Haus keinen großen Schaden genommen hatte. Zumindest bei meiner Werkstatt wusste ich, warum: Sie war nach deutschen Maßstäben gebaut. Und auch wenn Deutschland nicht eben bekannt ist für seine Vielzahl an Tornados oder ähnlichen Naturkatastrophen, so doch sehr wohl für seine Sicherheit, was Bauten angeht. Man möchte meinen, dass Erdbebengegenden wie die Türkei oder Japan oder Wirbelsturmzentren wie im Süden der USA diese Expertise weit nötiger hätten.

So grollend und mit einer Vorhut von massivem schlechtem Wetter der Tornado sich auch angekündigt hatte, so schnell und überraschend war er schließlich da – und genauso schnell verschwand er auch wieder. Wie schlimm das Ausmaß der Zerstörung wirklich war, erfuhren wir erst später. Als alles vorbei war. Ich stand immer noch hinten am Fenster und betrachtete unseren mitgenommenen Rasen und die darin verstreut herumliegenden Dachteile. Als sich schließlich alles wieder beruhigt hatte und die Lage sicher schien, ging ich in den Garten und machte eine erschütternde Entdeckung: Die so unheilvoll und unberechenbar durch unseren Garten fliegenden Dachstücke des Nachbarn waren nicht nur mit einer ungeheuren Geschwindigkeit über den Zaun auf mich zu geflogen – sie wären auch direkt durch unser Fenster gekommen und ohne große Vorwarnung in meinem Gesicht gelandet und hätten mich wahrscheinlich nach allen Regeln der Kunst in Bindfäden zerschnitten, wenn sich ihnen nicht todesmutig die riesige Eiche in unserem Garten in den Weg gestellt hätte. Die Äste und Zweige des stummen Riesen waren es, so konnte man an den wie in einem Halbkreis um ihn herumliegenden Dachstücken sehen, die eine Katastrophe für uns und mich im Speziellen verhindert hatten. Der große grüne Einfüßler hinter unserem Haus war, wenigstens für diesen Tag, mein bester Freund geworden.

Im Mai 2006 begann Janina ihren zweiten Job, dieses Mal als Kassiererin bei Wal-Mart, dem größten Kaufhaus der Stadt. Jason sollte ihr nicht viel später, am 14. Juni, um genau zu sein, dorthin folgen. Auch wenn man das nicht sofort vermuten würde, machte Jason der Wal-Mart-Job, den er entsprechend lange Zeit behielt, Spaß. Die Kollegen waren nett, und auch mit den manchmal schwierigen Vorgesetzten, den Managern, kam er gut klar.

Ebenfalls im Mai bekamen wir unser erstes Entenküken ins Haus nach Gainesville. „Daggi" hatte ursprünglich einer Arbeitskollegin von Manu gehört, die der Niedlichkeit des kleinen Federknäuels erlegen war. Genauso schnell, wie sie das kleine Ding ins Herz geschlossen hatte, erlosch ihre grenzenlose Zuneigung aber auch wieder. In der Realität bedeutete das, dass Daggi von ihr nur noch in einem Pappkarton aufbewahrt wurde. Vor diesem wenig prickelnden Schicksal wollten, ja mussten wir das Küken retten. Nach zwei Monaten ist sie dann zum Grundstück am Moss Lake umgezogen, dort gab es mehr Platz, und wieso sollte Daggi sich nicht schon mal an das Leben gewöhnen, das sie später ohnehin dort haben würde?

Während des heißen Sommers 2007 ist Daggi von einem Puma gefressen worden. Nur ein einziges Mal hatte ich die Tür zu ihrem Stall offen gelassen, am nächsten Tag war sie weg. Ich weiß nicht hundertprozentig, ob es wirklich ein Puma war, aber es gibt diese Raubkatzen hier in der Gegend, und die Tatzenspuren rund um den Käfig sprachen eine eindeutige Sprache.

Ein weiterer Wendepunkt in unserer neuen Heimat war die Idee eines Gästehauses am Moss Lake. Der Gedanke, aus dem unteren Haus am Steilhang kein zweites Wohnhaus für uns zu machen, sondern eines zum Vermieten, kam eigentlich schon im Sommer 2005 beim ersten Maklertermin auf. Dagmar Vetter fragte mich während des Drehs, ob ich mir vorstellen könnte, das zweite, untere Haus Touristen als Bed & Breakfast anzubieten. Ich konnte, und so hatte die Redakteurin, die für uns ohnehin schon lange schon zu einer Freundin geworden war, dieser abenteuerlustigen Familie wieder einmal ein paar krumme Gedanken mehr in die Hand gegeben. Doch dauerte es noch etwas, bis wir den Plan in die Tat umsetzen konnten. Im Gegensatz zu dem oben gelegenen Wohnhaus mussten wir die untere Hütte nicht abreißen. Eine Entkernung war jedoch unumgänglich. Also riss ich ab Juni 2006 zunächst allen überflüssigen Müll raus – Teppiche, Holzverkleidungen und sonstigen Kram –, und verbrannte alles auf unserer Feuerstelle keine dreißig Meter Luftlinie zum See hin. Die Arbeiten erstreckten sich über den ganzen Winter, und je näher der Termin der Eröffnung im April 2007 kam, desto schneller arbeitete ich und desto anstrengender wurde es. Bis zur Fertigstellung des Hauses für zahlende Besucher sollte es also noch ein langer Weg sein ...

Bei all den kleinen sprachlichen Fallstricken, die sich uns in den Weg stellten, schafften wir es doch, klarzukommen und uns immer besser verständlich zu machen. Manu wurde nach einem halben Jahr bei WinStar sogar gefragt, ob sie Lead-Cashier werden, also mehr Verantwortung übernehmen wollte. Sie wollte, und am ersten August 2006 kam die nächste Beförderung zum Supervisor. Dieser Sprung war bei Weitem größer als der erste, denn nun musste sie unter anderem verschiedene Maschinen öffnen und checken sowie größere Kundenprobleme lösen – und zwar ohne Hilfe. Hinzu kam, dass sie für diese Tätigkeit keine Einarbeitung und kein Training bekam, obwohl dies zunächst zugesagt worden war. Manu schlug sich wacker, nahm die Herausforderung an und sah unsere Kinder immer weniger. Es war nur eine Frage der Zeit, bis ihr dieser neue Arbeitsbereich und die damit verbundenen Arbeitszeiten und -bedingungen nicht mehr gefallen würde, und so kam es dann auch. Keine zwei Monate nachdem sie befördert worden war, feierte Manu am 20. September 2006 ihre kleine Abschiedsparty im Kasino.

Aber schon lauerte eine neue Möglichkeit hinter der nächsten Ecke: Die „Landmark Bank" suchte für eine neue Filiale im Nachbarort Lindsay einen „teller", einen Kassierer. Die Bank wollte zunächst ein Übergangshaus aufbauen, das später zu einem großen Ableger mutieren sollte. Manu hatte schon vor ihrem Abschied bei WinStar mit der Bank gesprochen, auf der Suche nach einem noch besser passenden Job, der sich mit unserem Leben und vor allem unseren neuen Plänen mit dem Grundstück vereinbaren ließ. Sie erhielt eine Zusage und schon fünf Tage nach dem Ende im Kasino vier Wochen lang ein Training in einer anderen Landmark-Filiale. Am 23. Oktober konnte sie schon in dem neuen Haus ihre Arbeit anfangen. „Haus" und „Arbeit" sind allerdings sehr große Wörter für das, was Manu erwartete.

Am Freeway zwischen Gainesville und dem Kern von Lindsay liegen alle paar Hundert Meter verstreut kleine Kästen, die sich bei näherer Betrachtung als Geschäfte herausstellen. Einer dieser Läden ist „Dieter Bros." („Bros." für

„brothers", „Brüder"), ein kleines Restaurant mit typisch amerikanischer Kost und noch typischeren amerikanischen Kunden. Wie überall sonst läuft auch bei den Gebrüdern Dieter, die, wie viele hier, deutsche Wurzeln haben, von morgens bis abends der Fernseher, während die Hamburger auf die Tische verteilt werden. Wir kannten den Laden ganz gut, da wir einige Male dort essen waren. Direkt gegenüber von den Dieters lag nun Manus neue Bank. Dazwischen der vierspurige Freeway mit einem ca. 10 m breiten Gras-Mittelstreifen. Stand man vor Dieter Bros. und sah über die Straße auf die andere Seite, war eine Bank allerdings nur schwer auszumachen. Der Hintergrund: Wie erwähnt war der Plan der Landmark Bank, zunächst mit etwas Kleinerem an dieser Stelle anzufangen und später eine „richtige" Bank dort zu installieren. Das „kleinere" war ein Trailer. Eine etwas größere Hundehütte mit einem seitlichen Vordach, unter dem sich eine zapfsäulenähnliche Vorrichtung befand, an der man vorfahren und Geld ziehen konnte. Denn das war die Besonderheit: Die Landmark Bank hatte eine Drive-through-Filiale eröffnet. Dazu muss man wissen, dass die Erfindung des „Drive-through", speziell für Texaner, vergleichbar mit der Einführung der Glühbirne ist. Es gibt für alles einen Drive-through, sei es eine Reinigung, Apotheke, die Post, Geldautomaten, einen Donut-Laden oder die auch in Deutschland lange etablierten Fast-Food-Ketten. Wie schon erwähnt, kann man in Vegas sogar Drive-through heiraten. Es fehlt nicht viel, und man kann sich im Vorbeifahren beerdigen lassen. Der Gedanke, für irgendetwas das Auto verlassen zu müssen, kommt für den Durchschnittstexaner einer Apokalypse gleich. Die Bank jedoch lag so klein und kaum wahrnehmbar an der Seite des Freeways vor einem Park, versteckt in den Tarnfarben Sand und Dunkelbraun, dass man Mühe hatte, sie mit bloßem Auge zu erkennen, wenn man direkt vor ihr stand. Auch innen bot das Geldinstitut nicht viel mehr Raum als für die darin beschäftigten vier Angestellten: eine Managerin, einen Operation Manager und zwei „teller". Es stellte sich aber schnell heraus, dass mehr Platz reine Verschwendung gewesen wäre, denn Kunden lockte die Bank kaum an. Der Plan der Landmark-Manager ging nicht auf, aber sie hielten (und halten bis heute) durch. In diesem winzigen Ableger des deutlich größeren, steinernen

Mutterschiffes der Bank in Whitesboro verdiente Manu also fortan ihre Brötchen, nicht selten, indem sie sich ein gutes Buch mitnahm und, wenn dieses ausgelesen war, ihren ohnehin gut aufgeräumten Arbeitsplatz neu sortierte, die Filiale umdekorierte oder die sauberen Tische und Counter noch sauberer machte. Ab und zu fiel Arbeit an, Kunden kamen wie früher Fremde in Saloons. Man hatte den Eindruck, alle Gesichter wenden sich ihnen zu, die Musik stoppt und die Saloon-Tür federt einige Male von innen nach außen, während die menschliche Silhouette im Türrahmen stehen bleibt und aus dem Nichts eine einsame Mundharmonika eingespielt wird. Aber es gab auch Tage, an denen sprichwörtlich kein einziger Gast seine Geldgeschäfte in dem kleinen sandfarbenen Kasten gegenüber von Dieter Bros. abwickeln mochte. Der Wechsel konnte für Manu nicht größer sein. Aus dem Trubel des Kasino-Ameisenhaufens, in dem Tausende von Menschen täglich damit beschäftigt waren, ihr Geld auszugeben, so gut es ging, war sie nun in einem Verschlag am Straßenrand gelandet, der das Geld der Menschen sammelte und verwaltete; Geld, das sie wahrscheinlich längst an eben jenem vorherigen Arbeitsplatz von Manu verprasst hatten. Die wenige Kundschaft und die verschwindende Lage der Bank schürten bei Manu und ihren Kollegen aber auch die Angst vor Überfällen. Wo besser hätte man ungestört Geld plündern können als in einer Bank, deren Existenz selbst bei hellstem Tageslicht den wenigsten bekannt war, nicht mal den Vorbeifahrenden? Aber es passierte nichts. Vielleicht hatten selbst die Bankräuber diese Bank übersehen.

Die brenzligste Situation, wenn man so will, kam nicht in Form eines zweibeinigen Besuchers, sondern mehrerer achtbeiniger. Eine Mitarbeiterin der Landmark Bank machte eines Tages eine Entdeckung, die sie vielleicht sogar mehr mitnahm, als es ein Überfall getan hätte. Sie sah am Eingang der Filiale aus dem Nichts eine Schwarze Witwe auftauchen. Ich glaube, ich muss nicht eigens erwähnen, dass damit keine Einwohnerin von Gainesville gemeint ist, die in jüngster Zeit ihren Gatten verloren hatte, sondern kleine, recht gefährliche Spinnen, denen man äußerst selten und überhaupt eigentlich besser gar nicht über den Weg läuft. Die kleinen, nur etwa zwei

Zentimeter langen Tiere zeichnen sich dadurch aus, dass sie pechschwarz sind, mit einem kleinen roten Zeichen auf dem Rücken. Es gibt sie auch ohne das rote Zeichen, das sind dann die Männchen. Diesen begegnet man jedoch noch seltener als den Weibchen, was nicht daran liegt, dass die Spinnenmänner dieser Gattung scheuer sind oder nachtaktiv oder Ähnliches. Nein, sie kommen nicht mal im Namen ihrer eigenen Rasse vor und sind fast nicht zu entdecken, weil die Weibchen das, ähem, starke Geschlecht nach der Begattung auffressen. Man möchte meinen, nach all den Jahren hätte sich das mal eine Generation weiter herumgesprochen, aber nein, die männlichen Witwen tappen immer wieder aufs Neue in die Sexfalle ihrer Frauen.

Egal, eigentlich sehen die kleinen Achtbeiner nicht wirklich gefahreinflößend aus, aber ein Biss kann für einen Menschen tödlich sein, und in Texas kennt man seine natürlichen Feinde sehr gut. Folglich war Manus Kollegin auch nicht eben begeistert, als sie das Tier sah. Gut, dass sie nicht gleich wusste, dass sich in dem „Gebäude" sogar mehrere Nester der unwillkommenen Mörderinnen befanden. Die Filial-Managerin rief eine Firma an, die sich um die kleinen Feinde kümmerte, und damit war die Sache erledigt; ein wirklich prima Gefühl resultierte aus dem Nachmittag jedoch nicht. Immerhin sind die Spinnen nicht von sich aus aggressiv, sondern nur, wenn sie sich angegriffen fühlen. Aber weiß man, wann sich ein um so viel kleineres Tier angegriffen fühlt? Auf die kleine Ladung Neurotoxin, die die Weibchen (nicht die wenigen harmlosen Männer) einem verabreichen, kann man zumindest getrost verzichten.

Doch die Witwen waren nicht der Grund für das mäßig laufende Geschäft der Bank in Lindsay. Manus eigene Erklärung für den ausbleibenden Erfolg der Landmark-Filiale scheint einleuchtend: Lindsay ist ein 750-Seelen-Ort, dessen Bewohner auf das Aussehen ihrer Häuser und Gärten sehr achten und denen, wenn sie ihn denn bemerken, ein derartig kleiner Plastikkasten als Zuhause für ihre mühsam erwirtschafteten Kröten eher suspekt erscheint. Zudem: Stirbt jemand in Lindsay, kann es sein, dass ein Großteil der Kundschaft von einem auf den anderen Tag wegbricht. Egal, wie man es betrachtet, die kleine Bank am Freeway hatte täglich einen mühsamen Kampf auszutragen.

Ein wenig mulmig wurde Manu, als sie einmal ihrer Vorgesetzten ausrechnen wollte, wie viele Euro 150 Dollar ergeben. Ohne auch nur den Hauch von Scham oder Selbstzweifeln lächelte die Filialmanagerin Manu an und fragte ungerührt, ob das Ergebnis denn etwas anderes als 150 wäre. Tatsächlich wusste die Hüterin der Geschicke von Landmark II nicht, dass es auch noch andere Währungen als US-Dollar gibt und so etwas wie Wechselkurse existiert. Vielleicht hätte Manu sich ihr Geld fortan direkt von ihrer Chefin in Kuwait-Dinars auszahlen lassen sollen. Auf diese Weise hätte sie immerhin das knapp Vierfache einstreichen können.

Manu hat noch heute ihr Konto bei der Landmark Bank und besucht ab und zu ihre ehemaligen Kollegen, auch wenn bei einer gewissen Rotation der Belegschaft schnell klar war, dass sie schon bald nach dem Ende ihrer Tätigkeit dort bei jedem weiteren Besuch ausschließlich in neue Gesichter blicken würde.

Da es sich um einen Full-Time-Job handelte, musste Manu damals auch jeden zweiten Samstag arbeiten, insgesamt 40 Stunden pro Woche. Trotzdem hatte sie insgesamt keine schlechte Zeit, aber auch hier war nach knapp einem Jahr wieder Schluss – auf zu neuen beziehungsweise alten Ufern. Denn wie der Zufall es wollte, erfuhr Manu davon, dass im Kasino im Jahr 2007 erneut Leute gesucht wurden. Also sprach sie mit der zuständigen Managerin und fing wenig später wieder bei WinStar an. Zunächst mittwochs bis samstags an alter Stelle, nach 90 Tagen als „floor attendant" (dieses Mal mit vorherigem Training) dienstags bis freitags. Hier betreut sie auch heute noch die Jackpot-Gewinner, ist viel im gesamten Kasino unterwegs, kümmert sich um anfällige Maschinen, hilft, betreut und löst Probleme aller Art. Ein Unterschied zu einem amerikanischen Arbeitnehmer ist kaum mehr auszumachen.

Und so liefen unsere Tage mit uns um die Wette; das Ziel, zumindest das zwischenzeitliche, schien der See zu sein, der uns so magisch anzog. Hier waren wir, vier kleine Hamburger Texaner, die alle in den großen Schuhen des Landes Amerika herumliefen und sich zwar ein paar Blasen an den Füßen holten, aber doch nicht müde wurden. Es gab noch so vieles zu tun. Was wir noch alles erleben würden, konnten wir im ausklingenden Jahr 2006 noch nicht wissen. Aber das sind alles andere Geschichten, die ich nun erzählen werde.

NEUE ABENTEUER AUF KONNY-ISLAND

Im Spätherbst 2006 war mein Umzug zum Moss Lake unumgänglich geworden. Es kostete mich einfach zu viel Zeit, jeden Tag die knappe halbe Stunde abends wieder zu unserem Haus nach Gainesville zurückzufahren. Ich arbeitete im Jahr 2006 inzwischen bei Schad & Pulte, einer Schweißzubehör-Firma, und war dort für den Verkauf von technischen Gasen und Schweißzubehör zuständig. Ich betreute Kunden und lieferte Produkte aus. Im Grunde war die Arbeit schon okay, aber mit dem Chef gab es immer wieder mal kleine Diskussionen. Ähnlich wie Robin ließ er Kritik oder gar Verbesserungsvorschläge nicht zu. Ich erinnere mich daran, dass er zum Beispiel immer wieder schwere Schweißgeräte auf die Ladefläche seines Firmen-Pick-ups stellte, wenn es ans Ausliefern oder zu einem Job ging. Er stellte das Zeug hinten auf seinen Wagen, schnallte es mit zwei Riemen fest und wollte losfahren. Ich war konsterniert. Er hatte seine wuchtigen und schweren Geräte festgemacht, als hätte er eine Dose Kekse hinten auf seinem Auto. Ich machte ihn darauf aufmerksam, dass er da eine Tonne Gewicht habe und ihm das, wenn er bei 70 mph bremst, ins Führerhaus kracht wie ein wild gewordener Dinosaurier. Selbst bei geringerer Geschwindigkeit würde ihm und seinen Mitarbeitern, mitunter also auch mir, das Schweißgerät nur so um die Ohren fliegen. Meine Argumente gingen durch ihn hindurch wie ein Sonnenstrahl. „Nein, nein, das geht schon", war seine ständige Antwort, mit der er sich unliebsame Diskussionen vom Leib hielt. Dennoch hielt ich es einige Zeit bei ihm aus, und wir haben uns schließlich auch im Guten voneinander getrennt. Noch heute kaufe ich bei ihm ein, wenn ich bestimmte Waren und Gerätschaften brauche. Das Gute an der Arbeit bei Schad & Pulte war, dass ich dort einiges an Kundenkontakten zu bewältigen hatte und so immer besser mit der Sprache zurechtkam.

Ende 2006, es muss kurz vor Weihnachten gewesen sein, fing ich schließlich bei Connectra an, einer Firma für Maschinenbau. Der Übergang war fließend. Dort arbeite ich heute noch (wenn auch inzwischen weniger Stunden die Woche) unter anderem als Schlosser, offiziell aber als Schweißer, und ich benutze zum Teil sogar die Schweißgeräte, die wir bei Schad & Pulte vertrieben hatten. Ab und zu entwickele und baue ich auch Schweißvorrichtungen, schweiße Aluminium oder helfe meinen Kollegen bei schwierigeren Konstruktionen und Reparaturen. Mein Chef bei Connectra ist Pastor, aber wie eigentlich jeder Pastor hier in der Gegend hat auch er noch diesen Zweitjob, der ihn weitaus mehr Zeit kostet als seine Kirchenarbeit – und auch weit mehr einbringt. Connectra stellt sehr begehrte Maschinen zum Zusammenschweißen von Plastikrohren her. Von einem Durchmesser von hundert Millimetern bis zu zwei Metern bekommt man hier alles, die größten kosten bis zu fünf Millionen Dollar. Sie haben sogar diverse Patente auf ihre Maschinen. Der Supervisor bei Connectra wurde auf mich aufmerksam, als ich noch bei Schad & Pulte arbeitete. Ein Mitarbeiter von Connectra sagte, ich solle den Supervisor mal ansprechen, sie würden Leute wie mich gut gebrauchen können. Da ich schon bekannt war, dauerte das Gespräch nicht sonderlich lange. Der Mann bat mich aber, noch mal ein „Testschweißen" für ihn durchzuführen, packte mich jedoch schon nach zehn Sekunden am Arm und sagte: „Komm, lass gut sein." Er wusste sofort, dass ich eine besondere Art zu schweißen hatte. Auch hier kamen mir als Deutschem, und im Speziellen als Absolvent von Blohm & Voss, die Vergangenheit und meine Herkunft zugute.

Mein Tagesablauf sah in etwa so aus: Ich stand um sechs Uhr auf, was für mich als Frühaufsteher kein Problem war, und trank nur eine Tasse Kaffee, richtig frühstücken tue ich eigentlich nie. Da um sieben Uhr die Arbeit anfing, fuhr ich ca. eine halbe Stunde vorher los. Connectra ist zwischen Gainesville und Lindsay beheimatet, und auf der Landstraße dorthin ist selten viel Verkehr. Ich hatte eine halbe Stunde Mittag, um 15.30 Uhr war Schluss. Danach fuhr ich zum See und arbeitete auf dem Grundstück noch mal bis ungefähr neun oder zehn Uhr abends. Als ich noch bei Schad & Pulte war, kamen darüber hinaus die erwähnten 25 Minuten Autofahrt pro Tag obendrauf, da ich zu dieser Zeit noch im Haus in Gainesville wohnte und abends wieder dorthin zurückfahren musste. Mit dem neuen Job bei Connectra und dem Umzug zum See fiel das weg. Diese Zeiteinsparung brachte mir bei vier Arbeitstagen also zwei Stunden in der Woche, über acht im Monat, was wiederum einen Arbeitstag ausmachte. Keine zu unterschätzende Menge, wenn man bedenkt, was noch vor uns lag. Vor allem aber sparte ich mir viel Nerverei. Ich war es einfach leid, am Ende dieser mehr als harten Tage immer auch noch eine knappe halbe Stunde im Auto zu sitzen. Ich schnappte mir also den Airstream, stellte ihn auf das neue Grundstück und wohnte fast ein Jahr lang wie ein Camper oben am nicht so steilen Hang am Moss Lake.

Der nächste Gefährte, oder sollte ich sagen: das nächste Gefährt, das zu mir an den See zog, war ein alter amerikanischer Schulbus. Schon in Hamburg hatten Manu und ich ein Auge auf die wunderbaren, runden, hellorange lackierten Dinger geworfen und auch mal einen Mann ausfindig gemacht, der sie in Deutschland verkauft. Damals hatten wir uns zwar welche angesehen, aber es kam nie zu einem Kauf gekommen. Unsere Campingvorliebe war zu jener Zeit schon so groß, dass wir bald alle Arten zu campen durchhatten. Ein solcher Bus aber fehlte uns noch zu unserem (nächsten) Glück. Denn nachdem ich schon eine Kabine auf den einen Pick-up gebaut hatte, wollten wir nun zusätzlich noch etwas Größeres, Komfortableres, aber um Gottes Willen keinen deutschen Wohnwagen. Denn etwas Besonderes musste es schon sein. Der Plan war, diesen zu einem Abenteuer-Camping-Bus umzubauen. Wir hatten bereits eine Probefahrt absolviert, wurden aber am Ende von den hohen Preisen für die Dinger in Deutschland abgeschreckt. Nach weiterer Suche haben wir schließlich den Airstream-Wohnwagen gekauft, der heute noch bei uns silbern die texanische Sonne widerspiegelt.

Da einer meiner weiteren Pläne war, hier in Amerika so bald wie möglich meine eigene kleine Kältetechnik-Firma aufzumachen, Anlagen zu liefern und zu bauen, passte jetzt erneut kaum ein Wagen besser als ein alter Schulbus. Dafür würde ich dann die Sitze rausreißen und eine Ladefläche schaffen. Hätten wir nur einen ganz kleinen, kurzen Ami-Schulbus bekommen, hätte wiederum Manu schon ihre eigene Vision dafür im Kopf gehabt: Er wäre kurzerhand orange angemalt und mit der Aufschrift „Manu's www.Bradkid.com" versehen worden. Aber es kam anders.

Um das Unterfangen Schulbuskauf in Gainesville wieder aufzugreifen, kam uns ein Verbündeter von unerwarteter Seite zu Hilfe. Robin Wilson hatte selbst einen alten Schulbus und wusste daher auch, wen wir konsultieren mussten. Überhaupt stellten Robin und ich, lange nachdem wir aufgehört hatten miteinander zu arbeiten, fest, dass wir einige gleiche Interessen haben. Die Vorliebe für Schulbusse war nur eine davon.

Pilot Point. Das war der Ort, an den wir fahren mussten, um das orangefarbene Ungetüm zu besichtigen. Es gibt in Texas eine Auktion, die über das Internet stattfindet. Man muss sich allerdings vorher etwas mühsam auf der Homepage dieses Online-Shops anmelden und Mitglied werden, um teilnehmen zu dürfen, wenn Fahrzeuge derart versteigert werden. Danach gibt es dann noch eine ebenso komplizierte Methode, wie man sich einloggt. Doch bevor wir all das für nur eine Auktion selbst machen mussten, bot Robin schon seine Hilfe an. Wir selbst durften also nicht bieten, sondern nur am Ende zum Portemonnaie greifen. Robin war eingetragenes Mitglied, kannte die gesamte Prozedur und tat uns den Gefallen, an der Auktion teilzunehmen. Eine Woche bevor das Ganze über die Bühne gehen sollte, konnten wir uns in Pilot Point den online für gut befundenen Bus ansehen. Wir begutachteten ihn und konnten nichts entdecken, was wir daran auszusetzen hatten. Im Gegenteil, er gefiel uns auf Anhieb. Also vereinbarten wir mit Robin, dass für die Auktion die Grenze von 700,- Dollar nicht überschritten werden sollte, und als der Tag kam, setzte sich unser Freund an den Rechner, als würde er zu Christie's gehen. Robin hob so lange seine virtuelle Hand, bis die Summe erreicht war. Andere Bieter blieben hartnäckig dran, und gerade, als er schon resignieren wollte, weil er nicht weiterbieten konnte, war die Auktion zu Ende. Das gute Stück wurde ihm zugesprochen. Exakt 700,- Dollar mussten wir ausgeben. Er hatte es gerade so geschafft. Am 28. Oktober 2006 wurden wir stolze Eltern eines Schulbusses.

Der Bus war naturgemäß nicht mehr als nagelneu zu bezeichnen, und so blieb es nicht aus, dass er ab und zu Macken hatte und reparaturbedürftig war. Kein Problem, ich schraube an Autos herum, solange ich denken kann. Das einzige Mal, an das ich mich erinnere, dass der Ex-Schulwagen zu einem kleinen Problem wurde, war, als ich eines Tages mit ihm in unserer Gegend unterwegs war. Kurz hinter Gainesville ging das Getriebe kaputt. Da ich den Schaden nicht vor Ort reparieren, sondern nur notdürftig flicken konnte, musste mein orangefarbener Freund zurück zum See. Also fuhr ich mit 10 km/h und Warnblinklicht die Landstraße entlang. Es dauerte eine gefühlte Woche. Das Problem weitete sich aus, da man in Amerika Schulbusse mit Warnblinklicht nicht überholen darf. Ich muss nicht eigens erwähnen, dass ich binnen kürzester Zeit eine Auto-Karawane hinter mir herschleppte, die aus der Luft wie eine Blechschlange mit orange leuchtendem Kopf ausgesehen haben muss. Neue Freunde habe ich an diesem Nachmittag auf der Strecke sicher nicht gefunden. Wie viele Autos es wirklich waren, die brav hinter mir ihre zehn Stundenkilometer absolvierten, sah ich erst, als ich zu Hause in die Einfahrt bog. Es kam mir vor, als wären es Hunderte, die im Vorbeifahren wahrscheinlich noch diverse Verwünschungen durchs Fenster in meine Richtung schleuderten. Ich konnte es nicht ändern.

Neben dem Schulbus sammelte sich langsam eine kleine Armada von Autos bei uns an. Manu fuhr den roten Pick-up, unser erstes US-Auto, das wir schon vor unserem Umzug hier gekauft hatten. Ich war oft mit dem schwarzen, noch etwas breiteren Pick-up aus Deutschland unterwegs. Dazu kamen im Laufe der Zeit noch Jasons ebenfalls roter Pick-up, den er sich selbst gekauft hatte, und Janinas Ford Taurus, den sie übrigens Robin abgekauft hat, kurz bevor sie den Führerschein gemacht hat. In Amerika muss man nämlich absurderweise den Führerschein in seinem *eigenen* Auto machen, das man zur Fahrprüfung mitzubringen hat. Autos sind in Amerika, speziell in unserer Gegend, wie Schuhe – wer keins hat, gilt fast schon als obdachlos.

Nebenan stand bei einem unserer Nachbarn, Rick, ein weißer Chevy Suburban im Garten; wie ich später erfuhr, schon vier Jahre lang. Die Reifen waren hinüber, fast alle platt, das Getriebe war ebenfalls defekt, es gab keinen Zündschlüssel, und das Schloss war ohnehin geknackt worden. Ich fragte Rick, was mit dem Ding wäre, und er sagte nur: „Nimm mit, kannste haben." Ich beschloss, den Wagen wieder flottzumachen, damit er ihn für die

Handwerker nutzen konnte, die ihm seinen Riesenpalast erweiterten, oder für meinen eigenen Gebrauch. Allerdings war der Suburban in einem derart bemitleidenswerten Zustand, dass ich heute noch an den einzelnen Krankheiten des Autos herumdoktere. Immer wieder mal, wenn Zeit ist, nehme ich mir eine neue Wunde dieses an allen Ecken blutenden Wagens vor. Für Rick war das Geschenk an mich kein Verlust. Den weißen Chevy hatte er längst abgeschrieben, wenn nicht gar vergessen. Hundert Meter weiter die Schotterstraße hinunter plante er auf seinem Grundstück ein Gebäude, das seine ganze Aufmerksamkeit brauchte. Aber das ist eine andere Geschichte. Denn interessant ist vielmehr, wie ich ihn schon ein paar Monate vorher getroffen hatte, und dass ich ihn überhaupt getroffen habe.

Bevor ich Rick kennenlernte, hatte ich die Bekanntschaft mit unserem Nachbarn Tom gemacht. Er wohnte direkt gegenüber von uns, näher zur Landstraße hin, auf der anderen Seite des Schotterweges oben am Eingang. Tom war ein etwas älterer Zeitgenosse, der einen netten Eindruck machte. Wir verstanden uns gut, auch wenn ich fand, dass irgendetwas an ihm komisch war. Eines Tages traf ich Tom und Rick auf dem Weg vor unserem Grundstück. Wir plauderten ein paar Minuten, bis Rick wieder zurück zu seinem Haus musste. Kaum war Rick außer Reichweite, sagte Tom: „Weißt du, Rick, der erzählt immer nur. Das ist ein Schnacker." Ich kannte Rick noch nicht so gut und war erstaunt, das zu hören. Aber wenn Tom es sagte, würde es vermutlich stimmen.

Ich sah beide dann länger nicht. Eines Tages saß ich auf dem Grundstück am Moss Lake am Computer und versuchte, daran zu arbeiten, als ich an der Aufgabe scheiterte, mir eine E-Mail-Adresse einzurichten. Die Kiste lief einwandfrei, aber die E-Mail-Geschichte wollte mir einfach nicht gelingen. Ich probierte diverse Wege aus, aber nichts klappte. Am gleichen Tag traf ich vor unserem Eingang Tom wieder und fragte ihn, ob er sich mit Computern auskenne, ich hätte ein Problem. Er sagte, ja klar, das wäre eine seiner leichtesten Übungen, er könne auf dem Ding in Nullkommanichts eine E-Mail-Adresse einrichten. Er erzählte mir, dass er Programmierer sei. Seine Firma würde ihn immer einsetzen, wenn es bei anderen großen Unternehmen etwas zu installieren gebe, umfangreiche Computersysteme und so. Also setzte er sich an meinen bescheidenen, kleinen Apparat und bastelte ein paar Stunden an dem PC herum. Nach einer Weile kam es mir schon etwas komisch vor, da er ja gesagt hatte, wie einfach es sei, aber ich vertraute ihm. Schließlich hatte ich ja auch lange davorgesessen, bevor ich aufgab.

Irgendwann stand er auf und sagte: „Nichts zu machen, der Computer ist kaputt."

Ich war ziemlich erstaunt, weil er noch funktioniert hatte, bevor Tom kam, und lediglich mein eigener E-Mail-Account fehlte. Jetzt, nachdem Tom versucht hatte, ihn zu reparieren, ging nichts mehr.

„Hm, das ist ja komisch", sagte ich. „Vorhin ging das Teil noch. Was hast du gemacht?"

„Nichts. Er ist kaputt, nicht mehr zu gebrauchen."

Tom verabschiedete sich, und ich blieb zurück mit einem Haufen wertlosem Technikmüll in einem viereckigen Kasten. Am nächsten Tag kam Tom erneut vorbei. Er hatte offensichtlich zu Hause von dem Vorfall berichtet und sagte: „Wir haben ein Problem. Meine Frau sagt, ich hätte deinen Computer zerstört. Denkst *du* das auch?"

Ich antwortete etwas zurückhaltend: „Weiß nicht. Als du kamst, ging er noch, zwei Stunden später war der Bildschirm schwarz."

Das war scheinbar nicht die Antwort, die Tom hören wollte, aber etwas anderes als die Wahrheit hatte ich nicht anzubieten. Er ging wieder, und ich habe seitdem nichts mehr von Tom gehört. Absolute Funkstille.

Kurze Zeit später bekam ich auch Rick wieder zu Gesicht. Sein Haus lag etwas weiter hinten die Schotterstraße runter. Ich hatte gerade nichts Wichtiges zu tun und lud ihn auf ein Bier in unsere Hafenkneipe ein. Aus einem Bier wurde ein ganzer Nachmittag. Wir haben lange geredet und festgestellt, dass es in unseren Biografien ein paar Gemeinsamkeiten gibt. Auch er hatte nicht die leichteste Kindheit, und auch er hat alles, was er besitzt, mit seinen eigenen beiden Händen geschaffen. Er ist italienischer Abstammung. Wie sich schon bald herausstellte, ist Rick einer der ehrlichsten Menschen, die ich je getroffen habe. Wir verstanden uns auf Anhieb gut, er hat gleich von Anfang an viel von sich preisgegeben. In der nächsten Zeit trafen wir uns öfter auf ein Bier, und ich erzählte ihm ebenso viel von mir wie er von sich. Er war dabei so offen, dass ihm einmal beim Erzählen alter Geschichten sogar Tränen in den Augen standen. Es gibt nicht viele Menschen, die sich derart öffnen, schon gar nicht einem einigermaßen fremden Menschen gegenüber. Aber scheinbar hatte er genau das gleiche Gefühl wie ich und vertraute mir. Wir waren sofort auf einer Wellenlänge, hatten oft dieselben Ansichten. Wir lamentierten über amerikanische Krankenversicherungen, waren beide der Ansicht, dass die USA mehr Fremde ins Land lassen müssen, Europäer, Experten, die in den verschiedensten Bereichen das Land noch weiter voranbringen können. Wir stellten fest, dass hier, wie in den meisten Ländern, mehr für die Bildung und für Kinder getan werden müsse. Aber auch abseits dieser offensichtlichen Missstände, die aber immerhin für einen Amerikaner auch erst mal von Interesse sein und artikuliert werden müssen, gab es noch zig andere Bereiche, die wir per Handschlag hätten verabschieden können, so sehr ähnelten sich unsere Blickwinkel. Schnell und ohne es zu verabreden war klar, dass wir uns gegenseitig das Herz würden ausschütten können. Und das taten wir dann auch.

Ich erzählte ihm auch die Geschichte von Tom und dem Computer, und Rick musste unweigerlich lachen. „Das passt zu Tom. Es gibt nichts, was er nicht kann. Zumindest behauptet er das." Rick sagte, er befürchte, dass es vielmehr zwei von Toms besten Freunden seien, Jim Beam und Johnny Walker nämlich, die ihm das immer wieder einredeten, und auch ich hatte schon eine derartige Ahnung. Wie dem auch sei, es geht uns nichts an. Ich bin froh, auf diese Weise immerhin Rick kennengelernt zu haben.

Bei Rick und Tom merkte ich erneut, dass mich mein Gefühl, was Menschen anbetrifft, immer seltener trügt. Rick war einfach überzeugender und kam weitaus ehrlicher rüber als Tom. Angeblich ordnet man Leute ja in den ersten sieben Sekunden einer Begegnung ein und kann diese schnell entstandene Meinung dann sieben Jahre lang nur mühsam wieder ändern, wenn überhaupt. Über zeitliche Messwerte meiner Beurteilung weiß ich nichts, aber ich brauche Menschen nur in die Augen zu schauen und auf die Hände und kann dann sehr schnell taxieren, mit wem ich es zu tun habe.

Tom ist irgendwann weggezogen, ich habe keine Ahnung, was aus ihm und seiner Frau geworden ist. Vielleicht haben sie woanders ihr Glück gefunden. Ich hatte den Eindruck, dass sie hier am Moss Lake so gut wie keine Freunde hatten. Ihr Haus steht jetzt schon seit über einem Jahr leer.

Rick war schon deshalb anders als die meisten Amerikaner, weil er die Welt gesehen hatte. Er kannte Europa, kannte andere Kulturen und war interessiert an ihnen. Er arbeitete als Projektleiter für eine Firma, die in aller Welt Industriehallen baute, und war dementsprechend viel unterwegs. Nebenher begann er irgendwann, günstig Grund und Boden zu kaufen und diesen dann nach ein paar Jahren der Wertsteigerung wieder zu verkaufen. Auf diese Art und Weise hatte er einen Haufen Geld verdient, war aber mehr als auf dem Boden geblieben. Man kann sich ihn wie ein großes Kind vorstellen. Ein Brummbär, der, wenn es drauf ankommt, ungeheures Wissen und immense Fähigkeiten offenlegt.

Auch das Grundstück, das zwei Häuser neben unserem liegt, hatte er bereits vor Jahren erworben, als Moss Lake für viele in der Gegend noch ein Phantom war. Er lebte damals in einem kleinen Trailer auf seiner Fläche Land und fing erst später an, sich dort nach und nach ein großes Haus hinzustellen. Aktuell erweitert er das Ganze um eine Riesenterrasse mit einer kleinen Bühne, um seiner heimlichen Leidenschaft, dem Karaoke-Singen, noch besser mit Freunden nachgehen zu können. Ich brauche, glaube ich, nicht zu erwähnen, dass wir inzwischen mehr als einmal zusammen „My way" mit seiner Maschine intoniert haben. Die anderen Nachbarn und Moss Lake mögen uns bitte den ein oder anderen schiefen Ton verzeihen.

Unser halbitalienischer Nachbar hat aber noch andere Fähigkeiten, die mit meinen besser zusammenpassen als Ernie und Bert. Der Mann hat so viel Unsinn im Kopf, dass er eigentlich in der Unterhaltungsindustrie arbeiten müsste. Er kanalisiert seine abenteuerlichen Ideen aber in seine Freizeit. Zuletzt hat er dabei immer öfter seine Tage und Abende mit uns verbracht. Rick ist Besitzer eines Motorboots und kommt irgendwann mit immer neuen absurden Vorschlägen um die Ecke, die, na klar, ich dann ausführen soll. Er weiß, dass er damit jemanden fragt, der die Wörter „nein" und „unmöglich" schon lange aus seinem Wortschatz gestrichen hat.

So fand ich mich bald auf Moss Lake im Wasser wieder, unter den Füßen eine Spanplatte oder gar eine Badewanne unterm Hintern, und wartete darauf, dass das Motorboot zwanzig Meter vor mir mit Rick als Kapitän losfuhr, um mich, der an einem dicken Seil mit dem Boot verbunden war, die neueste Wasserski-Kreation ausprobieren zu lassen. Rick kennt keine Grenzen und erwies sich schon allein deshalb als mein verloren geglaubter Zwilling. Bei der Geburt getrennt? Womöglich. Ich höre ihn noch, wie er zu uns kommt, auf irgendetwas zeigt und sagt: „Hey, Konny, lass uns mal ausprobieren, ob man auch damit Wasserski fahren kann." Oder: „Hey, Konny, bist du schon mal mit Flügeln Wasserski gefahren?", „Bist du schon mal im Kanu von einem Motorboot gezogen worden? Wollen wir das mal probieren?"

„Wir" hieß in dem Fall: Er hatte einen Einfall und Utensilien wie das Boot, und ich hatte die körperliche Beschaffenheit und die nötige Bereitschaft und Lust auf den kompletten Irrsinn, so dass die Kombination eigentlich nur tödlich enden konnte. Einmal kam ich auf die Idee, das Surfbrett anstelle von Wasserskiern zu benutzen. Letztere hatten wir nicht da, wollten aber unbedingt auf den See raus und auf irgendwas im Schlepptau fahren. Zwei große Kinder mit Hummeln im Hintern. Es klappte. Wir machten das Seil an seinem Motorboot fest, ich legte mich mit dem Oberkörper auf das Brett, und Rick fuhr an. Langsam stützte ich mich ab, wechselte mit den Füßen aufs Brett, während meine Hände die Griffe an meinem Ende des Seils festhielten. Man muss dabei natürlich alle Muskelkraft aus seinem Körper herausholen, aber dann geht es. Balance und Kraft, und wenn man einmal steht, ist alles klar. Wichtig ist, dass das Boot richtig schnell fährt, damit man sich besser, stabiler halten kann. Eine Scheu vor hoher Geschwindigkeit sollte man also vorher besser ablegen. Rick und ich haben diese Art des Wasserskifahrens „Powersurfen" getauft, und wir praktizieren es noch heute.

Dabei waren seine und meine Ideen mitnichten nur auf Wasserski begrenzt. „Alles, was Spaß macht" heißt unsere Maxime, und dieser gemeinsame Kontinent in unseren Köpfen hat sehr weit gefasste Grenzen. Für mich ist das wie ein wöchentlicher Lotto-Gewinn, eine Auffrischung der alten Zeiten in Dänemark und Südfrankreich. Die total verrückten Tage mit meinen alten Kumpels flammen wieder auf, und nichts scheint sich geändert zu haben. Ich am allerwenigsten.

Leider ist die Zeit mit Rick, zumindest die mit unseren kleinen selbstgebastelten Abenteuern, zumeist auf den Sommer begrenzt. Den größten Teil des Jahres arbeitet der Mann wie ein Tier, um sich den Sommer freizunehmen. Den Lohn seiner Arbeit genießt er in den zentralen Monaten des Jahres. Während Tom sich also zunächst immer öfter in sein Haus zurückzog, nie wieder groß in Erscheinung trat und schließlich aus meinem Leben ebenso schnell verschwand, wie er gekommen war, wurde Rick einer meiner besten Kumpels. Bis zum heutigen Tag ist er weit mehr als der Nachbar, der etwas die Straße runter wohnt.

Das erste Mal, als uns Polizisten in Amerika angehalten haben, standen wir bereits außerhalb des Autos. Genauer gesagt, wir standen mit ein paar Bekannten oder Gästen vor Dieter Bros. und versuchten, ein Erinnerungsfoto für unsere Freunde zu schießen, als plötzlich eine Streife auf den Parkplatz fuhr und neben uns anhielt. Wir waren zunächst etwas unsicher, was wir falsch gemacht haben könnten oder ob etwas an unserem Auto nicht in Ordnung sei. Der Polizist schritt ehrwürdig auf uns zu, stellte sich neben uns und fragte: „Kann ich Ihnen bei dem Foto behilflich sein, wollen Sie alle mit drauf?"

Wir mussten uns ansehen und grinsen. Der Mann hatte doch tatsächlich von der gute zwanzig bis dreißig Meter entfernt liegenden Straße gesehen, dass wir es nicht schafften, allesamt auf ein Foto zu kommen, und fuhr dafür extra zurück zum Parkplatz, auf dem wir standen. Überhaupt sind die Polizisten hier meist sehr freundlich. Für sie ist ihr Beruf ein Job und kein Status. Ihre Aufgabe ist es, die Augen offen zu halten, die Leute zu beschützen und, na ja, offensichtlich auch, ihnen beim Fotografieren zu helfen.

Zwar ähnlich ungefährlich, aber für Manu weitaus schlimmer als das Aufeinandertreffen mit dem Polizisten wurde es am 8. April 2007. Ich war bei der Arbeit, als Manu im Haus in Gainesville ein paar Dinge aufräumte. Sie ordnete und sortierte, packte Sachen von hier nach da und stieß irgendwann auf einen Papierberg. Als sie die obere Hälfte des Stapels hochhob, blieb ihr Herz für gefühlte zehn Minuten stehen. Trotz aller angestauten Luft schaffte sie es noch, einen Schrei auszustoßen. In Filmen wird eine solche Szene immer so dokumentiert, dass man zunächst eine Außenansicht des Hauses zeigt, dann die Stadt, das Land, schließlich den Planeten, die ganze Zeit untermalt von dem gellenden Schrei. Janina und Jason waren beide zu Hause und bekamen ungefiltert die Auswirkungen dessen mit, was Manu unter dem Papier entdeckt hatte: eine Vogelspinne!

Nun ist es nicht etwa so, dass der Anblick einer solchen Spinne allein schon tödlich endet. Vogelspinnen sind in den seltensten Fällen für den Menschen wirklich gefährlich, der Biss eines solchen Achtbeiners ist eher mit dem Stich einer Wespe oder einer Hornisse zu vergleichen. Aber für jemand, der eine gewisse Aversion gegen Spinnen und prinzipiell alles ungelenk Krabbelnde hat, ist das Sichten dieses behaarten Eindringlings allein schon lebensbedrohlich. Zumindest war es das für Manu. Janina und Jason eilten zur Hilfe, ohne dass einer der beiden bereit war, das Tier heldenhaft alleine hinauszubefördern. Also wurden eine Kiste und ein Besen bemüht, um das Tier aus dem Haus zu bekommen. Die Vogelspinne erwies sich als recht standhaft, und erst nach einem mächtigen Stoß mit dem Besen ließ sie sich vom Fleck bewegen. So ganz ging der Plan aber trotzdem nicht auf, denn acht Beine können auch laufen, und der Schubser und die eigene Dynamik der behaarten Spinne beförderten sie am Karton vorbei auf den Boden, von wo aus sie flink weiterlief in eine schwer zu erreichende Ecke unter Manus Schreibtisch. Was in diesem Moment bei den Großwildjägern los war, muss ich nicht eigens erläutern. Erst nach einem weiteren Versuch, immer in einem gewissen Sicherheitsabstand zum eigentlich ja nicht lebensbedrohlichen Gast, gelang es der hauseigenen Armee, das Tier in den Karton zu treiben und anschließend in die freie Wildbahn zu entlassen.

Als es zur Eröffnung vom ersten Gästehaus hin ging, arbeitete ich damals fast neunzig Stunden die Woche, und die gesamte Familie sah: Jetzt is' ernst. Natürlich hatten sie auch vorher schon alle mitgeholfen, aber nun galt es noch mal, alle Kräfte zu bündeln und in einer Haruck-Aktion das Haus startklar zu machen. Es gelang. Doch zwei Tage bevor die ersten Gäste eintrafen, um darin zu wohnen, gab es noch keine Terrasse für das Bauwerk. Nicht mal einen Ansatz dafür. Aber zwei Tage sind 48 Stunden und eine Veranda ist kein Hexenwerk, also spuckte ich in die Hände. Als ich gerade angefangen hatte und etwas Werkzeug von oben holen wollte, rief mal wieder ein Unbekannter am Zaun nach mir. Es war ein junger Mann, der deutsch sprach und sagte, er kenne uns aus dem Fernsehen. Nach den diversen RTL-Beiträgen und der wunderbaren Resonanz darauf war das kein Wunder, und der Mann war beileibe nicht der Erste, der bei uns auf der Matte stand. Auch er wollte sich gerne etwas mit uns unterhalten. Wahrheitsgemäß sagte ich ihm, dass ich nicht die geringste Zeit hätte, die Arbeit würde lauter rufen, als mir lieb wäre. Er zögerte nicht eine Sekunde und fragte, ob ich Hilfe bräuchte. Ich nehme nicht oft Hilfe in Anspruch, allein schon, weil es meist nicht notwendig ist. Genau an diesem Tag, zu dieser Stunde jedoch, kam die angebotene Hilfe wie gerufen. Die Veranda. Ich willigte also schnell ein, und der sich als Franz vorstellende Mann und ich machten uns zusammen ans Werk. Wie die meisten der Leute, die wir im Zuge unseres neuen Lebens kennenlernen, stellte sich auch Franz als überaus netter und hilfsbereiter Mensch heraus. Er und seine Freundin Beate kamen aus Stuttgart und betrieben dort ein Restaurant und in einer anderen Gegend in Süddeutschland noch eine Indoor-Moto-Cross-Strecke. Sie hatten aber vor einiger Zeit schon ein Haus in Celina gekauft, einem kleinen Ort südöstlich von Gainesville, zwischen Pilot Point und McKinney. Auf lange Sicht planten auch sie, hierher überzusiedeln und ihr Leben nach Texas zu verlagern. Auch Beate und Franz waren die umständlichen Reglements, die speziell ihre beiden Unternehmungen in der Heimat betrafen, leid und wollten mit etwas mehr Freiheit und in einer netten Umgebung ihr Leben fortsetzen.

Keine 48 Stunden nachdem Franz mich am Eingang abgepasst hatte, konnte man sich auf der neuen Holzterrasse unseres Gästehauses genüsslich der Abendsonne zuwenden. Nun brauchten wir nur noch einen Namen für die Hütte. Ich erinnerte mich an die Häuser in Hamburg-Blankenese, die, genau wie unser frisch fertig gewordenes Haus, ebenfalls alle in den Hang hineingebaut wurden. Da erschien es nur logisch, ein „Haus Blankenese" in Texas zu ernennen. Die Gäste konnten kommen; sie kamen, ich gab ihnen ein Bier, und wir hatten, wie mit den meisten unserer Besucher, eine Menge Spaß. Aber das ist (mindestens) eine andere Geschichte.

Am 20. April 2007 wurde „Blankenese" fertig. Mit dem letzten Hammerschlag kamen die ersten Gäste, Egon und Dani aus Deutschland und der Schweiz, und machten es sich in dem frisch grunderneuerten hellblauen Haus gemütlich. Es sollten noch viele weitere Besucher folgen. Genau wie in Hamburg haben wir auch hier viel Party gemacht. Ich erinnere mich an zahllose Abende in „Konnys Hafenkneipe", diverse Feiern am See, und nachts, wenn alle betrunken waren, wollten sie mit mir Armdrücken machen. Natürlich stand außer Frage, dass es niemand schaffen würde, mich zu besiegen. Meist endete es ohnehin in einem lustigen Spielchen und nicht in übermäßig ehrgeizigem Wettbewerb. Die Leute wissen ja, wem sie gegenübersitzen.

Als Nächstes machte ich mich an die Stufen, die von Blankenese hinunter zum See führen. Dort waren immer noch der Schotter und die Eisenbahnschwellen, und es war höchste Zeit, daran etwas zu ändern. Also legte ich breite Holzstufen an, die seitdem als lange, flache Stufen zur Kneipe und zum See führen, was den Eindruck eines entlegenen, südfranzösischen Ferienhauses nur noch verstärkt. Meine anfänglichen Bilder im Kopf, meine Idealvorstellung von diesem Ort, nahmen immer mehr konkrete reale Formen an.

In der Woche, als Blankenese fertig wurde, waren wir mit Gästen essen. Wir gingen einfach nur aus, in ein x-beliebiges Restaurant. Hinsetzen, bestellen, essen, das Übliche. Und dennoch erschien mir der Abend komisch. Zunächst wusste ich nicht, was es war, bis mir auffiel, dass ich zu diesem Zeitpunkt so etwas Einfaches schon seit Jahren nicht mehr gemacht hatte. Ich hatte tatsächlich derart viel gearbeitet, so sehr durchgekeult, dass die simpelsten Dinge auf der Strecke geblieben waren. Nicht, dass ich sie wirklich vermisst oder mich danach gesehnt hätte. Aber an jenem Abend fiel es mir auf, und ich nahm mir vor, doch hier und da mal eine kleine Pause zu machen.

Peter lebte schon lange in Texas. Er war bereits vor zwölf Jahren, also lange vor uns, ausgewandert und hatte versucht, sich in Amerika eine neue Existenz aufzubauen. Er hatte eine deutsche Tochter, die ihn immer noch oft besuchte, und hatte über Bekannte aus Deutschland von der Sendung auf RTL und somit auch von uns erfahren. Derartige Verbindungen über ein paar Ecken führen Menschen andauernd zu uns. Wir erfahren am laufenden Band, wie und von wem jemand von uns gehört hat und warum die Leute nun mit uns in Kontakt treten wollen. Peter war da keine Ausnahme. Er rief uns eines Tages an, stellte sich vor und wollte sich, wie so viele andere auch, mit uns treffen. In der Regel haben wir für so etwas keine Zeit, Franz hatte das ja auch als Erstes von uns zu hören bekommen. Auch wenn wir gerne all die Leute kennenlernen würden und ihre bestimmt nicht minder verrückten Storys, die Arbeit geht vor. Aber ab und an passt es zufällig gerade in das Tagesprogramm, und wir kauen ein kurzes „Ja, wieso nicht?" aus uns heraus. Peter war ein solcher Fall. Er klang am Telefon schon sehr nett und interessant, aber nur in den seltensten Fällen laden wir diese vollkommen Fremden sofort zu uns nach Hause ein. Also verabredete ich mich mit ihm aus irgendeinem Grund im Baumarkt. Wir hatten am Telefon bereits ein wenig geklönt, und der Kontakt ließ sich ziemlich gut an.

Wie sich herausstellte, kam Peter auch aus Norddeutschland, ist genau wie ich auch zur See gefahren, und es gab sogar entfernte Bekannte, die wir miteinander teilten. Wir kamen schnell vom Hundertsten ins Tausendste. Irgendwann sagte ich ihm, dass Deutsche ja immer so gerne schießen würden und auch unsere Gäste da keine Ausnahme wären. Als ich das erwähnte, berichtete er mir von einem außergewöhnlichen Freund von ihm in Lewisville, der Dave hieß und der sich mit so was auskennen würde. Dave schien keinen Deut weniger interessant zu sein als Peter selbst. So beschlossen wir kurzerhand, ihn zu besuchen. Wir riefen den Mann an und machten einen Termin aus.

Nur wenige Tage später traf ich Peter in Lewisville wieder, um gemeinsam mit ihm diesen Dave zu treffen. Wir fuhren zu einer ausgebauten Doppelgarage an einer der großen Hauptstraßen von Lewisville. Wie sich herausstellte, betrieb Dave hier eine Art Werkstatt zum Aufpolieren und Verschönern von Autos. Er benutzte dafür ein selbstgebrautes Zeug, ein Naturprodukt, das er unter anderem aus Orangen herstellte. Heraus kam ein spezielles Autowachs, das auch seine Kunden zu begeistern schien. Peter und ich sahen uns seinen 300 Quadratmeter großen Parkplatz und vor allem die darauf stehenden Ami-Karossen an. Einige von ihnen schienen sehr wohlhabende Herrchen zu haben, die es sich leisten konnten, alte und oftmals edle Ami-Schlitten von Dave wieder auf Vordermann bringen zu lassen. Das Poliermittel war in der Tat eine schöne Sache, verblasste aber etwas gegenüber dem, was er sonst noch zu bieten hatte. Seine Vita zum Beispiel. Früher hatte er als Stuntman gearbeitet und als solcher einen hervorragenden Ruf. Seine Spezialität war das Schießen mit dem Colt und hier im Besonderen das „fast drawing". Der Mann konnte, fast wie Lucky Luke, sprichwörtlich schneller ziehen als sein Schatten. Er war in der Zunft der Scharfschützen quasi unschlagbar. In nur einer Viertelsekunde zog, schoss und traf er den mittleren Kreis einer zwanzig Meter entfernt postierten Zielscheibe. Der Kerl zielte schon als junger Mann so brillant, dass er früh einer der besten und wenig später auch der schnellste Schütze des Landes war. Jedoch hatte er ein nicht ungefährliches Handicap: Dave, so erzählte man sich, war oft derart unkonzentriert, dass er sich auch schon mal mit gezogenem Colt zu Leuten umdrehte und so mehr als einmal seine Umgebung gefährdete oder zumindest den meisten einen gehörigen Schrecken einjagte. Es dauerte nicht lange, und der programmatische Spitzname „Dangerous Dave" haftete an ihm wie seine Backenzähne. Heutzutage würde er das Schießen nur noch als Hobby auf seiner Ranch betreiben, lächelte er uns an. Wir plauderten etwas über die Idee, unseren Gästen eine Art Schießstunde möglich zu machen, und verabredeten uns für einen anderen Tag auf seiner Ranch, wo sich sein Schießstand befand.

Hinter dem Parkplatz von Daves Werkstatt fiel mir aber gleich bei dem ersten Besuch von Peter und mir noch etwas ganz anderes ins Auge: ein Boot! Dave war stolzer Besitzer eines Motorbootes, das allerdings wenig stolz scheinbar schon länger auf seinen nächsten Einsatz im Wasser wartete. Sofort kam es wie aus der Pistole geschossen aus mir heraus: „Kann man das kaufen?"

„Ja, klar, 1.000,– Dollar", erwiderte Doppel-D.

Ich willigte ein, und Dave sagte, er würde die Papiere für das Boot besorgen, was sich allerdings als scheinbar nicht so einfach herausstellte. Nach ein paar Wochen meinte Dave, ich könne das Boot auch so schon mal abholen. Den Brief hat er nie gefunden, und auch auf die 1.000,– Dollar hat er am Ende verzichtet. So kamen wir, zumindest eine Zeitlang, in den Besitz eines Bootes. Das Problem war nur: Das Motorboot war kaputt. Ich versuchte wirklich alles, um es zu reparieren, aber es war nichts zu machen. Der Motor lief nicht, und wir sind letztendlich nie damit gefahren, es war zum Heulen. Natürlich wollte Dave das Teil nicht mehr wiederhaben, und so blieb uns nichts anderes übrig, als es aufzuheben, ohne es benutzen zu können. Wie gerne hätte ich ein eigenes Motorboot für Moss Lake gehabt. So musste ich weiter auf die vielen Besuche von unserem Freund Rick (und später noch anderen Personen) vertrauen, mit dessen Motorboot wir letztlich all unsere schrägen Versuche zu Wasser ausprobierten. Aber ich habe mir damals geschworen: Ich werde mein Motorboot bekommen, und wir werden alleine und mit unseren Gästen noch das ein oder andere damit erleben. Inzwischen ist mir sogar noch eine geniale Idee zu Daves Motorboot gekommen: Sobald ich etwas Zeit habe, werde ich mir den Bock vorknöpfen und ein Speedboat daraus machen. Der Körper ist ja noch in Ordnung, nur der Motor muss ausgetauscht werden. Dave soll nicht umsonst so großzügig gewesen sein.

Die Ranch von Dangerous Dave lag mitten im Nirgendwo. Hätten wir nicht eine genaue Beschreibung gehabt, wie wir zu fahren und wo wir abzubiegen hatten, wir hätten sein Haus nie gefunden. Von einer Straße hinter Denton, deren Namen selbst Dave nicht genau kannte, so weit ab vom Schuss verlief sie, mussten wir in einen kleinen Weg einbiegen. Wir befanden uns „out in the country", mitten in der Wildnis in Nordtexas. 40-Meter-Bäume teilen sich das Land hier mit kleineren Exemplaren und ergeben einen Wald, der eher einem Dschungel gleicht. Früher liefen hier die Indianer herum. Wir konnten uns das bildhaft vorstellen.

Wir fuhren ungefähr fünf Minuten durch den Wald, und als es etwas lichter wurde, sahen wir Daves Haus auf einem kleinen Hügel stehen. Außer seiner Ranch mit dem Haus, einer Pferdekoppel und einem Swimming-Pool gab es hier nichts. Der Rest der Welt existierte hier nicht. Dave begrüßte uns und führte uns durch noch ein Wäldchen zu seiner „Shooting Ranch", dem Schießstand.

Dave hatte, wie er uns erzählte, tatsächlich mit den ganz Großen des Western-Genres gearbeitet. Er zeigte John Wayne, wie man geschmeidig den Colt zieht, und Chuck Norris, wie man das auch noch möglichst schnell tut. Ich war hellauf begeistert. Mein Spieltrieb leuchtete in mir auf wie eine Glühbirne, und ich hatte nicht schlecht Lust, auch mal mit einer Knarre ein paar Dosen ins Jenseits zu befördern. So kam es, dass ich das erste und nicht das letzte Mal zum Schießen zu Dangerous Dave fuhr. Er ist einer der lustigsten und freundlichsten Menschen, die ich bislang in Texas kennengelernt habe. Wenn es je etwas Gefährliches an Dave gegeben hat, dann war das seine frühere Fahrlässigkeit im Umgang mit Waffen, die sich aber glücklicherweise gelegt hat. Das Verwegene an seiner Person relativierte sich ohnehin schnell wieder, als er uns von seinem richtigen Nachnamen erzählte: Dangerous Dave heißt mit bürgerlichem Namen David Hartlaub. Klingt weit weniger explosiv und vor allem deutsch. Die Wahrheit ist, dass Dave tatsächlich deutscher Abstammung ist. Er hat uns stolz seinen Stammbaum gezeigt, auf dem die Vorfahren dieses Westernhelden zu sehen waren. Für mich war dieser Moment so etwas wie ein Aha-Erlebnis. Nicht nur, dass Dave ein Unikum ist, das man einfach kennengelernt haben muss. Er hat auch deutsche Wurzeln, und irgendwas in mir sagte, dass wir uns nicht zuletzt deswegen so gut verstehen.

Wenn wir jetzt mit unseren Gästen zum Schießen zu Dangerous Dave fahren, wirft sich dieser kleine, schmächtige Mann voll in Montur. Man steigt aus dem Auto, irgendwo im Wilden Westen, und wird von einem waschechten Cowboy empfangen. Aber Dave zeigt einem nicht nur, wie man gescheit herumballert. Ihm ist die Geschichte der Cowboys und Indianer ebenso wichtig. Er erzählt über das „fast drawing", darüber, wie Munition gemacht wird, und unterrichtet seine Besucher wie ein Lehrer, dem offensichtlich Spaß macht, was er an Wissen weitergeben kann. Natürlich bekommt auch noch jeder eine Einweisung, wie man schießen muss, und anschließend darf dann die Gegend durchlöchert werden.

Auch wenn das komisch klingen mag, aber in Texas sind Waffen viel weniger Statussymbole als in Deutschland. Man hat sie hier, wie man Besteck zu Hause in der Schublade hat. Generell habe ich auch nichts dagegen, dass die Leute Waffen besitzen und damit ihren Grund und Boden verteidigen können, denn man merkt sofort, und zwar bei jedem, dass ein Texaner mit Waffen sorgsam umgeht. Die Menschen hier haben einen enormen Respekt vor ihnen und würden nicht mal ein ungeladenes Gewehr auf jemanden richten. Waffen werden hier aber tatsächlich so gut wie nie zur Selbstverteidigung benutzt. Vielmehr hat man, wie auch wir bei Dangerous Dave, seinen Spaß mit ihnen. Und dennoch muss man genauso wissen, dass in diesem Land – in dem Menschen mit einer Mischung aus Fernseherziehung und mangelnder Bildung, fehlendem Wissen von der Welt da draußen, gepaart mit dem liberalen Umgang mit martialischer Selbstverteidigung groß werden – jeder zweite Amerikaner, der in den Krieg zieht, Texaner ist.

Peter und Dave kannten sich schon länger und waren sehr gute Freunde. Und wie so oft lagen auch hinter diesen beiden Charakteren interessante, wenn auch nicht immer geradlinig und schön verlaufende Straßen, die jede für sich genommen schon einen halben Roman ausmachten. Peter hatte lange Zeit nicht nur mit dem Neubeginn in den USA zu kämpfen, auch andere Widrigkeiten des Alltags und diverse Ereignisse hatten dem Mann oft zugesetzt. Vor allem der Anfang seines Neubeginns in den USA war eine düstere Angelegenheit: Er war wie wir ohne Pläne und Zukunftsaussichten ins Land gekommen, war jedoch im Gegensatz zu uns auch noch komplett mittellos. Aber er war fleißig und äußerst talentiert. Er arbeitete hart und wurde im Laufe der Zeit ziemlich wohlhabend. Je besser es Peter wirtschaftlich ging, desto mehr konnte er sich von den widrigen Umständen, die ihm vorher das Leben schwergemacht hatten, befreien. Und so schaffte es dieser erstaunliche, freundliche und immer hilfsbereite Kerl, seine Probleme zu besiegen und in eine bessere Zukunft aufzubrechen.

Ich bin mehr als froh, dass uns Peter hier in Gainesville erhalten geblieben ist. Mehr als einmal hat er auch uns im entscheidenden Moment geholfen. Das Haus Blankenese wäre ohne ihn zum Beispiel gar nicht rechtzeitig fertig geworden. Als uns die Zeit wie Wasser durch die Finger rann, spuckte er in die Hände und verlegte den Boden, nur Tage bevor die ersten Gäste kamen. Hätte er vorher ein paar Entscheidungen anders getroffen und wäre womöglich wieder ganz woanders gelandet – ich hätte mich nie mit ihm in einem Baumarkt getroffen und ihn als den netten Menschen kennengelernt, der er tatsächlich ist. Ich wäre auch nie Dangerous Dave begegnet, der eigentlich Hartlaub heißt und der nicht nur über einen perfekt schießenden Zeigefinger verfügt, sondern auch noch ein mehr als brauchbares Poliermittel für Autos herstellt. Solltet ihr demnächst mal eines brauchen ...

All das wäre nie so gekommen. Und keiner unserer Gäste hätte jemals auf einer Original-Texas-Ranch schießen geübt. Denn, wie sich herausstellte, wollen *alle* Deutschen, die hierher kommen, schießen. Genau wie alle Amerikaner, die Deutschland besuchen, ein Auto auf der dazugehörigen Autobahn bis an die Geschwindigkeitsgrenze führen möchten. Manche Klischees wollen eben einfach gelebt werden. Gegen ein geringes Entgelt bieten wir also inzwischen unseren Besuchern an, bei Dangerous Dave ein paar Patronen in die Geografie zu donnern. Den Erlös behält Dave komplett. Ich mag solche unkomplizierten Deals. Er bekommt das Geld fürs Schießen, wir wären, wenn es nicht kaputt gewesen wäre, dafür mit seinem Boot herumgefahren und können jetzt damit machen, was wir wollen. Verträge können so herrlich überflüssig sein.

Damit aus einem Ausflug zu Dangerous Dave auch ein wirklich amerikanisches Erlebnis wird, fahren wir die schießwütigen Gäste manchmal, wenn es die Zeit zulässt, mit dem Schulbus zu seiner Ranch. Wenn allerdings diejenigen, die mit Schusswaffen weniger per du sind, am Schießstand stehen, platziere ich mich jedes Mal vorsichtshalber direkt dahinter und gebe vorher genaue Anweisungen, wie man sich zu verhalten hat. Das Letzte, was wir hier gebrauchen können, ist ein angeschossener Urlauber oder, vielleicht noch schlimmer, ein von Deutschen in Texas erlegter Amerikaner.

Auch Jans „Vermieter" Werner, der Mann mit der Pferderanch, sollte uns bei der Unterhaltung unserer Gäste nützlich werden. Denn außer schießen muss man in Texas natürlich auch reiten können. Werner bot uns und schließlich auch unseren Gästen diesen Service an, der unser kleines Urlaubsangebot um noch eine schöne Möglichkeit erweitert. Seit Kurzem darf man uns also auch gerne auf ein Probereiten ansprechen, das wir seit Sommer 2008 allen Gästen möglich machen können. Und auch Werner behält, genau wie Dangerous, die gesamten Einnahmen. Für uns steht nur im Vordergrund, dass die Gäste zufrieden sind und viele Erlebnisse mit nach Hause nehmen. Das Geld sollen ruhig die behalten, die all diese kleinen Abenteuer möglich machen.

Keine drei Wochen nach unserem ersten Besuch mit der ganzen Familie bei Dangerous Dave am 22. April 2007 bestand übrigens auch noch Jason seinen Driver's-License-Test, womit nun endgültig *alle* Reimanns die Gegend auf fahrende Weise unsicher machen können.

Wie groß die Wirkung der RTL-Sendung über uns wirklich war, spürten wir inzwischen jede Woche am Zaun zu unserem Grundstück. Wöchentlich kamen Leute ans Tor, wollten mit uns quatschen, Kaffee oder Bier trinken und mit uns am See in der Sonne sitzen. Was im Prinzip eine nette Sache war, wurde für uns irgendwann zum Bumerang. Egal, wie nett die Menschen auch waren, die zu uns kamen, wir mussten ja eigentlich immer arbeiten. Es gab kein Ausruhen, immer bauten wir uns neue Ziele oder sie tauchten von ganz alleine auf und warteten darauf, in kürzester Zeit erreicht zu werden. Ein ums andere Mal musste ich die Besucher wegschicken, vielleicht habe ich mit meiner kühlen norddeutschen Art auch den ein oder anderen verschreckt, aber ich konnte mir keine Klön-Pause erlauben. Auf der anderen Seite konnten und wollten wir das Rad auch nicht zurückdrehen. Die Fernsehzuschauer sahen uns in allen deutschsprachigen Ländern und über Satellit auch in vielen anderen, und jeder, der in der Gegend war, dachte sich natürlich: „Lass ma' bei Onkel Konny vorbeischauen." Es liegt in der Natur der Sache, dass man nicht mit jedem Freundschaften schließen kann, schon gar nicht innerhalb von zehn Minuten, aber wie soll man das begeisterten Touristen an einem ganz normalen Arbeitstag in der brütenden Hitze zwischen Tür und Angel klarmachen? Einmal kamen sogar Leute abends nach acht und begrüßten uns mit den uns inzwischen wohlbekannten Worten: „Hallo! Wir kennen euch aus dem Fernsehen!"

Ich erinnere mich an einen Tag im Sommer 2007. Ich stand oben am Zaun bei der Werkstatt auf unserem Moss-Lake-Grundstück, als ein ca. 30-jähriger Typ in einem Ford Mustang vorfuhr. Er hielt und sprach mich an, ob ich einen Moment Zeit hätte, er würde kurz auf einen Schnack reinschauen wollen. Wie so oft war ich auch in diesem Moment mitten bei der Arbeit und schickte ihn weg. Ohne großes Gejammer stieg er wieder in seinen Wagen, wendete und war gerade im Begriff davonzufahren, als sich wieder mal mein schlechtes Gewissen meldete. Ich lief auf den Schotterweg vor unserem Grundstück und hielt ihn an. Ich sagte ihm, er solle aussteigen und reinkommen, und redete mir ein, eine kleine Pause von der Arbeit könne nicht schaden. Er stellte sich vor, sein Name war Meik, und sagte, er würde in der Nähe für Airbus arbeiten. Wir plauderten zunächst oben am Eingang, schließlich unten am See in der Hafenkneipe bis in den späten Nachmittag. Irgendwas war da, was uns gleich auf dieselben Schienen setzte. Ein Glückstreffer. Schließlich sagte Meik, er müsse gehen, würde aber noch mal mit zwei Kollegen wiederkommen. Nur kurze Zeit verging, dann stand er mit seinen Freunden Uwe und Rocco erneut vor der Tür, und die Sache endete damit, dass wir alle bis in die frühen Morgenstunden plauderten und sagenhaft abstürzten. Die beiden Kumpels von Meik waren Mitarbeiter von Recaro, einer Firma in Fort Worth, die Flugzeugsitze herstellt. Auch sie arbeiteten also bei uns in der Nähe. In den Wochen und Monaten danach kamen über Meik noch weitere Angestellte der Firma Airbus vorbei, und inzwischen kommt es mir vor, als würde ich die meisten der Arbeiter dort kennen. Leider können wir solche Bekanntschaften, die sich in ganz wenigen Fällen als Freundschaften herausstellen, nur selten vertiefen. Kurz bevor Meik und die Recaro-Männer in jener Nacht wieder abdüsten, wandte sich Meik schon ziemlich angeschickert zu mir und sagte: „Sag mal, Konny, du bist ja echt 'n dufter Typ, aber als du mich heute Mittag so schroff weggeschickt hast, dachte ich mir erst: Was 'n Idiot."

Natürlich hatte er Recht, aber als ich ihm erklärte, wieso wir nicht jeden mit Chips und Cola am Gartenzaun empfangen können, nickte er zustimmend. Für ihn und seine Kumpels galt aber das, was für alle Konny-Gäste gilt, die wir hier bei uns haben und von denen wir manche erst mal wieder auf den Boden holen müssen: Nimm dir erst ma' 'n Bier, dann quatschen wir 'ne Runde, denn ich bin genauso normal wie du. Ich maloche auch den ganzen Tag und habe abends Lust auf ein bisschen Spaß und Entspannung. Also: Nicht lang schnacken, Kopf in Nacken.

Mein Freund Meik von Airbus Industries kam später sogar noch mal mit seinem Vater wieder und machte eine Woche lang bei uns Urlaub und bekam eine Ermäßigung. Allerdings nicht, weil ich mich mit ihm so gut verstanden habe. Er hatte uns vorher schon viel auf dem Grundstück mitgeholfen, gearbeitet, richtig mit angepackt. Da schien uns das die richtige Geste zu sein. Dass er später auch noch seinen Papa mitbrachte, war umso interessanter.

Uwe und Rocco blieben uns ebenso erhalten. Auch sie sind inzwischen gute Freunde geworden. Zunächst mal war Uwe genau wie Rick stolzer Besitzer eines Motorbootes, was ihn für mich schon mal von vornherein sympathisch machte. Abseits davon waren beide aber speziell im Jahr 2007 oft bei uns und packten mit an, wenn es Arbeit gab. Das ging am Ende so weit, dass sie jedes Mal, wenn ich sie angerufen habe, vorbeikamen und als Erstes gefragt haben: „Na, Konny, was sollen wir denn machen?" Ihnen gebührt also ebenso ein großer Dank für die ständige und ohne Ansprüche geleistete Hilfe.

Uwe hat sein Motorboot wenig später sogar ganz bei uns stehen und es uns benutzen lassen. Ohne große Worte überließ er uns sein Boot zur freien Benutzung den ganzen Sommer und Herbst 2007 über.

Dieser Sommer war aber ohnehin besonders.

Ein paar Tage nachdem wir Peter und Dangerous Dave kennengelernt hatten, kam eine weitere Geschäftsidee auf uns zugeflogen, als hätten wir nicht schon genug um die Ohren. Aber wie immer, wenn es etwas Ungewöhnliches zu tun gibt, waren wir schnell hellhörig.

Wie ich schon erwähnte, ist der Großraum Dallas bis nach Oklahoma inzwischen voll von Menschen, die mich auf die eine oder andere Art kennen, zumeist über Verbindungspersonen in Deutschland, die regelmäßig fernsehen und dann ihre Freunde und Verwandte in und um Dallas anrufen. Auch Markel Harris hat ein paar Verwandte in unserer alten Heimat. Er erfuhr von ihnen, dass wir eine gewisse Popularität genossen, und roch ein Geschäft. Harris rief uns eines Tages aus seinem Heimatort Ardmore an, der etwas nördlich im angrenzenden Staat Oklahoma liegt. Er erzählte uns, wie so viele, was er über uns wusste und woher, fügte dann aber hinzu, dass er mal mit einer „Überraschung" vorbeikommen würde. Das klang immerhin schon mal spannend und anders als bei den üblichen spontanen Besuchern.

Dennoch erwarteten wir weder, dass wirklich er selbst noch eine gigantische Überraschung folgen würde, denn es gibt immer wieder auch Leute, die sich ankündigen, von denen man dann aber nie wieder was hört oder sieht. Harris aber kam. Er kam und stellte uns ein Glas mit rotem Inhalt auf den Tisch. Das Glas hatte einen weißen Deckel mit Schraubverschluss. Auf diesem Deckel befand sich ein Aufkleber mit den Umrissen des Staates Texas und den Worten „Konny's Texas Salsa". Das Glas selber zierte ein Etikett mit dem Logo von Konnys Hafenkneipe und meinem Konterfei in Form eines kleinen Fotos. Wir staunten nicht schlecht. Harris' Geschäft ist es, eine einmalige Salsa-Sauce herzustellen und sie anderen Geschäftsleuten und Firmen anzubieten, die sie sich wiederum zu eigen machen, also als ihre eigene spezielle Sauce mit ihrem eigenen Logo anbieten können. Harris versteht es zudem, diese Leute ausfindig zu machen und das Geschäft direkt selbst anzubieten, statt darauf zu warten, gefunden zu werden.

Die Idee war gut und die Überraschung durchaus gelungen, aber ein Deal würde mit uns nicht zustande kommen, wenn das rote Etwas in dem Glas nicht schmecken würde. Also machten wir es uns in der Kneipe gemütlich, nach der die Sauce benannt war, öffneten eine Packung Salsa-Chips und probierten. Das Zeug schmeckte super; der Mann hatte neue Abnehmer gefunden. Wir machten Fotos von dem Glas mit unserem Etikett und stellten es kurzerhand auf unsere Homepage. Auch für RTL war die Sache sprichwörtlich ein gefundenes Fressen. Sie berichteten darüber und filmten bei ihrem nächsten Besuch die Produktionsstätte von Markel Harris. Auch für ihn hätte der Besuchsnachmittag also nicht besser laufen können. Als wir mit RTL bei ihm aufkreuzten, war sogar noch ein anderes Kamerateam vor Ort: Ein lokaler Fernsehsender hatte Wind von der Sache bekommen und fertigte einen Fernsehbericht an. Es wurde schließlich ein Bericht über den deutschen Fernsehbericht (und) über uns.

Die ganze Sache setzte noch weitere Gedanken bei uns in Gang. Es musste ja nicht bei der Salsa aufhören. Wir könnten unseren Fans künftig in Form von Produkten, die uns gefallen und hinter denen wir stehen, ein Stück Reimann'sches Lebensgefühl zukommen lassen. Natürlich wollten und wollen wir alles andere, als zu bunten Werbemännchen verkommen, die vom Scheitel bis zur Sohle vermarktet werden, aber wenn dahinter so schöne Geschichten und Menschen stehen wie Markel Harris mit seiner selbstproduzierten Sauce, wieso nicht? Erst kürzlich rief eine Agentur an, die mich nach Brasilien ausfliegen wollte, um dort Fotos für eine Klamottenfirma zu machen. Zuerst schüttelte ich den Kopf bei der Vorstellung. „Germany's Last Top Model", Konny Reimann? Aber man sollte sich alles angucken, was an einen herangetragen wird, auch wenn vieles davon wahrscheinlich Quatsch ist. Ich finde es schon lustig, was alles auf einmal an unser Leben klopft. Der kleine Junge aus der Speisekammer in Hamburg-Harburg wird auf einmal am anderen Ende der Welt gefragt, ob er als Model arbeiten will. Die Welt dreht sich manchmal in sehr seltsamen Bahnen. Aber wer wäre ich, der Welt verrückteste Mann, wenn ich mir das nicht zumindest ansehen würde? Nein sagen kann man immer noch, und wenn ich auch nur den leisesten Zweifel daran habe, ob etwas in Ordnung ist oder nicht, bin ich der Erste, der sofort ablehnt, das könnt ihr mir glauben. Ohne Wenn und Aber. Man könnte mir Millionen bieten, ich habe noch nie etwas nur des Geldes wegen gemacht.

Inzwischen verkaufen wir die Salsa auch mit „Bio-Zertifikat", und erste Verbindungen zum Großhandel in Deutschland sind aufgebaut. Die Nachfrage nach dem Zeug ist auf jeden Fall immens. Es schmeckt aber leider auch verdammt lecker, sonst würde euch Meister Konny die Salsa auch nicht empfehlen.

In diesem Sommer, dem Sommer 2007, passierte aber noch etwas. Es war der 29. Juli, und wir hatten uns für den Abend mit Walter, seiner Freundin und dem Sohn Dennis, die uns am Moss Lake besuchen kamen, zum Essen verabredet. Walter wollte seinen 50. Geburtstag mit uns feiern und hatte das Treffen schon vorher per E-Mail mit uns ausgemacht. Es war zufällig auch unser Hochzeitstag, es ergab also doppelten Sinn, die Tassen zu heben.

Wir waren den Tag über am See gewesen und hatten dort gearbeitet, als Manu und die Kinder zurück zum Haus nach Gainesville fuhren, um sich für den Abend frisch zu machen und sich umzuziehen. Als sie ankamen, sah Manu, dass irgendein elektronisches Gerät, ich glaube es war der DVD-Player oder der Fernseher, etwas komisch dastand. Sie machte sich erst nichts daraus und ging in unser Schlafzimmer. Manu stöhnte fast im gleichen Moment auf, als Janina, die in dem Moment ihr eigenes Zimmer betrat, einen Schrei ausstieß. Auch Jason entfuhr etwas wie „Ach du Scheiße", als er in sein Zimmer kam. Die herumliegenden Sachen und offenen Schubladen und Schränke ließen keinen Zweifel: Es war eingebrochen worden. Manu rief die

Polizei und dann mich an und versuchte zunächst herauszufinden, was alles fehlte. Am meisten Verluste hatte Jason hinzunehmen – in seinem Zimmer war die Stereoanlage weg, ebenso Musikinstrumente, seine Playstation und der Game Cube sowie ein paar andere, lose herumliegende Dinge, die man an anderer Stelle wahrscheinlich noch zu Geld machen oder eben selbst benutzen konnte. Insgesamt hielt sich der Schaden zum Glück in Grenzen. Auch wenn ein paar Sachen weg waren, gab es glücklicherweise keine große Barschaft, die gestohlen werden konnte. Auffallend war, dass der oder die Einbrecher gewusst haben mussten, was wo zu finden war. Wir vermuteten, dass sie nachts durch die Hintertür eingestiegen waren, als wir alle am Moss Lake waren. Wahrscheinlich hatten sie uns beobachtet, wie wir wegfuhren, und scheinbar gewusst, dass wir auch eine Weile wegbleiben würden. All das kann man nicht über Wochen beobachten. Nicht für den Ertrag, der einen Eindringling im Haus erwartete. Das musste man schon vorher wissen, an anderer Stelle mitbekommen, gesagt bekommen haben, von denjenigen, die es wissen mussten. Von uns.

Auf der anderen Seite konnten es aber auch keine Profis gewesen sein. Es fehlten fast nur Dinge, die Kinder oder Jugendliche interessieren würden, und nicht die klassisch wertvollen Sachen, auf die ein „normaler" Einbrecher aus ist. Die teuren Gegenstände waren stehengeblieben. Hier war niemand wie ein Profi vorgegangen. Niemand, der darauf aus war, möglichst wenig Spuren zu hinterlassen, und auch wusste, wie man das anstellt. Das alles schränkte den Kreis der Verdächtigen für uns schon erheblich ein. Die Polizei kam und nahm alles auf. Dieses Mal hatten wir allerdings Grund, auf die zuständigen Beamten wütend zu sein. Sie machten viele Fehler bei der Beweisaufnahme, vergaßen, wichtige Gegenstände und Teile des Hauses auf Fingerabdrücke zu überprüfen, unter anderem das Fenster von Jasons Zimmer, durch das die Einbrecher offensichtlich ihre Beute nach draußen gereicht hatten. Das Gras vor dem Fenster war nachhaltig und breit mit Fußspuren plattgedrückt. Spuren, die dann auch noch zu unseren mexikanischen Nachbarn führten. Auch diesem Verdacht wurde nicht nachgegangen. Weder am gleichen Tag noch sonst irgendwann hat je ein Polizist bei den Mexikanern nebenan nachgefragt. Wenn die tatsächlich etwas damit zu tun hatten, konnte man immerhin davon ausgehen, dass sie damit nicht ihren Lebensunterhalt bestritten, denn diese Leute stiegen nicht jeden Tag in Häuser ein, so viel war klar. Ich bin mir sicher, bei einer Befragung hätten sie es entweder gleich gestanden oder zumindest Fehler gemacht und sich in Widersprüche verstrickt. Die beiden jüngeren der drei Kinder von drüben waren oft bei uns gewesen, wussten, wo was herumstand beziehungsweise wer welches Zimmer bewohnte und wo sich die Dinge befanden, die für Jugendliche von Interesse waren. Sie waren jedoch mit ihren Eltern am Tag zuvor in den Urlaub gefahren, lediglich der ältere 19- oder 20-jährige Bruder war allein zurückgeblieben. Und er machte als Erstes das, was er während der Anwesenheit seiner Eltern unmöglich hätte tun können. Er hatte schon vorher öfter mit seinen Kumpels vor dem Haus seiner Eltern herumgegangen und Bier getrunken. Da der Trampelpfad von Jasons Fenster zu dem Haus der Mexikaner auf mehrere Personen schließen ließ, muss man kein Genie sein, um zu erahnen, dass der älteste Nachbarsjunge mit ein paar seiner Freunde dieses kleine Abenteuer in unserem Haus durchgeführt hatte. Von seinen Geschwistern hatte er die notwendigen Informationen bekommen. Sie hatten sich in unserer Anfangszeit in Gainesville mit Janina und Jason angefreundet, obwohl sie jünger als beide waren. Doch irgendwann herrschte Funkstille. Wir wussten damals nicht wieso, machten uns aber erst mal nichts daraus. Jetzt schien sich diese Wissenslücke für uns zu schließen.

Von Janinas Sachen fehlte nicht sehr viel; unter den wenigen Dingen, die sie vermisste, war jedoch eine Kamera, deren gespeicherte Bilder sie noch nicht auf ihren Computer kopiert hatte. Wichtige Ereignisse ihrer vergangenen zwölf Monate schienen jetzt der Besitz von jemand anders zu sein. Sie war am Boden zerstört.

Der Fall hat sich, natürlich, nicht aufgeklärt, obwohl er auf der Hand lag wie Münzen beim Bezahlen. Manu sah die Nachbarskinder in der nächsten Zeit nur ein paar Mal. Aber immer, wenn sie Blickkontakt mit dem großen

Sohn hatte, war dieser auf einmal äußerst zurückhaltend, schaute weg, wich ihr aus und grüßte nicht zurück. Es waren fortan nicht mehr die Nachbarn, die wir gekannt hatten. Es war klar wie Kloßbrühe, wer bei uns eingestiegen war und sogar noch das Kunststück vollbrachte, die Spuren seiner Schuhe bis zum Beutehort im Haus nebenan zu markieren. Aber wir konnten nichts tun, der zuständige Beamte hatte nicht das geringste Interesse, diesen „Fall" zu klären. Nur ein weiterer Einbruch eben.

Die einzig schöne Pointe dieser Geschichte war, dass Janina ihre Kamera doch nicht gestohlen worden war. Sie hat sie irgendwann beim Aufräumen irgendwo in den Untiefen ihres Zimmers wiedergefunden. Allein ihre Erleichterung zu sehen, war ein versöhnlicher Abschluss dieses ansonsten miesen Ereignisses.

Etwas aufheitern konnte uns Ende August Molly May. Manu hatte irgendwann mal ihrer Arbeitskollegin Danne, die mit ihr bei der Landmark Bank gearbeitet hatte, von ihrem Wunsch erzählt, ein kleines Schweinchen zu besitzen. Danne erinnerte sich sofort an Karen, eine Freundin ihrer Eltern, die sogenannte „potbelly pigs" züchtete. Es wurde also ein Termin zur „Besichtigung" vereinbart, und als Manu Molly sah, war es um sie geschehen. Molly war das letzte Schweinchen aus dem letzten Wurf und bereits knapp vier Monate alt. Ansonsten gab es nur ein paar winzig kleine Schweine, die aber erst zwei Wochen später abgegeben werden sollten. Molly jedoch war „reisefertig". Sie stand bereits in einem großen Käfig vor der Eingangstür, als Manu und Danne kamen. Von da an gab es kein Zurück mehr.

Molly ist ein Mini-Schwein, auch wenn sie nicht wirklich mini ist. Aber sie ist doch immer noch kleiner als das Hängebauch-Wildschwein Lissy, das wir in Hamburg hatten. Zum Zeitpunkt unserer Auswanderung hatten wir Lissy allerdings schon nicht mehr, es war also höchste Zeit für ein neues grunzendes Tier. Und Molly May war perfekt. Sie fügte sich sofort gut in die Riege der anderen Tiere ein und ist eine der Begründerinnen unseres kleinen Moss-Lake-Zoos. Ihr Name rührt übrigens daher, dass sie am 1. Mai geboren wurde.

Ihren Stall haben wir zusammengelegt mit dem der Hühner. Wie schon eingangs erwähnt, hatte Molly May, wie das bei ihresgleichen so üblich ist, eine etwas ungepflegte Art, und sie war auch keine Zimmergenossin, die sich durch übermäßige Aufräumarbeiten empfahl. Aber den Hühnern schien's egal zu sein. Die WG kommt bis heute gut klar, wenn ich auch die Vermutung habe, dass sie sich weitgehend aus dem Weg gehen. Der gemeinsame, ungefähr 25 Quadratmeter große Stall wurde von uns im oberen Teil des Grundstücks am Zaun zu unserem Nachbarn mit dem Motorboot platziert.

Der Sommer 2007 klang aus, das Grundstück wuchs langsam zu einem Zuhause, auch wenn wir noch nicht alle vier dort wohnten. Wir waren mitten in einem aufregenden Jahr. So langsam lernten wir nicht nur sympathische Spinner und liebenswerte Verrückte kennen, sondern fanden auch echte Freunde. Zwei dieser Freunde stammten aus Deutschland. Beate und Franz kamen nun öfter zu uns und waren jedes Mal gern gesehen. Und auch wir besuchten sie ab und zu.

Einmal bei einem Fisch-Barbecue in ihrem Haus in Celina sah ich, dass die beiden ein ziemlich altes, verstaubtes Klavier herumstehen hatten.

„Benutzt ihr das?", platzte es aus mir heraus, und bevor ich eine Antwort zu hören bekam: „Braucht ihr das noch?"

Ich war weder ein großer Pianist noch drauf und dran, einer zu werden, aber in eine ordentliche Hafenkneipe gehört ein Klavier, und dieses Exemplar verlangte danach, mitgenommen zu werden. Es war Jahrgang 1955, also genauso alt wie ich. Die Notwendigkeit, es zu uns zu nehmen, war offensichtlich.

„Nee. Willste haben?", war die knappe Antwort von Franz.

Ich musste das „Ja" fast nicht mehr aussprechen – schon waren wir dabei, das gute Stück auf unseren Pick-up zu laden. Zwischen der Entdeckung und der Inbesitznahme waren keine zwei Minuten vergangen. Beate und Franz hatten kein Interesse an dem Klavier und spielten selbst nicht darauf. Sie fanden die Idee charmant, dass es nun sein Dasein stilecht in einer Hafenkneipe an einem See fristen würde. Natürlich war das Klavier verstimmt und auch sonst etwas gebrechlich, aber nichts anderes erwartet man in einer Taverne wie unserer, oder?

Im selben Jahr war ein Paar namens Beate und Rainer P. (also nicht die Beate von Franz) mit ihren Kindern Vanessa und Simon zu Gast im Haus Blankenese. Es war Ende August. Der besagte Sommer steuerte langsam auf einen wie immer milden Herbst in Texas zu. Eines Abends saßen wir, wie oft mit unseren Gästen, vor der Hafenkneipe auf der Holzterrasse. Der

See war mucksmäuschenstill, als wolle er zuhören, was wir uns erzählen. Wir hatten Fleisch auf dem Grill, und nach einem langen, anstrengenden Tag waren wir alle etwas erschöpft. Die Beleuchtung war an, die kleinen Lichterketten bildeten wie immer ein wildes Leuchtmosaik mit den Glühwürmchen, und die Atmosphäre war merkwürdig unheimlich. Ich merkte fast gar nicht, dass Beate in die Kneipe gegangen war. Das Fleisch knisterte etwas auf dem Grill vor sich hin, das Bier kühlte einem für einige Augenblicke die Hand. Einen Moment später drang Klaviermusik nach draußen. Es war, als würden die Töne fast sichtbar durch die Tür hinaus und an uns vorbei auf den See schweben. Wie Geister. Beate hatte angefangen, auf unserem rostigen Klavier alte Hans-Albers-Lieder zu spielen, was den Eindruck nur noch verstärkte. Endlich war es so weit: Das alte „upright piano", wie man so was hier nennt, konnte etwas von dem Zauber ausstrahlen, der ganz offensichtlich in ihm wohnte. Ich habe schon viel erlebt in meinem Leben, aber ein derart magischer Moment mit einer ähnlichen Stimmung wie an diesem Abend war selten. Wir saßen eine Weile so da und lauschten der wie aus einem alten Fass dringenden Musik und konnten unser Glück nicht fassen.

Danke dafür, Beate. Und danke, Moss Lake.

Schon als kleiner Junge wusste ich mir mit der Kraft meiner Arme zu helfen. Ich erinnere mich an eine Situation, als meine Mutter hochschwanger im Krankenhaus lag und ich eine Zeitlang in einem Heim wohnte. Für eine Theateraufführung des Heims musste ein schwerer Schrank verrückt werden, also holten ein paar Kinder Hilfe. Währenddessen rückte ich den massiven Holzschrank selbst dahin, wo er hin sollte. Die Erwachsenen und die anderen Kinder staunten nicht schlecht, als sie zurückkamen. Erst wollte es keiner glauben, dass ich das Ding alleine verschoben hatte, aber außer mir war keiner im Raum gewesen.

Das vor wenigen Monaten fertiggestellte Haus Blankenese war wie dieser Kleiderschrank. Es fiel eine gewisse Last von mir ab, als Blankenese fertig war, aber schon ratterten meine Gedanken von Neuem und wollten nicht stillhalten. Die Gästehaus-Idee war gut, sie machte und brachte Spaß und nicht zuletzt auch Geld. Bei allem Vergnügen mussten wir natürlich auch immer daran denken. Denn bei Licht betrachtet bewegten wir uns weiterhin zwischen Konkurs und Erfolg. Alles konnte noch schiefgehen, weder war etwas finanziell in derart trockenen Tüchern, dass wir uns hätten zurücklehnen können, noch wollten wir das. Der Arbeitstag bestand nach wie vor aus sechzehn Stunden harter Arbeit; mal aufhören und wirklich genießen war nicht drin. Aber mit Grips, Willen und Muskelkraft würde es weitergehen. Wie immer.

Wir entschieden uns also, ein zweites Gästehaus zu bauen. Das Gelände war groß genug und unser Eifer noch lange nicht erschöpft. Natürlich sollte auch irgendwann unser eigenes, großes Haus oben auf dem Hügel drankommen. Aber ich sagte zu Manu, dass das auch noch ein Jahr warten könne. Die Buchungen für Blankenese liefen sehr gut, selbst als es noch gar nicht fertig war. Und obwohl ich natürlich darauf brannte, mit unserem eigenen neuen Heim zu beginnen, schien die Fertigstellung eines zweiten Hauses für weitere Besucher sinnvoller. Die

Anfragen reichten in der Tat für zwei Häuser, und die Verlockung, dass damit weitere Einnahmen zu erzielen wären, war groß. Denn schließlich würde das auch bedeuten, dass wir irgendwann unsere Jobs würden aufgeben und vollends am Moss Lake für uns selbst sorgen können. Kaum hatten wir den Entschluss öffentlich gemacht, liefen auch schon die ersten Buchungen ein. Das bestärkte uns noch mehr, das Richtige zu tun. Am 8. Oktober 2007 fingen wir an, als Fertigstellungsdatum riefen wir für uns selbst den Mai 2008 aus.

Auch hier kam uns die Verbindung zu RTL zugute. Alle Arbeiten würden natürlich schneller gehen, wenn mir ein paar ordentliche Arbeitskräfte unter die Arme greifen würden. Diese durften natürlich nix kosten, für dumm verkaufen wollten wir aber auch niemanden. Also banden wir einfach die vor uns liegenden Schnürsenkel zusammen und richteten uns an die Fernsehzuschauer. Wir suchten via TV ein paar tüchtige Leute für die Arbeit an Haus 2, die sich für freie Logis hier etwas vergnügen könnten, aber eben auch ein bisschen mithelfen sollten. Der Rücklauf war erstaunlich. Wir suchten schließlich vier Männer aus, die uns seriös erschienen, und warteten gespannt auf ihre Ankunft. Während ich also das erste Haus noch vollständig alleine von null auf hundert gebracht hatte, konnte ich dieses Mal zumindest für zehn Tage auf ein wenig professionelle, wenn auch freiwillige Hilfe setzen.

Die Männer kamen, und die ersten zwei Tage saßen wir zunächst mal in der Kneipe, aßen gut und genossen den See. Sie sollten erst mal ankommen und sich hier wohlfühlen. Und das taten sie, vergnügten sich an Land oder fuhren mit mir mit einem Boot auf den See. Wir haben viel dummes Zeug gemacht, den üblichen Quatsch, den ich eigentlich mache, seit ich laufen kann und den erstaunlicherweise die meisten in meiner Umgebung mitmachen. Ich hatte mit den Männern eine super Zeit, bis am späten Nachmittag des zweiten Tages einer von ihnen sagte: „Hey, sollten wir nicht langsam mal anfangen zu arbeiten?" Ein paar Blicke und viel Nicken später machten wir uns ans Werk und fingen zunächst an, die im Weg stehenden Bäume und Sträucher zu entfernen.

Als Erstes war das Fundament dran. Es war erstaunlich. Ich musste keine Anweisungen geben oder lang und breit erzählen, wie ich was haben wollte. Die Jungs waren Profis und fingen einfach an. Ganz nach meinem Gusto: Nicht fragen, einfach machen. Neben dem eigentlichen Plan, das zweite Gästehaus anzufangen, ergab sich im Zuge der Arbeiten auch noch die Erledigung anderer Dinge. So wurde kurzerhand die Bar verkabelt, Wasserleitungen wurden gelegt und viele Kleinigkeiten erledigt, die einem teilweise erst einfallen, wenn man schon mittendrin ist. Die traumhaft funktionierende Gastmannschaft wollte nicht mal fragen, was sie als Nächstes tun soll. Die suchten sich die Arbeit selbst.

Die wohl heikelste Aktion war das Fällen der Bäume. Der steile Hang rechts vom Weg war gesäumt von zahlreichen Bäumen, die genau dort standen, wo später mal das künftige Haus hin sollte. Und von alleine würden sie nicht weggehen. Also kletterte ich in die Baumkronen. Ich schnitt zunächst mit einer Kettensäge die Äste ab. In fünfzehn Meter Höhe balancierte ich zwischen den Wipfeln und ratterte durch das Gebälk. Die abgesägten Äste wurden anschließend abgeseilt, damit sie nicht unkontrolliert durch ihre Verwandten weiter unten am Baum hin und her segelten, um schließlich irgendwo zu landen, wo sie nicht landen sollten. Niemand von uns hatte eine Ausbildung darin, wie man Bäume fällt oder wie man sie vorher so präpariert, dass kein Schaden entsteht. Eines der wenigen Dinge, die ich bei Blohm & Voss nicht gelernt hatte. Egal, ich kletterte einfach hoch und fing an.
Zwischen der Bar und dem Haus Blankenese stand ein Ungetüm von Baum, das wegmusste. Er war eigentlich nicht im Weg, denn das neue Gästehaus sollte auf die andere Seite vom Weg, mehr angrenzend an das Nachbargrundstück und nah an den See heran. Aber er würde später stören, denn ich plante, die Bar noch zu erweitern, spätestens dann wäre die Beseitigung des Riesen vonnöten gewesen. Außerdem warf er mit seinen tausend dunklen Armen viel zu viel Schatten auf diesen schönen unteren Teil unseres Grundstücks.
Doch den braun-grünen Riesen zu Fall zu bringen war nicht eben ungefährlich. Dennoch kamen wir eigentlich gut voran und hatten den Kame-

raden schon glattgeschoren, als es zum finalen Akt, dem Umstürzen, kam. Nach den ersten paar Bäumen hatten wir bereits unsere Erfahrung, wie man die Stämme unten ansägen muss, damit sie am Ende in die richtige Richtung fallen. Allem Anschein nach machten wir auch bei diesem größten Exemplar alles richtig; der Baum ächzte und war drauf und dran, stöhnend ins Nichts zu fallen, als er uns scheinbar im letzten Moment noch einen reinwürgen wollte und anfing, sich zu drehen. Fest stand, dass wir zu diesem Zeitpunkt nicht das Geringste mehr tun konnten, um eine Katastrophe zu verhindern. Der Baum würde dahin kippen, wohin er kippen wollte; stünde ihm etwas im Weg, müsste es schon aus besonderem Schrot und Korn sein, um diesen Angriff zu überleben. Wie in Filmen immer die Angeschossenen schien auch der Baum von der Wucht einer fremdem Macht getroffen, drehte sich um die eigene Achse, um dann taumelnd nach hinten zu kippen. Statt ins Landesinnere drehte er sich also zum See hin, erst ein bisschen, dann immer mehr. Zunächst zeigte er im Fallen Richtung Steilhang, was kein Problem gewesen wäre, denn dort stand zu diesem Zeitpunkt nichts, zumindest nichts, was nicht hätte unter ihm begraben werden können. Der Baum machte in seiner Bewegung aber nicht halt und rotierte weiter. Als Nächstes lag die Hafenkneipe in seinem Radius. Es war grotesk. Der Riese wollte nicht gehen, und wenn er denn musste, wollte er wenigstens noch irgendwas mit in den Tod reißen. Er schien zu ahnen, dass mir schon damals viel an der Kneipe lag. Er drehte und neigte sich mit der ganzen Wucht, die er in sich barg. Um 45° gedreht, fiel er krachend zu Boden. Seine amputierten Arme verfehlten die Bar nur um Zentimeter, und sein hinterhältiger letzter Wille war nicht aufgegangen. Und wir hatten schweinemäßiges Glück gehabt. Nur zwei Meter weiter, und aus Konnys Hafenkneipe wäre Konnys Hafenplatte geworden.

Als wir das überstanden hatten, konnte im Grunde nichts mehr passieren. Tatsächlich holte ein anderer, viel kleinerer – eine Gurke von Baum, kaum dicker als ein Arm – das nach, was sein großer Bruder um Haaresbreite verfehlt hatte: Er stürzte sich bei einer späteren Baumfällaktion wagemutig auf eine Ecke der Kneipe, konnte aber nicht allzu viel anrichten. Es war spannend und nicht ungefährlich, aber wir, die flüchtig Bekannten, unterwegs auf der Mission „Gästehaus 2", verbündet für nur wenige Tage, hatten unseren Spaß, und uns verband schneller der Gedanke an ein fertiges Haus direkt am See, als ich es vorher angenommen hatte.

Als die Männer sich zur Abreise fertigmachten, stand das Rohgerippe des Hauses, das Dach hatte eine Dachpappe und war kurz vor der Fertigstellung. Wir hatten nicht nur die Gegend um die künftige Behausung gerodet, sondern auch den Grundstein gelegt, auf den ich nun wunderbar würde aufbauen können.

Eine Zeitlang stand das unfertige Haus dann so da, wie sie es verlassen hatten. Es kamen wieder andere Dinge dazwischen; ich reparierte an unseren Autos herum und hielt den Betrieb von Blankenese aufrecht – und arbeitete weiter, wie die ganze Zeit über, bei Connectra.

Ich vergaß zu erwähnen, woher die Jungs überhaupt kamen: Sie stammten allesamt aus Dithmarschen, und somit war der Name des zweiten Hauses keine drei Silben entfernt.

Ende November 2007 baute ich an dem Übergang von dem oberen Teil des Grundstücks zum unteren, wo die steile Steintreppe und für mich damit unser kleines Südfrankreich beginnt, ein Wäschehaus, kaum größer als eine Gerätekammer. Der Ort war ideal. Und das Wäschehaus eine Notwendigkeit für das, was wir fast zeitgleich planten.

Denn die weit größere Entscheidung, die wir vorher getroffen hatten, war die, ins obere Gelände einen großen Trailer zu platzieren, ein Haus, das komplett nach eigenen Vorstellungen geliefert und irgendwo hingestellt werden kann. Ende 2007 hatten wir über ein Jahr getrennt voneinander gewohnt. Auch wenn wir uns natürlich sehr oft sahen, auch zusammen Dinge unternahmen und am Moss Lake arbeiteten, war dieser Schritt notwendig, damit Manu und die Kinder auch endlich zum See ziehen konnten. Es war klar, dass unser neues gemeinsames Heim kein Wohnwagen, wie wir sie in Deutschland kennen, sein durfte, sondern dass ein riesiges Ding hermusste, in dem wir alle genug Platz hatten.

Manu fand für uns einen ewig langen Trailer im Internet. Die meisten Familien hier in der Gegend wohnen in diesen wie lange Eisenbahnabteile aussehenden Häusern. Man kann sich bei den Dingern vorher genau die Farbe der Wände und der Teppiche aussuchen und alles genau so bestimmen, wie man es gerne haben möchte. Wie bei einem Auto. Nur dass der Kasten eben zwanzig Mal so groß und bewohnbar ist. Am 19. Oktober 2007 war die Endabnahme für den Trailer, vier Tage später wurde er geliefert und wurde auf das abschüssige Unkraut-und-Bäume-Feld ca. 25 Meter oberhalb der Steintreppe gesetzt, genau in die Mitte neben den Schotterweg. Da die Stelle zwar optimal vom Platz war, jedoch wie erwähnt keine gerade Fläche, packte die Firma, die das Haus lieferte, ein paar Steine als Unterbau darunter. Das würde auf Dauer natürlich nicht ausreichen, und so war es wieder mal an mir, hier nach und nach einen richtigen Untergrund zu schaffen. Es ist kein Wunder, dass selbst diese langen Trailer in Amerika immer wieder mal bei Wirbelstürmen oder heftigen Tornados wie leere Kekspackungen durch die

Gegend fliegen, sind sie doch oft genug eben nur auf die Steine platziert, die bei der Lieferung als Füße hingestellt werden. Inzwischen habe ich zumindest an einer Seite angefangen, Stahlrohre im Boden zu befestigen, um das Haus gescheit zu verankern.

Endlich war es so weit: Zwei Wochen vor Weihnachten zogen Manu und die Kinder zum Moss Lake und ich aus dem Airstream ebenfalls in den neuen Trailer.

Später haben uns noch ein Mann aus Rostock namens Roland und nicht zuletzt immer mal wieder diverse Familien mit kleinen und großen Handwerksarbeiten an den diversen neuen Bauten geholfen. Erstaunlich, wie schnell eine Gemeinschaft entsteht. Ich weiß nicht, ob sie alle nur ein wenig an der großen Villa Kunterbunt mitarbeiten oder ob auch sie ein wenig beweisen wollten, dass man doch abseits der Norm ein kleines, merkwürdiges Paradies erschaffen kann. Vielleicht ist die Erklärung aber auch einfacher, und es machte ihnen schlicht Spaß.

Meine Familie und ich, wir sind wenig kompliziert. Ich mache klare Ansagen, bei mir kann aber auf der anderen Seite auch jeder prinzipiell erst mal tun und lassen, was er will. Ändern werde ich die Menschheit ohnehin nicht mehr. Aber genau diese einfache Struktur, der Freiraum, den hier jeder genießt, und natürlich der Ort, an dem wir das hier alles erschaffen, scheint die Menschen zu uns zu ziehen.

Ich erinnere mich zum Beispiel an einen professionellen Zimmermann, der bei uns am Bau des Dachstuhls mithalf. Er war drauf und dran, das Dach von Haus Dithmarschen komplett anders anzugehen, als ich es gemacht hätte. Ich erklärte ihm, wie ich es haben wollte, und sagte, dass das bisher bei mir immer so funktioniert hätte, woraufhin er meinte: „Das kannst du doch so nicht machen!" Es ging schlicht gegen sein Bild von Handwerkskunst; er hatte diese Handgriffe schon tausendmal gemacht und schlicht mehr Ahnung von der Materie als ich. Also sagte ich: „Mensch, mach doch deinen Kram alleine, wirst schon wissen, was du tust." Ich meinte das nicht im Mindesten böse. Ich vertraute ihm. Er machte alles, wie er es einst gelernt hatte, und es war gut. Am Ende passte alles genau. Richtiges Handwerk ist eben doch oft eine gute Sache, auch wenn ich vieles nach Gefühl mache, was ich nicht ohnehin schon richtig gelernt habe. In diesem Fall aber wusste es unser Gast einfach besser. Was muss ich ihm da noch meine Meinung eintätowieren? Diese Vorgehensweise hat sich bewährt.

Das ganze Haus unterlag sowieso keinen gängigen Maßstäben. Ich machte alles so, wie mir das für den Hang, an dem es hier liegen sollte, passend erschien. Ob das dann auch an anderen Hängen in Deutschland, Amerika oder sonst wo auch so gemacht wurde, war mir schnuppe. Wenn ich der Meinung war, dreieckige Fenster passen in achteckige Rahmen, hab ich das so gebaut. Auch Manu war etwas erstaunt, dass ich das Haus mit nur einer kleinen Skizze auf Pappe anging. Am Ende wurde aber immer aus zwei lose aufgezeichneten Pfosten und einem Stück Glas ein bis auf den Millimeter genau passendes Fenster oder eine stabile Wand, ein Dach usw. Ich brauchte keinen Bauplan, ich brauchte nicht mal weitere Zeichnungen; das kleine Stück Pappe und mein Gehirn reichten vollkommen. Ich hatte alles in meinem Kopf und wusste, wie alles auszusehen hatte. Wenn mal jemand, wie im Fall von dem Zimmermann, kam, der etwas besser zu wissen schien, bitte, kein Problem. Hauptsache, das Haus sah im Ganzen so aus, wie ich mir das dachte. Ansonsten war jede Hilfe, egal wie individuell, gerne willkommen.

An dieser Stelle verneige ich mich noch mal mit einem breiten Grinsen vor all den Leuten, die hier mitgeholfen haben. Auch wenn ich immer sage: „Ich bin der Meister! Hier wird alles so gemacht, wie ich das sage", haben doch alle ihren eigenen Stiefel hier mit reingebracht und eine super Leistung abgeliefert.

Am 5. Mai 2008 war schließlich auch das zweite Gästehaus fertig.

Für September desselben Jahres haben sich die Jungs aus Dithmarschen wieder angekündigt, nicht zuletzt, um das Ende vom Anfang ihrer Leistung, das Ergebnis ihrer Mühen, zu begutachten. Auch dieses Mal planen sie einen entspannten Urlaub mit viel Spaß, und trotzdem weiß ich, dass es sie bestimmt wieder in den Fingern jucken wird. Wahrscheinlich werden sie erneut hier und da mit anpacken wollen und helfen, wo Hilfe nötig ist, und dafür sorgen, dass alles Hand und Fuß hat.

Für uns ist das natürlich jedes Mal toll, aber in dieser umfangreichen Form erwarten wir das selbstverständlich nicht von allen Gästen. Eigentlich sollen ja alle nur eine gute Zeit hier haben. Aber die meisten haben offensichtlich Freude daran, uns zur Hand zu gehen und mitzuwirken. Leider können wir niemandem anbieten, dass wir Arbeit gegen Urlaub tauschen. Geld muss rein und das Haus vermietet werden. Da beißt auch eine texanische Maus keinen Faden ab.

Der bereits erwähnte Rostocker, Roland, war ebenfalls unglaublich. Er reiste mit seiner Frau Conny (mit C!) an, wohnte im Haus Blankenese und machte sich sofort ans Werk, für das Haus Dithmarschen eine Terrasse zu bauen. Kaum hatte er diese nicht eben kleine Fläche fertig, zimmerte er noch mal das Gleiche an unseren eigenen neuen Trailer, eine große Veranda ohne Geländer aus Holz, etwa fünfzehn mal sieben Meter groß. Dort steht nun auch der blau-weiße Strandkorb von RTL und in der Ecke eine Art offener Wandschrank mit Ästen und einem Papageien, genau, Erwin, darin. Ein paar Gartenstühle und ein Tisch runden die Sache ab. Neben der Bar unten am See ist dies unser zweiter Platz zum Ausruhen in der Sonne. Direkt vor der Veranda am Schotterweg steht noch ein Haus. Allerdings nur ein hüfthohes. Dort wohnt Murphy.

All das Engagement, von den Dithmarschenern über all die Familien und Besucher, die uns geholfen haben, bis zur eigenen Anstrengung der gesamten Familie, all die Mühe und Plackerei haben sich gelohnt. Inzwischen sind beide Häuser auf Monate ausgebucht, das Haus Blankenese war das erste Jahr über fast durchgehend belegt. Unsere Erfahrungen mit den Gästen waren durchweg positiv. Wir hatten mit allen viel Spaß, sind mit ihnen Boot gefahren oder haben sie mit zu Dangerous Dave genommen, ansonsten haben sie sich selbst versorgt und sind nie unangenehm aufgefallen.

Rechts und links von all den Lichterketten auf dem Gelände kamen im Laufe der Zeit immer mehr Häuser und Häuschen zusammen und ergeben heute eine bündige Kette von oben am Eingang bis hinunter zum Wasser. Meine Werkstatt, die Ställe der Tiere, der Airstream, das neue große Trailerhaus, das Wäschehäuschen, das Haus Blankenese, das Haus Dithmarschen und natürlich Konnys Hafenkneipe. Unten vor Dithmarschen haben wir inzwischen auf der dunklen Erde Feuerholz an die verbliebenen Bäume gelehnt und befestigt. Der Weg zwischen der steilen Steintreppe und dem Bootssteg sowie der Kneipe wird von dicken waage- und senkrechten Holzpfählen in Kniehöhe abgegrenzt. Am Hang entstehen langsam neue Beete. Das Holzhaus Dithmarschen leuchtet im strahlenden Hellgelb eines frischen Sonnenstrahls. Es sitzt fest im Sattel des steilen Abhangs. Unter seiner üppigen und ausladenden Veranda mit Tischen und Stühlen findet man Surfbretter und aufblasbare Badebetten zum Reinlegen, keine drei Meter vom Wasser entfernt. Wer wohnt hier? Tom Sawyer mit seinem Kumpel Huckleberry Finn? Pippi Langstrumpf? Robert Louis Stevenson, der über einer Fortsetzung der „Schatzinsel" brütet?

Es ist eine vollkommen andere Welt als die, die wir dort vorgefunden hatten, und trotzdem nur die ersten paar Schritte auf einem langen Weg.

Unsere Kinder waren bereits zu halben Amerikanern geworden. Janina war neben ihrer Uni bei einem Juwelierladen gelandet und hatte inzwischen sogar noch zwei andere Jobs. Einen bei „Sarah's on the Square", einem kleinen, sehr netten Eck-Restaurant in Gainesville, betrieben von einer gewissen Donna. Dafür, dass der Laden „Sarah's on the Square" und nicht „Donna's on the Square" heißt, gibt es eine einfache Erklärung, die bis ins neunzehnte Jahrhundert zurückreicht. Zu jener Zeit nämlich befand sich in dem Haus ein Puff. Unten war eine Art Saloon, genau wie man sich einen solchen vorstellt und wie er in zigtausenden von Western-Filmen vorkommt. Im ersten Stock, in dem heute Donna Zimmer zur Übernachtung anbietet, waren Stundenzimmer, in denen Cowboys etwas Ruhe, Entspannung und, na ja, andere Dinge finden konnten. Der ganze Laden, Saloon und Zimmer, hieß „Sarah's", und obwohl heute gänzlich andere Dinge dort angeboten werden, blieb der Name bestehen. Wie ich Donna kenne, hat ihr die Namensgebung sogar einen besonderen Spaß gemacht. Dort, wo einst der Saloon seine raubeinige Klientel empfing, hat Donna ein wirklich gutes Restaurant installiert. Nebenbei gibt die Frau übrigens auch noch Kochkurse, vermietet wunderschöne Zimmer in einem der alten viktorianischen Häuser der Stadt und stellt sogar eigene Süßigkeiten her. Noch so eine positiv Verrückte, die nebenbei bemerkt nicht nur einen deutschen Nachnamen hat (Hertel), sondern auch die lauteste Lache in Gainesville, vermutlich sogar in Texas, ihr Eigen nennt.

Den Job bei „Sarah's on the Square" bekam Janina über Dagmar Vetter und die RTL-Crew, die Donna bei ihrer Suche nach Übernachtungsmöglichkeiten ausfindig gemacht hatten, wenn sie für weitere Teile der Dokumentation in Gainesville waren. Einen anderen Job hat Janina bei einer Filmproduktion angetreten. Letzteren hätte sie noch in ihren Anfangstagen nicht bekommen. Denn ihre Art, mit den Gegebenheiten hier umzugehen, hat sich definitiv geändert. Hatte sie, und auch Jason, am Anfang alles noch viel mehr beobachtet, ohne aktiv zu werden, ergreift sie jetzt mutig die Initiative, sobald sich eine Gelegenheit bietet. Und in Gainesville sind Gelegenheiten rar gesät.

Eines Tages jedoch, sie arbeitete gerade im Juwelierladen in der Stadt, zog eine Parade auf der Straße vor dem Geschäft vorbei, und Janina konnte sehen, wie ein Filmteam den Straßenumzug aufzeichnete. Sofort rannte sie nach draußen und sah sich die Filmcrew ein paar Sekunden an. Sie fragte sofort, ob die nicht eine Aufgabe für sie hätten. Die Leute mit den Kameras zögerten nicht lange und fragten, ob sie direkt mitmachen wolle. Sie könnte für einen Kameramann den Ton machen. Auch das wäre in Deutschland nahezu undenkbar. Janina willigte ein und bewarb sich anschließend mit einem selbstgedrehten Video bei der Produktionsfirma noch einmal offiziell. Sie wurde genommen und damit bestärkt, diesen Weg weiterzugehen. Im Sommer 2008 wird sie mit der Firma in Denton einen Kurzfilm drehen. Einen Horrorfilm. Hätte mir vor fünf Jahren jemand in Schenefeld gesagt, dass meine Tochter in ein paar Jahren in Texas einen Horrorfilm dreht, hätte selbst ich ihn wohl für verrückt erklärt.

Robin Wilson war zwischendurch wieder mal da. Er besuchte uns, als er einen Austauschstudenten aus Eckernförde als Aushilfe beschäftigte und dachte, es wäre eine gute Idee, ihn mit Landsleuten zusammenzubringen. Die beiden kamen also, und Robin sah zum ersten Mal, was sein ehemaliger, so oft von ihm kritisierter Mitarbeiter mit seinen eigenen Händen geschaffen hatte. Ich denke, man tritt Robin nicht zu nahe, wenn man behauptet, dass er mich damals in der Anfangszeit ungerecht behandelt und etwas unterschätzt hat. Nun war er ziemlich erstaunt, was ich alles gebaut hatte. Ich merkte das, ließ mir aber nichts anmerken. Ich erklärte ihm stattdessen bei unserem Rundgang ein paar Dinge über Wärmeberechnung und was ich an modernen und teilweise ganz einfachen Sachen auf diesem Gebiet bereits hier vor Ort umgesetzt habe. Robin war beeindruckt. Aber hier ging es nicht um Konkurrenz. Schon lange nicht mehr. Wir haben inzwischen ein sehr gutes Verhältnis, nicht erst seit der Sache mit dem Schulbus. Robin kennt mich inzwischen einfach besser – und ich ihn auch. Er ist etwas eigensinnig bei seiner Arbeit, aber er ist auch ein brillanter Familienvater und ein guter Typ. Ich habe ihm am Ende offen gesagt, was er teilweise für ein schlimmer Chef für mich war. Robin konnte das nun scheinbar wesentlich besser einschätzen und reflektieren. Er sagte: „Sorry!", und nahm mich in den Arm.

Irgendwann war er auch mal wieder in Deutschland. Es war nicht seine erste Reise dahin, aber dieses Mal sah er jemanden im Fernsehen, den er kannte, und zwar aus Gainesville. Auch das war ihm vorher so nicht bewusst gewesen. Nicht nur, dass er mich abends in der Flimmerkiste sah, er wurde auch selber auf der Straße erkannt. Ich kann mir schon vorstellen, dass das etwas komisch ist. Man stelle sich vor, ein x-beliebiger Mechaniker aus Deutschland würde nach Amerika in den Urlaub fahren und auf der Straße von einigen Wildfremden erkannt werden, ohne auch nur das Geringste getan, ohne sein eigenes Leben auch nur einen Deut geändert zu haben. Robin Wilson jedenfalls fand das richtig gut.

Als ich im Februar 2008 selbst noch mal in Hamburg war, geschäftlich, wie man so schön sagt, ahnte ich nicht, was auf mich zukommen würde. Ich schwöre, ich bekam in der Woche, die ich dort war, zusammengerechnet keine zehn Stunden Schlaf. Es war eine einzige Party, ein Müsli aus Leutetreffen, feiern, „Meetings", wieder feiern, allen Arten von Terminen, erstmals richtigen „Fans" in der alten Heimat begegnen (und ich begegnete ihnen sprichwörtlich überall), neue Kontakte knüpfen und erneut feiern. Ich wurde weitergereicht wie ein alter Kumpel, der gerade mit einem gewonnenen Pokal nach Hause kommt. Außer, dass dieser Pokal unsere Auswanderung war, eine selbstverständliche Sache für uns.

Was genau sich für uns in Deutschland geändert hatte, bekam ich schnell zu spüren. Ich war gerade angekommen aus Dallas, da stand ich am Frankfurter Hauptbahnhof und stellte fest, dass mein Handy nicht funktionierte. Ich musste aber dringend Bescheid geben, wo ich bin und was ich als Nächstes mache. Also blieb mir nichts anderes übrig, als irgendjemanden anzusprechen. Ohne mich vorzustellen, fragte ich einen x-beliebigen Mann, ob er mir für ein Gespräch sein Handy leihen könne. Der Mann sieht auf, guckt mich lächelnd an und sagt: „Klar, Konny." Ich war inzwischen jedermanns Kumpel. Der Freund aus dem Fernsehen. Eine Einbahnstraßen-Bekanntschaft. Sie kannten mich, identifizierten mich als ihren Freund, ich kannte keinen von ihnen. Aber es war toll. Sich vorstellen war sinnlos geworden. Menschen kamen freudestrahlend auf mich zu, umarmten mich und boten mir ihre Freundschaft, allerlei Getränke oder auch Essen an. Ich lernte mehr Menschen in dieser Woche kennen als in irgendeiner anderen in meinem Leben. Ich aß mit Köchen von Restaurants, wurde herumgereicht wie ein gelungener Schnappschuss in einer lustigen Runde und konnte nichts Verwerfliches daran finden. Es war ein großer Spaß, und ich wusste, dass ich in einer Woche wieder am Moss Lake sitzen und am Gästehaus Dithmarschen weiterbauen würde. Menschen würden wieder wie durch einen großen Filter zu uns kommen, immer noch genug, aber kein Vergleich zu dieser verrückten Woche in Hamburg im Februar 2008.

Und auch für RTL fielen weiter positive Brocken ab: Die FAZ am Sonntag machte ein Interview mit mir, der Redakteur war mehr als angetan von unserer Geschichte, und wir verstanden uns derart gut, dass die Frankfurter Allgemeine Sonntagszeitung, die traditionell scheinbar ein eher kritisches Auge auf Sendungen aus dem Bereich „Reality TV" wirft, das wohl erste Mal positiv über ein solches Format berichtete. Der schreibende Journalist hob besonders lobend hervor, dass bei den „Reimanns" ausnahmsweise niemand bloßgestellt oder öffentlich vorgeführt würde.

Ostern 2008 haben wir uns drei Küken in unterschiedlichen Farben gekauft. Man muss dazu wissen, dass in Texas jedes Jahr zu dieser Zeit überall Küken gefärbt werden, weiß der Teufel warum, aber von Popcorn bis zu ganzen Bauten wird in Amerika alles in Farbe getunkt, was nicht bei drei auf den Bäumen ist. Also auch unsere Küken. Lila nannten wir Big Fluff, Grün wurde The Grinch und Blau bekam logischerweise den Namen Smurf (Schlumpf). Stellvertretend für die verrückte neue Welt, in die wir mit voller Absicht geraten waren, stolzierten sie über unser Gelände, und irgendwann war auch ihre schillernde Federpracht einer natürlichen gewichen. Heute sind sie drei schneeweiße Hähne, die sich in die Tier-WG gut einfügen!

Und dann gab es da noch die Hertel-Turtle. Dass wir mit Tieren gut umgehen können und eine Vorliebe für die unterschiedlichsten Tierarten haben, war auch Donna nicht verborgen geblieben. Einmal, als wir mit der RTL-Crew bei „Sarah's on the Square" zu Mittag aßen, fragte Dagmar Donna, ob sie wisse, dass sie eine Schildkröte in ihrem Pool habe. Wie sich herausstellte, handelte es sich um eine Schnappschildkröte, die sich verirrt hatte, und fortan mochte keiner von Donnas Gästen mehr bei ihr schwimmen gehen. Donna fragte also den furchtlosen Tierliebhaber Konny, ob er sich bereit erklären würde, das Tier, das wir aufgrund von Donnas Nachnamen zunächst

"Hertel-Turtle" nannten, aus dem Wasser zu holen. Natürlich sagte ich „Ja", und wenig später fischte ich sie tatsächlich aus Donnas Pool. Wir haben sie dann gemeinsam auf der Ladefläche des roten Pick-ups zum See gebracht und ihr dort die Freiheit geschenkt. Nicht jedoch, ohne sie vorher noch auf den Namen „Gertrud" zu taufen.

Im Mai 2008 war Manu das erste Mal seit unserer Auswanderung wieder in Deutschland und somit auch das erste Mal wieder in Hamburg. Ihre beste Freundin Uta hatte sie schon Wochen vorher mündlich zu ihrer Hochzeit eingeladen, und Manu hatte lange überlegt, ob es möglich wäre, hinzufliegen. Ich hatte bei meinem Besuch im Februar die offizielle Einladung mitgenommen, und spätestens da war klar: Sie musste (und wollte natürlich auch) kommen.

Aber einfach so sollte das dann doch nicht vonstattengehen. Manu hatte hierzu einen teuflischen Plan: Sie sagte ab. Einer erschütterten Uta erklärte sie am Telefon, es täte ihr unglaublich leid, aber sie könne nicht weg, ihr Arbeitgeber, das Kasino, würde in dieser Hinsicht kein Erbarmen kennen. Uta war am Boden zerstört, musste aber nach allen Überredungsversuchen einsehen, dass an dem Fakt weder sie noch Manu rütteln konnten. Manu hatte Dagmar bereits in ihre Pläne eingeweiht und um ihr Mitwirken gebeten. Als Dagmar zur Einweihung vom Haus Dithmarschen nach Gainesville kam, besprachen sie lediglich die letzten Details.

Am 9. Mai sollte die Hochzeit über die Bühne gehen, einen Tag vorher kamen Manu und mit ihr Janina in Hamburg an. Sie erzählte mir später, wie fremd ihr alles vorkam. Selbst ihr geliebtes Hamburg war für sie kaum wiederzuerkennen. Es war, als führe sie im Taxi vom Flughafen durch eine fremde Stadt. Erst als sie die Alster und die Innenstadt erreicht hatten, stellte sich so etwas wie ein vertrautes Gefühl bei ihr ein.

Am nächsten Tag klingelte es an der Tür des Brautpaares. Uta öffnete und sah sich zwei Frauen gegenüber, die einen Blumenstrauß in der Hand hielten. Sie stutzte und hielt für einen Moment inne. Eine der Frauen hatte einen kurzen braunen Pagenschnitt, die andere hatte lange blonde Haare, und beide trugen sie Sonnenbrillen. Die Frauen waren üppig geschminkt, die dunkle von beiden hatte sogar einen gemalten Schönheitsfleck. Hinter den Blumen befand sich, was Uta nicht sehen konnte, ein Spickzettel, der der Frau mit dem Pagenschnitt dazu diente, der perplexen Braut in spe einen vorbereiteten Text fehlerfrei und mit verstellter Stimme aufzusagen: „Hallo, Frau Pahnke. Dies ist ein Blumengruß zu Ihrer Hochzeit. Und Sie glauben ja wohl nicht, dass sich Ihre beste Freundin in Amerika diesen besonderen Moment entgehen lässt."

Uta schaute ungläubig auf und entdeckte hinter den beiden Botinnen eine Kamera. Von einer auf die andere Sekunde wurde ihr alles klar. Vor ihr stand die Frau, die sie schon länger für diesen Tag als „vermisst" abgeheftet hatte und die sie sich doch so sehr neben sich gewünscht hatte. Und hinter dieser Frau und ihrer Tochter standen zwei RTL-Mitarbeiter sowie Dagmar Vetter und ihr Kamerateam und hielten die Überraschung für die Nachwelt auf Film fest. Nachdem Manu und Janina in Hamburg angekommen waren, hatten sie sich ihre Tarnkleidung besorgt und die letzten Dinge organisiert, damit die Saat aufgehen konnte. Auch der künftige Ehemann war eingeweiht, nur die Braut ahnte nichts. Als Manu nun mit Janina von Scheitel bis Sohle verkleidet vor ihr stand und Uta schließlich erkannte, was los war, brachen in ihr alle Dämme. Sie kam die paar Stufen von der Tür zu ihnen herunter, riss Manu die Perücke vom Kopf und umarmte erst sie und dann Janina. Sie fing an zu zittern und zu weinen, unvorhergesehenes Glück überrollte sie wie eine Lawine. Die Überraschung war nicht nur geglückt, Manu hatte mitten ins Schwarze getroffen. Es war eine dieser Aktionen, die genau so ablief wie vorher gewünscht. Manu hatte den ohnehin schon schönsten Tag ihrer Freundin sogar noch ein großes Stück schöner machen können.

Die anschließende Feier war für das Brautpaar, aber auch für Manu, weit mehr als nur ein rauschendes Fest. Der ganze Tag hatte schon perfekt geklappt. Nach dem Standesamt-Termin wurde „Beautiful Day" von U2 gespielt und auf der Feier nun der Hochzeitstanz von Manus und meinem Hochzeitslied aus Las Vegas eröffnet. Es passte alles, und die Nacht der Party war wie ein Beweis, wie schön das Leben sein kann.

Manu und Janina waren sechs Tage lang in Deutschland. Janina traf sich in der Zeit mit ihrer Freundin Maureen, Manu machte mit ihrer anderen besten Freundin Sandra, deren Tochter Nina sowie Uta und Janina einen Reeperbahnbummel, und Mutter und Tochter statteten auch zusammen noch dem ein oder anderen Laden einen Besuch ab. Doch die Unterschiede und Veränderungen waren überall spürbar. Wieso waren auf einmal die Polizeiautos blau? Was machten all die Menschen bei sommerlichen Temperaturen auf der Straße und in den Cafés? In Texas verkrochen sich die Leute, sobald die Sonne ihr lautestes Gelb herausholte. Als Manu sich schließlich in einer Bank Geld auszahlen ließ und neben den großen Scheinen auch ein paar 1-Euro-Scheine verlangte, wurde ihr spätestens klar, dass sie bereits ein anderes Leben lebte. „Tut mir leid, ich komm nicht von hier", war ihre zwar falsche, aber doch auch richtige Antwort auf das verdutzte Gesicht der Frau hinter dem Schalter. Manu war längst an 1-Dollar-Noten und amerikanische Lebensweisen gewöhnt und hatte nur noch Erinnerungen anzubieten, in denen grüne Polizeiautos die Straßen entlangrollten.

Sie sagte mir später, Hamburg sei für sie immer noch die schönste Stadt der Welt. Und Hamburg sei ihr Zuhause. Ein anderes Zuhause, denn eigentlich sei das jetzt Gainesville.
Am Ende der Tage in Hamburg besuchten Manu und Janina noch meinen Vater. Sowohl er als auch seine beiden Besucher freuten sich sehr, sich wiederzusehen. Er hatte immer noch den trockenen Humor, den er auf biologischem Wege auch mir in die Knochen geschoben hat. Er war immer noch der tolle Mann, den ich vor Jahren erst selbst entdeckt und kennengelernt hatte. Und er hatte immer noch die gleiche große Klappe wie ich.
Am 15. Mai nahm Uta am Flughafen Abschied. Während es für beide kein schöner Moment war, so schien es Manu doch in gewisser Weise leichter zu

haben. Sie konnte sich schon wieder auf ihre restliche Familie, Texas und ihr neues, altes Leben freuen. Auf 1-Dollar-Scheine und Konny Reimann, ihren verrckten Mann am Moss Lake.

Man kann wohl sagen, dass das Jahr 2007 ziemlich aufregend für uns verlief, und der Start des Jahres 2008 versprach nicht viel Änderung in dieser Hinsicht. Wunderbar. So konnte es weitergehen. Stillstand und Wiederholung sind tödlich langweilig. Und Gott sei Dank scheinbar weit von uns entfernt.

Das alte Haus in Gainesville musste weg. Dies war eines der großen Projekte für den Sommer 2008. Es musste wieder mal renoviert, der Rasen und der Garten auf Vordermann gebracht werden, bevor wir es ernsthaft zum Verkauf anbieten konnten. Den Erlös aus einem Verkauf würden wir mehr als sinnvoll einsetzen können. Das Grundstück uns gegenüber wartete auf ein paar Zelt- und Stellplätze für Biker oder Camper, eine neue große Werkstatthalle und vielleicht sogar einen Tennisplatz. Unser eigenes Stück Land würde ein eigenes neues Haus für uns erhalten, und nicht zuletzt wäre da noch mein Leuchtturm, der auch irgendwie finanziert werden muss.

Los ging's.

10

DIE ZUKUNFT

Jan war verschwunden.

Wir hatten schon länger nichts mehr miteinander zu tun. Seit der Zaun-Arie war jeglicher Kontakt abgebrochen. Irgendwie tat es mir leid, dass die Freundschaft mit einem so alten Freund eine so traurige Wende erfahren hatte, aber man muss seinen Prinzipien schon treu bleiben. In jedem Fall hatten wir nichts mehr von ihm gehört, er war erneut vom Erdboden verschluckt.

Irgendwann haben wir erfahren, dass er nicht nur in unserer Umgebung fehlte. Jan war nicht mehr in Texas, wie uns Werner erzählte. Das verwunderte uns nicht wirklich, gab uns aber zu denken. Jan hatte sich hier etwas aufgebaut, und obwohl sein Ruf arg ramponiert war, schien sein Business als Hufschmied mit allerlei Nebenjobs hier und da doch irgendwie zu laufen. Die Wahrheit war, dass Jan Schwierigkeiten mit der amerikanischen Einwanderungsbehörde hatte und bei dem Versuch, nach Mexiko in den Urlaub zu reisen, prompt festgehalten wurde. Die Ein- und Auswanderungsgesetze sind extrem hart in den USA, und die Behörden kennen kein Pardon. Werner wusste Bescheid, weil Jan ihn von der Grenze aus angerufen und informiert hatte. Jan musste sich sogar einen Anwalt nehmen, um ausgelöst zu werden, und auch Werner half ihm aus der Patsche, behielt jedoch Jans Auto und Werkzeug als Pfand für ein paar Gefallen in der Angelegenheit. Jan musste das Land daraufhin sofort verlassen, wurde mit einem wer weiß wie lange geltenden Einreiseverbot belegt, und sein Auto und auch sein Werkzeug warten bis heute tapfer auf ihren früheren Besitzer und bessere Zeiten. Vermutlich ist er jetzt wieder irgendwo in Deutschland. Tief in meinem Herzen mag ich diese Art von verrückten Typen ja, ich hab ja genug schrägen Kram mit ihnen unternommen. Aber an gewissen Punkten im Leben muss man irgendwann mal die Rolle eines Erwachsenen einnehmen.

Auch der Kontakt zu meiner eigenen Familie ist inzwischen auf ein Minimum reduziert. Zu meiner Mutter und meiner Schwester habe ich seit Längerem keinen Draht mehr, während das Verhältnis mit meinem Bruder entspannt ist. Stiefvater Nothmann ist längst tot. Mein Vater, ich hatte das weiter vorne erwähnt, kommt bald zu Besuch. Ich freue mich sehr darauf.

Ob Telefonanrufe, E-Mails, Menschen am Gartenzaun, über Internetforen oder Postkarten für die Hafenkneipe, wir bekommen immer noch derart viel Rücklauf, dass naturgemäß auch ein paar dabei sind, bei denen man sich ein Schmunzeln nicht verkneifen kann. Manchmal sind es Verrückte, manchmal schlicht Spaßvögel oder Gelangweilte, ab und zu verirren sich auch wirklich tragische Geschichten zu uns, neben all den vielen tollen Zuschriften mit Zuspruch und mutmachenden Kommentaren.

Es gab aber auch schon Schreiben, die von allem ein wenig hatten und die einen neben dem vordergründigen und unfreiwilligen Humor, den sie ausstrahlten, auch nachdenklich zurückließen. Eine Frau schrieb uns beispielsweise, dass sie und ihr Mann ebenfalls nach Amerika ausgewandert seien, nicht zuletzt, weil sie uns als eine Art Vorbild ansahen. Sie waren keine fünf Tage hier, da legte sich die Frau eines Nachmittags mit Kopfschmerzen ins Bett. Als sie aufwachte, war ihr Mann verschwunden – und ist seitdem auch nicht mehr aufgetaucht. Sie wartete, aber er kam nicht mehr zurück. Speziell ihr Mann hatte wohl immer davon gesprochen, dass er Konny gerne mal kennenlernen wollte. In dem Brief an uns fragte sie nun, ob er sich vielleicht in einem unserer Häuser aufhalten würde und ob wir helfen könnten?

Ähnlich verlief die Geschichte einer anderen Frau, deren Mann ebenfalls das Weite gesucht hatte, und das Weite war in diesem Fall Denton. Er hatte sie anscheinend mit Kindern in Deutschland zurückgelassen. Ihre Frage war nun, ob wir nicht nach Denton fahren und ihrem Mann etwas Vernunft einreden könnten.

Wieder jemand erzählte uns, dass er in Deutschland einen Schamanen-Indianer gesehen hätte. Dieser lebe, so die vorliegenden Informationen, jetzt in New Mexico. Der Staat sei doch ein Nachbarstaat von Texas, ob wir so nett sein könnten, ihn ausfindig zu machen?

Und das waren nur ein paar Auszüge aus den teilweise absurden Mitteilungen und Briefen, die wir bekamen. Meistens steht tatsächlich eine tragische Geschichte dahinter. Aber so traurig das auch ist, wir können nicht helfen. Wir können weder nach Denton noch nach New Mexico fahren. Wir sind hier am Moss Lake fest installiert und fangen ohnehin schon eine Menge seltsamer Vögel ein, ob wir wollen oder nicht.

Auch nach über vier Jahren haben wir noch keinen Notfallplan. Die Tür ist zu. Hamburg ist Geschichte, unser altes Leben ein wunderbares Fotoalbum, aber wir haben keinen Gedanken daran verschwendet, zurückzukehren. Irgendwann mal am Anfang meinte ich zu Manu: „Wenn alles schiefgeht, packen wir unsere Koffer und fangen in Hamburg neu an, wir könnten das", aber natürlich war das keine Option. Ein Scheitern stand nicht in unserem ungeschriebenen Drehbuch. Man muss für sich selbst sorgen, egal wo. Und wenn wir es nicht schaffen, wer dann?

Ich weiß noch, dass ich mich schon ganz früh nicht auf andere verlassen wollte. Hatte ich in jungen Jahren einen Job beendet, meldete ich mich pflichtgemäß beim Arbeitsamt, allein um dem offiziellen Weg Genüge zu tun, aber immer hatte ich am nächsten Tag schon selbst eine neue Arbeit gefunden. Also rief ich beim Amt an und gab Bescheid. Die Frauen am anderen Ende der Leitung konnten das nie fassen – „Wie? Das geht doch nicht! Dazu sind wir doch da? Was sollen wir denn jetzt machen? Und wie sollen wir das abrechnen?" – „Braucht ihr nicht", beruhigte ich sie immer. Ich war längst gedanklich auf dem nächsten Dampfer, zu einer neuen Aufgabe.

Ich möchte keine große Philosophie daraus machen, aber ich vermute, dass es weder einen selbstbewussteren Menschen gibt als mich noch einen größeren Optimisten. Beides führt dazu, dass auch nach all den aufregenden und nicht immer leichten Jahren hier in Amerika meine Einstellung im Grunde ist: Es gibt keine Schwierigkeiten! Es gibt auch keinen Stress! Fast schon wie ein Roboter habe ich im ersten Jahr bei jeder neuen Situation meiner Familie entgegengerufen: „Das is' so! Wir sind hier jetzt in Amerika, und hier ist alles anders." Ich weiß nicht, wie oft ich diesen Satz wiederholt habe. Schon bald fingen sie alle an, mich damit aufzuziehen, aber ich konnte nicht anders, zu oft reizte es mich, die für mich logische Losung zu wiederholen. Und auch Gäste, Besucher, Kollegen und Kunden bekommen immer wieder von mir zu hören, was ich hier als Erstes von den Leuten mitbekommen habe: „Akzeptiert die Situationen so, wie sie sind, und geht damit um! Das Leben is' so. Alles andere ist Quatsch."

Bei Janinas ehemaliger Chefin Donna hängt ein in Holz gehauener Spruch zu Hause über ihrem Schreibtisch: „Never never never give up." Könnte von mir sein, ist aber von Winston Churchill. Mein kurzes, schon ein paar Mal erwähntes hanseatisches „Is' so" passt gut dazu. Egal, was auf einen zukommt, es lässt sich ohnehin nicht vermeiden. Was soll ich mir groß Gedanken und Sorgen vor der Zukunft machen? Sie wird eintreten, und ich werde mit ihr leben. Sie verwandelt sich ohnehin binnen Sekunden in Vergangenheit. Da sagt man einfach „Is' so" und macht weiter im Text, denn das Wichtige ist nicht, was passiert, sondern dass man weitermacht, immer an das glaubt, was man macht, und sich durch nichts und niemanden davon abbringen lässt. Churchill hatte also Recht.

Das Ignorieren von Paragraphen und Bestimmungen habe ich aber nicht erst in Amerika (wo es viele der überflüssigen Paragraphen gar nicht erst gibt) gelernt. Auch in Deutschland habe ich das so gehalten, immer aus dem Bauch entschieden, aber den Verstand als Berater dazugeholt. Wenn man so will, war ich quasi schon in der alten Heimat ein „Outlaw". Amerika kam mir da sehr entgegen. Denn hier bin ich zwar immer noch anders als die anderen, aber wenn hier jemand schräg ist oder ungewöhnliche Dinge tut, rümpft keiner die Nase, sondern jubelt und feuert einen an, wenn überhaupt Notiz davon genommen wird, denn in Amerika gibt es mehr Verrückte als Normale.

Auch wenn wir hier noch nicht so viele echte Freundschaften mit US-Bürgern geschlossen haben, genieße ich doch sehr die vorherrschende Mentalität. Niemand hadert hier mit dem Schicksal, weder bei der Arbeit noch bei sonst irgendwas. Alle sind ruhiger, gelassener, es wird nicht so viel lamentiert. Im Gegenteil, die meisten können über ihre kleinen und großen Unglücke oft lachen und sich sofort einer neuen Himmelsrichtung zuwenden, um irgendwie anders als bisher weiterzumachen.

Natürlich kann man auch oft verzweifeln, hat das Gefühl, dass von 100 Menschen nur einer dabei ist, der was im Kopp hat. Aber, Hand aufs Herz, auf die eine oder andere Weise geht einem das in vielen Ländern so. Vielleicht ist Amerika zu groß, um über den eigenen Tellerrand zu schauen. Das fängt in der Schule an und wird später kaum besser. Die Menschen hier bekommen oft gar nicht erst beigebracht, was es da noch so alles in der Welt gibt, was unweigerlich dazu führt, dass sie kein Interesse an anderen Menschen, Nationen und Ideen haben. Gleichzeitig empfangen sie jeden mit offenen Armen, egal was er macht und woher er kommt. Von diesen Widersprüchen gibt es in Amerika eine ganze Menge. Denn auch wenn wir schon auf Leute gestoßen sind, die 10 + 1 mit dem Taschenrechner ausrechnen, es gibt doch einiges, was man sich von den Menschen hier abschauen kann. Wären wir auch hierher gekommen, wenn wir vorher gewusst hätten, wie die Leute hier ticken? Ich denke schon. Das Land ist groß, man kann tun und lassen, was man will. Wen kümmert es schon groß, wie hell jemand in der Birne ist. Hat mich in Deutschland schon nicht interessiert und tut es hier auch nicht. Wichtig ist, was *wir* machen.

Ganz abgesehen davon sind auch mit Deutschen, die wir neu kennengelernt haben, nur wenige richtige Freundschaften entstanden. Aber ab und an sind bei den Gästen welche dabei, mit denen man dann doch länger zu tun hat, die auch öfter kommen. Es gab, glaube ich, noch keinen, der hier eine schlechte Zeit hatte; die Umgebung ist einfach zu schön, die abendlichen Grill-Partys in der Hafenkneipe zu entspannt, der See zu ideal, und wir gehen den Menschen auch nicht auf den Zeiger, auch wenn wir hier ein paar klare Regeln haben. Konnys Regeln. Ich muss das mit einem Schmunzeln sagen, denn noch musste ich sie nie wirklich ernsthaft erklären. Aber ein paarmal habe ich doch auch schon geschluckt, wie sich die Leute benehmen. Viele erklären, sie würden wiederkommen, was aber die wenigsten tun. Für uns ist das kein Problem, ein paar kamen wieder, und das sortiert sich von ganz alleine, wäre ja auch schlimm, wenn jeder Besucher mein bester Freund würde.

Einen unserer neuen amerikanischen Freunde mussten wir am 19. Juli 2008 ein bisschen reinlegen. Robin Wilson war am 11. Juli sechzig Jahre alt geworden, und seine Frau Patty und die Kinder Sharon, Nancy und Michael hatten für ihn eine Überraschungsparty bei Nancy zu Hause organisiert. Er wurde unter dem Vorwand eines Familienessens dorthin gelockt, und als er zur Tür hineinkam, rief ein ganzer Haufen seiner Freunde: „Surprise!", unter anderem natürlich auch wir. Es war ein schöner Moment, dabei zu sein, als eine unserer ersten Kontaktpersonen in Amerika ein so schönes Fest feierte und wir eingeladen waren. Auch das hätte ich nicht gedacht, als ich bei Robin vor vier Jahren im Laden stand und auf die meisten seiner Fragen mit „It's great" geantwortet habe. Aber ich hatte Recht: It *is* great!

Wo wir gerade von Freunden sprechen: Von unseren Hamburger Freunden war bisher noch kaum einer da. Aber nicht, dass wir uns da missverstehen. Das muss auch nicht sein. Wir sind in Kontakt – E-Mail, Telefon, Skype, was auch immer. Wir könnten uns eh kaum um sie kümmern. Unsere Freunde bleiben dennoch für uns ewig das, was sie sind: verlässliche Kumpels, egal wie viel Zeit zwischen einzelnen Treffen liegt. Andersrum wissen sie das ebenso.

Am 6. Juli 2008 haben wir Janina beim Umzug in ihre neue Wohnung, ihrer ersten eigenen, in Denton geholfen! Sie wohnt dort in einem Haus bei einem Pärchen aus Taiwan: Sehr ruhig – Partys, Jungs oder ähnliche Störungen sind nicht erlaubt. Mehr Freiheit und doch auch wieder ein paar Regeln. Sie hat 2007, nach dem Ende der Schule, ihren Grundkurs an der Uni angefangen und geht jetzt auf die University of North Texas. Zudem hat sie ihre alten Jobs aufgegeben und einen neuen bei dem Süßigkeitengeschäft „Candy Haven" („Süßigkeiten-Hafen" bzw. „-Oase") in Denton angefangen. Sie ist dort zuständig für das Dekorieren der Torten, die den Löwenanteil der Einnahmen des Ladens ausmachen. Sogar ein paar Prominente haben dort schon ihre Torten bestellt. Ihr neuer Boss hat am Moss Lake ein Wochenendhaus, irgendwie trifft sich eben alles immer wieder, und auch in Amerika ist die Welt manchmal klein. Janina hat sich in den letzten Jahren nicht nur bei diversen Jobs, teilweise vielen nebeneinander, durchgebissen, sondern sich inzwischen auch auf eine Richtung für die berufliche Zukunft festgelegt: Sie will im Film-Business Fuß fassen. Keine ganz leichte Aufgabe, aber wir werden sehen, was daraus wird. Langfristig kann sie sich auch gut vorstellen, nach Los Angeles oder New York zu gehen. Für mich wär das ja nix, aber sie soll machen, was sie möchte. Ich bin damals ja auch erst mal in die große, weite Welt. Moment. Ich bin ja immer noch in der großen, weiten Welt!

Die Uni durchläuft man hier in der Regel in vier Jahren, alles etwas schneller und kompakter als in Deutschland. In ein paar Jahren wissen wir und Janina also mehr, und auch hier gilt: Nicht lange schnacken, los geht's.

Jason fängt auch gerade sein Studium an dem College in Gainesville an und beginnt so seine ersten wirklich unabhängigen Schritte im Leben. Später will er „Computer Engineering" in Dallas studieren oder vielleicht auch an die „Texas A&M University" im Süden gehen. Außerdem hat er gerade einen neuen Job angefangen. Er arbeitet jetzt in Oklahoma in einem großen Kasino namens WinStar, das dem ein oder anderen inzwischen vielleicht bekannt sein könnte. Im Department „Valet" ist er dafür zuständig, die Autos der Kunden zu parken, die keine Lust haben oder zu faul sind, über den ganzen Parkplatz zu laufen. Sie fahren vor den Eingang und lassen Jason das Auto weiter weg abstellen. Ich erwähnte schon, dass Amerikaner am liebsten bis ins Bett fahren würden, wenn sie könnten. Jason profitiert nun von dieser Vorliebe.

Ich muss schon grinsen, wenn ich bedenke, wie ich, jünger als alle beide, schon von zu Hause weg war und bei Blohm & Voss Dinge lernte, die ich bis zum heutigen Tag anwenden kann. Ich muss grinsen, weil die Voraussetzungen und auch die Umgebung für die beiden im Vergleich zu meinen damals komplett anders sind. Und auch wenn ich weiß, dass der Weg, den ich gegangen bin, mich sehr für das Leben geschult und geprägt hat. Das von den Wellblechbaracken über meine schräge Familie bis hin zu Blohm, der Bundeswehr und allem, was danach kam. Vieles war schwierig, hat aber meinen Charakter zu dem gemacht, was er heute ist. Auch wenn ich all dem Rechnung trage, so bin ich doch sehr froh, dass Janina und Jason die Möglichkeiten und die Freiheit haben, die sie hier in den USA vorfinden.

Ich weiß, dass Jason es manchmal etwas anstrengend findet, einen so aktiven und etwas verrückten Vater zu haben. Wenn man ihn aber danach fragte, würde auch er vermutlich nichts ändern oder mit jemandem tauschen wollen. Irgendwann wird es aber eine sich jetzt schon andeutende Emanzipation geben. Auch das is' gut so. Weder Jason noch Janina werden in Gainesville bleiben. Nach Europa hingegen möchten beide höchstens noch in den Ferien. Leben werden auch sie weiter in Amerika.

Was Manu betrifft, wird sie sicher auch noch ein Weilchen in dem Indianer-Kasino arbeiten. Es gefällt ihr dort gut, sie hat mehr als Fuß gefasst, und ihre Arbeitszeit passt in unser Leben wie ein Puzzlestück. Sollten wir aber unser Grundstück hier erweitern und neben den zwei Gästehäusern noch den kleinen Campingplatz oben auf der anderen Seite vom Schotterweg eröffnen und weitere Geschäftsfelder wie das der Salsa starten, wird sie sich wohl irgendwann, genau wie ich, nur noch um das Business Reimann kümmern. Eine weitere Etappe zu unserer endgültigen Familien-Autonomie. Sobald unser neues großes Haus oben am Hang fertig ist, wird Manu auch wieder ein Nähzimmer haben. Was sie vor Jahren begonnen und über die Jahre gepflegt hat, wird auch hier seine Fortsetzung finden. Und natürlich wird sie weiter mein „partner in crime" sein, die Person, die ich über alles liebe und ohne die ich das alles gar nicht hätte machen können. Wäre meine ganze Familie nicht genau wie ich etwas irre, würden wir wahrscheinlich heute immer noch in Schenefeld sitzen. Tun wir aber nicht, denn wir sind wohl definitiv ein bisschen verrückt.

Neben den erwähnten Zeltplätzen und meiner großen Werkstatthalle kann es bei den Reimanns aber in Zukunft auch noch lebendige Zuwächse geben. Wer weiß, vielleicht wird sich auch unsere kleine Tierfarm noch erweitern. Die bereits vorhandenen Tiere machen jedenfalls keinen unglücklichen Eindruck. Allein Erwin sonntags früh vor dem Aufstehen zuzuhören, wie er vor sich hinsabbelt, was das Zeug hält, ist eine wahre Freude. Ich schätze, er kennt um die 300 Wörter, die er je nach Lust und Laune ausspuckt. Sonntags vormittags ist er aber fast immer gut in Fahrt. Meine Hamburger Sprüche, angefangen bei dem obligatorischen „Moin, Moin", gehen da Hand in Hand mit englischen Kleinigkeiten wie „good boy". Nettes wechselt sich mit üblichen Papageien-Fiesheiten à la „Schweinebacke" ab. Ohne dieses gefiederte Live-Radio würde bei uns sonntags schon lange etwas fehlen.

Die Gästehäuser haben indes nicht nur unsere Besucher entzückt. Der gute alte Rick hat sich schon gemeldet, er möchte genau die gleichen auch haben. Zwei Mal „Haus Dithmarschen", wenn's nach ihm ginge. Sollte es also irgendwann mal nichts mehr auf unserem Grundstück zu tun geben (was ich bezweifle), kann ich mich direkt nebenan ans Werk machen.

Davor liegen aber noch so viele eigene Pläne in der Schublade, die nichts weiter als meine eigene Brust und mein Kopf ist. Vielleicht machen wir ja auch bald noch eine Pferderanch in der Nähe auf. Zusätzlich. Wieso nicht? Natürlich liegt so was nicht morgen an, aber Lust hätte ich, zudem wäre es die ideale Ergänzung zu den Häusern, dem Schulbus, Dangerous Dave und dem See. Die Leute könnten hier Urlaub machen und über uns alles bekommen, was Texas zu bieten hat. Außerdem habe ich mich schon nach Hallen erkundigt, in denen ich in Gainesville Karatekurse geben kann. Und zwar hartes Karate nach alter japanischer Tradition! Dabei wird es darum gehen, den Charakter zu festigen und Disziplin zu lehren. Aber das wird eine andere Geschichte sein.

Inzwischen steht ziemlich fest: Wenn dieses Buch erscheint, werden wir unser altes Haus in Gainesville verkauft haben. Das hoffe ich zumindest.

Ende Juli 2008 haben wir die letzten Halme gemäht und das Haus so ansehnlich wie möglich für künftige Besitzer gemacht. Dass für die Rasenflächen vor und hinter dem Haus sage und schreibe vier Rasenmäher aufgewendet werden mussten, ist wieder so eine Geschichte. Es war schön, wir haben gerne da gewohnt, aber jetzt sind wir schon fast ein Jahr zusammen am Moss Lake, ich sogar schon fast zwei Jahre. Das alte Haus hat uns zu viel Zeit und Geld gekostet, es gehört einfach der Vergangenheit an. Wahrscheinlich werden wir damit unter dem Strich sogar etwas Verlust machen, aber die vielen neuen Dinge, die es zu bewältigen gibt, sind einfach wichtiger und spannender, als den alten Schuppen vergangener Tage noch mal über Monate auf Vordermann zu bringen und strahlender zu machen, als wir ihn je gesehen haben. Da verzichten wir lieber auf ein paar Kröten und wenden uns der Zukunft zu. Es ist klar, wer den Verkauf für uns erledigen wird – natürlich die Frau, zu der wir erstmals in Deutschland Kontakt hatten, die wir am zweiten Tag unseres texanischen Lebens kennenlernten, die ebenfalls am Moss Lake wohnt und die uns in Unterkunftsfragen immer gut zur Seite gestanden hat: Rita Greer. Sie wird verkaufen, was sie uns einst anbot und verkaufte.

Wir werden nie wirklich Amerikaner sein. Wie soll ich als alter Hanseat, als Junge von der Alster, denn jemals ein Redneck werden? Das geht doch gar nicht. Ich bin der „Meister" und kein Mister. Die Ironie könnte dennoch siegen, denn im Jahr 2009 werde ich wahrscheinlich, zumindest auf dem Papier, Amerikaner. Nach fünf Jahren, die man am Stück in Amerika gelebt haben muss, kann man offiziell den Antrag stellen. Auch das hätte ich vor vier Jahren noch nicht für möglich gehalten. Man stelle sich mal vor, mir hätte in meinen Lehrjahren bei Blohm & Voss jemand gesagt, ich würde mit knapp über fünfzig ein Amerikaner sein!? Den hätte ich doch eingewiesen. Egal, Konny wird Ami. Und dann heißt es für mich endgültig: Don't snäck, Kopf in' neck! Lacht nicht, das is' so.

Bevor man aber eingebürgert wird, steht noch ein Fragebogen mit sage und schreibe hundert Fragen aus. Ich weiß nicht, wie viele man davon zur Zufriedenheit gelöst haben muss, aber es wird schon gehen. Den Führerschein habe ich ja auch zweimal gemacht. Nicht etwa, weil man das hier so machen muss. Nein, ich hatte schlicht die erste Prüfung nicht bestanden.

Aber noch mal zur Staatsbürgerschaft: Der Vorteil, den die amerikanische Staatsbürgerschaft für uns mitbringt, besteht darin, dass uns danach niemand mehr wegschicken kann. Momentan könnte sich morgen die Einwanderungsbehörde melden und sagen, deine Nase ist zu groß, du musst leider in den nächsten vierzehn Tagen nach Hause fahren. Bye-bye! Um das zu verhindern, muss man richtiger Amerikaner sein. Ich werde dann auch wählen können. McCain und Obama müssen leider auf meine Unterstützung noch verzichten, aber dann sollten sie besser ihre Sache gut machen, sonst werde ich 2012 für jemand anders stimmen.

Also heißt einer der Ausblicke: Konny Reimann wird im Jahr 2009 Amerikaner.

Dank Dagmar und RTL kennen uns inzwischen ganz Deutschland und nicht wenige Menschen aus deutschsprachigen Ländern und dem europäischen Ausland. Durch die vielen Deutschen in Texas, die entweder von Verwandten und Bekannten in der alten Heimat oder über moderne technische Möglichkeiten von uns mitbekommen haben, gibt es jetzt auch immer mehr Amerikaner, die von uns Notiz und dann auch sehr schnell Anteil an unserem Leben nehmen. Wir bekommen inzwischen viele Mails aus den USA, irgendwelche Menschen, die schreiben: „Wir sind stolz auf euch" oder „Macht weiter so". Auch wenn ich keinen einzigen von ihnen vermutlich jemals zu Gesicht bekomme, so weiß ich diese anonyme Freundschaft doch sehr zu schätzen.

Wenn ich jetzt darüber nachdenke, was die Highlights dieser unglaublichen bisherigen vier Jahre waren, kann ich auf kein Ereignis mit dem Finger zeigen und es auf ein Podest heben. Es war eine einzige glückbringende Fahrt. Wir haben jeden Tag genossen, immer den nächsten, gleich hochwertigen Höhepunkt im Blick, oder mehrere davon. Inzwischen haben wir tatsächlich ein neues, diesmal eigenes Boot gekauft, das auf jeden Fall für eine ganze Weile ein Highlight sein wird. Denn jetzt geht es raus auf den See in eigener Regie, was uns in den letzten Jahren, nachdem das Boot von Dangerous Dave sein Versprechen nicht halten konnte, zumindest ohne Rick und Uwe nicht möglich war. Ich habe also wieder ein ganzes Stück neue Freiheit und Unabhängigkeit gewonnen. So oft es geht, fahren wir raus, mit unseren Gästen, ohne unsere Gäste, mit oder ohne Freunde, ich als Kapitän oder zwanzig Meter hinter dem Boot auf irgendwas, worauf man stehen und sich ziehen lassen kann. In diesem Sommer, dem Sommer 2008, sind wir oft abends noch mal rausgefahren auf den See. Immer der Nase oder dem Sonnenuntergang nach. Und dann einfach irgendwo ins Wasser gesprungen. Bei 40° tagsüber und selbst am Abend noch dickwarmer Luft kann ich mir nichts Schöneres vorstellen. Höchstens, auch wenn mir das keiner glauben mag, surfen bei Regen, Kälte, Wind und Sturm. Herrlich, richtig spüren, dass man da ist. Und der Körper mit den Elementen spielen kann. Oder die Elemente mit dem Körper, je nachdem. Rømø und Südfrankreich leben eben in mir immer weiter. Vielleicht werden wir hier bald auch wieder Glühwein trinken, wie wir es schon mal gemacht haben, an den wenigen Tagen, die Gainesville mit ein wenig kalter Witterung auffüllte.

Ich muss an dieser Stelle noch eine andere Geschichte erwähnen. Dangerous Dave, der im richtigen Leben ja inzwischen Autos aufpoliert, hatte eines Tages derartige Probleme mit einem ihm anvertrauten Auto, dass er kurzerhand wutentbrannt eine Apfelsine vom Frühstückstisch nahm und sie gegen den Wagen schmiss. Am selben Tag noch fing es an zu regnen, und am nächsten Morgen entdeckte er, dass die Stelle, wo die Orange aufgeprallt war, sonderbar gut aussah. Das Regenwasser war dort sauber abgeperlt. In den Tagen danach experimentierte er an einer Formel herum, die in ein Autowachs auf biologischer Basis unter Zuhilfenahme von Orangen mündete. Das ist nicht erfunden. Dangerous Dave konnte sein beliebtes Poliermittel entwickeln, nachdem er das Auto eines Kunden mit einer Orange erschießen wollte.

Auch mir hat er irgendwann mal eine Kiste von dem Zeug mitgegeben. Nun bin ich nicht jemand, der sonntags an der Toreinfahrt steht und sein(e) Auto(s) poliert. Also stand die Kiste lange unbenutzt bei mir herum. Bis ich eines Tages dabei war, unser neues Motorboot, das ich wesentlich besser pflege als all unsere Autos, aufzupolieren. Mir fiel ein, dass ich ja noch die Kiste Orangenpoliermittel von Dave hatte. Ich probierte es an dem Boot aus, und siehe da, es funktionierte. Daves Wundermittel ist auch für Motorboote mehr als geeignet.

Neben dem Motorboot gibt es übrigens noch eine Neuerung, die vielleicht auf den ersten Blick trivial erscheint, die für uns, speziell für Manu, jedoch von enormer Wichtigkeit ist: Wir haben kürzlich eine neue Waschmaschine gekauft, auf die sich Manu schon lange gefreut hat. Wie so vieles bei der Familie Reimann nicht normal ist, so ist auch dieses Gerät nicht einfach eine Waschmaschine – es ist ein Monster von einer Waschmaschine! Manu könnte sich selber da reinsetzen, so groß ist das Ding. In Deutschland würde das wohl als Industriewaschmaschine durchgehen. Der Waschkoloss ist noch etwas, was das Leben hier einfacher und besser macht.

Wir haben in Texas alles erreicht, was wir uns je erträumt hatten, als wir dieses Abenteuer anfingen – und mehr. Es gibt auch keine materiellen Anschaffungen, die wir hier entbehren müssten. Immer wenn uns etwas fehlt, erschaffen wir es uns, bauen es, besorgen es, organisieren es oder kennen jemanden, der es mit uns umsetzen kann. Wir haben in Texas und speziell durch das neue Grundstück, die Gästehäuser und die Hafenkneipe so viele geile Leute kennengelernt, das kann man nicht ersetzen. Wenn man so will, haben wir uns die Rosinen des alten Lebens herausgepickt und hierher verpflanzt, einen neuen Kuchen angerührt und haben jetzt das Beste von beiden Welten.

Wenn ich in Amerika überhaupt etwas wirklich vermisse, so höchstens die Bratkartoffeln. Hier in Texas wissen sie einfach nicht, wie man die gescheit zubereitet. Also mache ich sie einfach selbst. Hatte ich erwähnt, dass ich auch ein guter Koch bin? Wahrscheinlich nicht. Ich mache eigentlich am liebsten, und nicht selten, ein gutes Essen aus dem, was so da ist. Der Kühlschrank mit seinen Überraschungen ist mein Lieferant. Ich habe und brauche keine Rezepte. Hunger ist mein Rezept. Natürlich habe ich inzwischen viele verschiedene Burger gemacht, als alter Ham-Burger. Oh, und Eis, Eis ist ein anderes Spezialgebiet von mir. Natur-Eis, Speiseeis, alles daran selbstgemacht. Auch in Hamburg habe ich das schon oft auf den Tisch gestellt. Damals hatten wir eine Sauna und einen Whirlpool, und zwischen den Saunagängen haben wir uns dann das Eis hinter die Kiemen gehauen. Herrlich. Die Grundmasse ist das Geheimnis! Die Grundmasse macht ein gutes Natur-Eis aus. Aber das ist eine andere Geschichte.

Auch würde ich gerne mal wieder nach Südfrankreich oder Dänemark. Die Zeit war einfach zu schön, um das nicht irgendwann mal wiederzusehen. Selbst wenn ich enttäuscht sein sollte, weil die leeren, idyllischen Strände von damals wohl nicht mehr da beziehungsweise stark bevölkert sind. Ich könnte den Jungspunden am Strand noch ein paar Tricks zeigen und ihnen erklären, dass auch ein Kindersegel beizeiten ganz hilfreich sein kann. Ein paar Jahre vor Amerika hatten Manu und ich tatsächlich mal den Gedanken, ein Haus in Südfrankreich zu kaufen. Weniger, um auszuwandern, als um eine ständige eigene Anlaufstelle dort zu haben, wohin es uns ohnehin schon zog. Wir haben es dann aber aus irgendeinem Grund verworfen. Aus heutiger Sicht eine unserer schlaueren Entscheidungen.

Und ein wenig vermisse ich die „Umgebung" – den Hafen, den Kiez, die Buden, die bis spät nachts aufhaben. Hamburg fehlt mir mehr als Deutschland an sich. Es ist schön, dorthin zu kommen, wie im Februar 2008. Aber noch schöner ist es, wieder an den See von Hubert Moss zurückzukehren und den Herausforderungen ins Auge zu sehen, die dort warten. Ich würde darum für nichts in der Welt wieder nach Deutschland zurückgehen.

Manu meint, wir werden in zehn Jahren immer noch hier sein, und momentan spricht wirklich nicht viel dagegen. Ich glaube nicht, dass ich noch einmal ein derartig großes Projekt in Angriff nehmen werde. Neue Abenteuer werde ich aber bis ans Ende meines Lebens suchen. Immerhin habe ich ja noch (ungefähr) siebzig Jahre vor mir. Nach Amerika zieht es uns dann vielleicht doch noch mal in die Südsee.

Über meine Fitness muss ich mir dabei wohl erst mal keine Gedanken machen. Dieser Körper hat schon so viel ausgehalten, es fällt mir schwer, alles aufzuzählen. Ich erinnere mich meist eh mehr an den ganzen Spaß als an die kleinen Auas. Meine Trommelfelle alleine sind schon zehn Mal pro Ohr geplatzt. Das klingt schlimmer, als es ist. Zwei Wochen hört man alles etwas dumpf, dann ist das schnell wieder okay. Zwei Mal hatte ich allerdings eine Infektion in der Folge, weil Wasser im Gehörgang blieb. Das ist dann etwas weniger angenehm, aber sterben tut man davon auch nicht. Letztes Jahr erst verlor ich beim Powersurfen bei über 55 mph (also in etwa 90 km/h) den Halt und schlug mehrmals auf dem Wasser auf. Meine Arme und Beine flogen wie Windmühlenflügel über das Wasser. Auch wenn es sich komisch anhört, es war ein lustiges Gefühl. Das lebende Klappmesser Konny Reimann wirbelt auf dem See herum. Nach was weiß ich wie vielen Metern verlor ich an Fahrt und tauchte ins Wasser ein.

So was muss man eben in Kauf nehmen, wenn man Spaß haben will, Freunde.

Nun wisst ihr auf jeden Fall, woher ich komme und wie ich hierher kam, was wir erlebt haben, was mich ausmacht und wie meine Familie und ich ticken.

Ich war nur noch einmal in Schenefeld, im Februar 2008. Ansonsten habe ich unser altes Paradies nie wieder besucht. Nachdem damals im August 2004 die Container gepackt waren, gab es hier für mich nichts mehr zu tun. Ich schloss ab und ging. Tür zu, Affe tot. Blicke ich heute zurück, so tue ich das nur mit guten Gefühlen. Schenefeld war toll, aber vielleicht soll man ja tatsächlich immer aufhören, wenn es am schönsten ist.

Wenn ich bedenke, wen wir auf unserer langen Reise in den letzten vier Jahren alles getroffen und lieben gelernt haben, weiß ich, dass nie eine Entscheidung richtiger war als unser Entschluss, nach Texas auszuwandern. Eine ganze Bande von erfrischend normalen Menschen, kleinen Abenteurern und Querdenkern wäre mir nie begegnet: Mein erster eigenbrötlerischer Arbeitgeber und späterer Freund Robin, die immer mit einem Trumpf aufwartende Rita Greer; Dagmar, die uns in eine neue Dimension gestoßen hat; Rick, der halbe Italiener mit einem Herz groß wie eine Schatzkiste; Dangerous Dave mit seinem Poliermittel und seinen Waffen; unser Verbindungsmann Peter. Oder mein verlorengegangener Freund Don von der Bohrinsel, Markel Harris mit seiner Sauce, Werner mit seiner Ranch oder die fleißigen, feierfreudigen Handwerker Meik, Uwe und Rocco. Ebenso natürlich Beate und Franz, die übrigens inzwischen auch eine Green Card gewonnen haben. Und auch dem im Moment verschwundenen, aber immer wiederkehrenden Jan muss ich am Ende doch für vieles danken. Er wird mich vermutlich mit siebzig noch anrufen, vielleicht irgendwo aus Indonesien, und mich auffordern, mit ihm nach einer längst verschollenen Pflanze zu suchen. Ich werde ihm bis dahin wohl verziehen haben, am Telefon lächeln und den Kopf schütteln und vielleicht nur ganz nebenbei im Internet mal gucken, was die Flüge so kosten.

Und dann sind da natürlich noch meine neuen steinernen und hölzernen Freunde: Konnys Hafenkneipe und die Häuser Blankenese und Dithmarschen, die ich mit meinen eigenen Händen (und ein paar helfenden) gebaut habe. Es fühlt sich einfach gut an, wenn man jeden Tag an etwas vorbeiläuft, was man selbst produziert hat. Und ich freue mich schon jetzt auf alle ihre Brüder und Schwestern, die da kommen mögen. Das große Wohnhaus oben am Hang, alles, was wir vielleicht noch auf der anderen Seite der Straße bauen werden. Und nicht zuletzt freue ich mich auf den Leuchtturm!

Er wird der einzige sein. Der einzige Leuchtturm der Welt, der nicht am Meer steht. Vielleicht wird er aussehen wie eine merkwürdige Rakete. Vielleicht wie eine große Figur, wie ein überdimensionales Holzbein, das im Berg feststeckt, ein Ausrufezeichen oben am See. Auf jeden Fall wird es ihn geben, meinen Leuchtturm oben auf dem Hang, an dem ich mit meiner Familie lebe, hier am Moss Lake in Gainesville, Texas, Amerika.

Mein Name ist Konny Reimann. Und wenn ich eines Tages in ferner Zukunft irgendwo am Ende der Welt auf einem Surfbrett an euch vorbeisegele, werde ich euch auch erzählen, wie ich dorthin kam.

Aber das ist eine andere Geschichte.

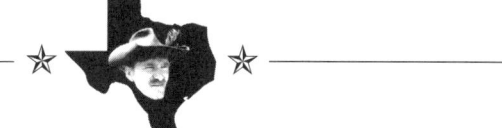

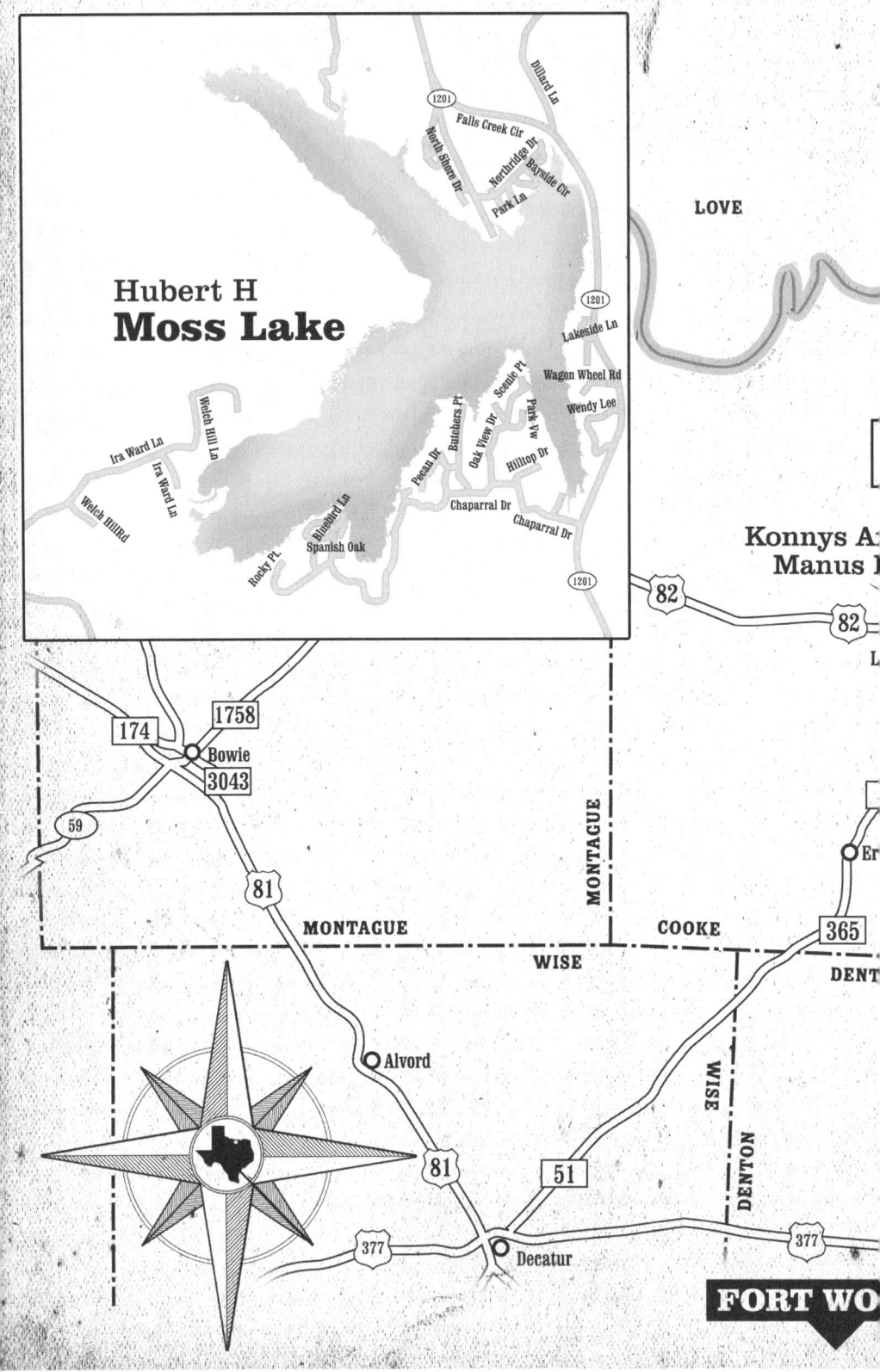

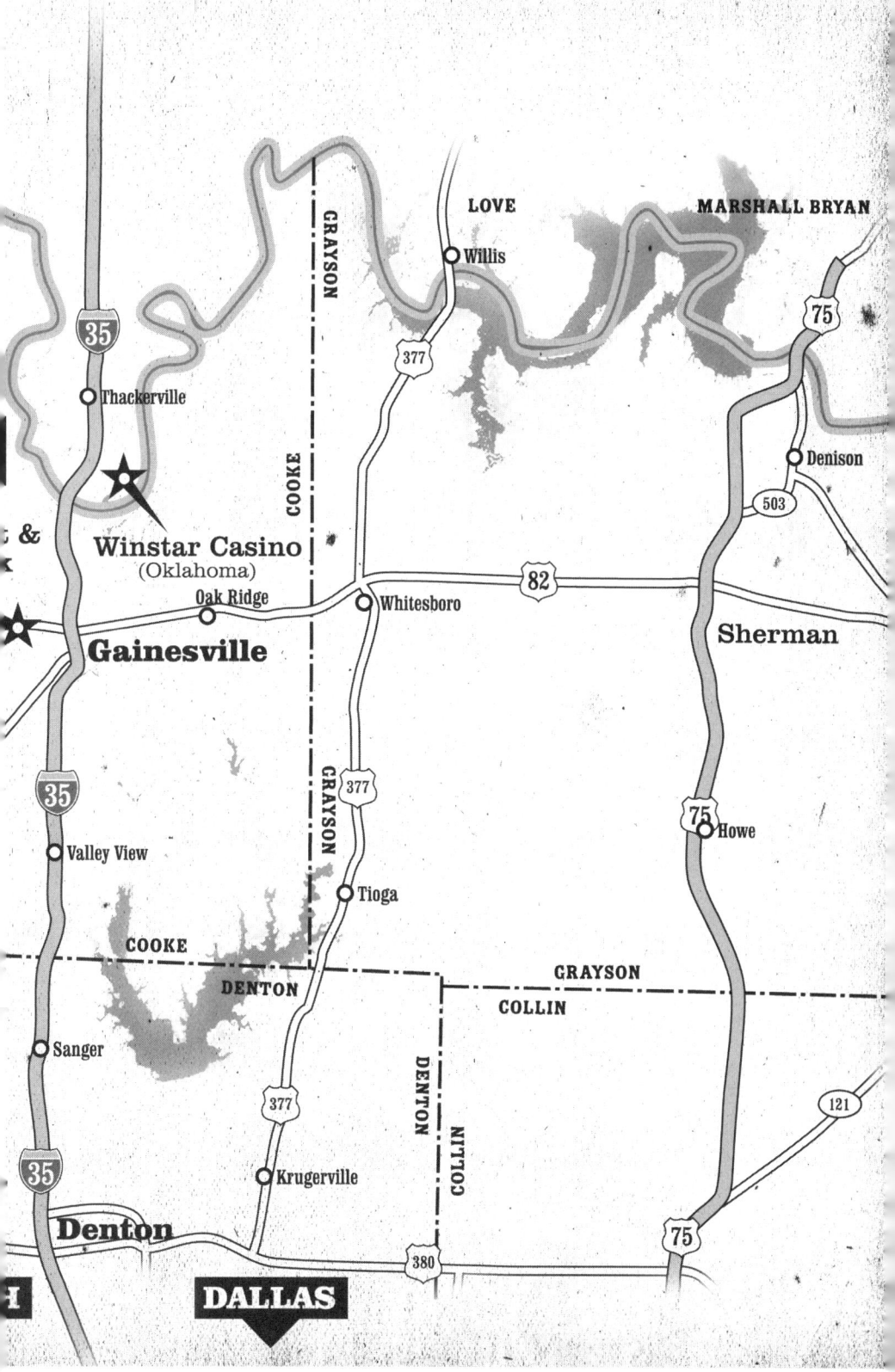

DANKSAGUNG

Mein allergrösster Dank gilt natürlich meiner Familie. Auch wenn sie es manchmal nicht leicht hat mit mir, muss ich doch eingestehen das ohne unser Zusammenhalt das Projekt Konny-Island nie zustande gekommen wäre!

Sicherlich hätte ich in Gainesville meine eigene Kältebude aufgemacht, das Haus um das Doppelte vergrössert, meine eigene Karateschule aufgemacht, aber so, wie es jetzt gekommen ist, ist es auch in Ordnung. Wahrscheinlich besser.

Des Weiteren geht mein besonderer Dank an alle Beteiligten bei RTL, insbesondere Jan Rasmus. Und an alle Mitwirkenden und Gäste, die mir, obwohl sie Urlaub hatten, tatkräftig mitgeholfen haben. Und wenn es auch manchmal nur darum ging, eine Badewanne oder einen Kühlschrank von oben nach unten zu tragen – oder umgekehrt.

Vielen Dank auch an unsere Gäste, die Haus Blankenese und Haus Dithmarschen gebucht haben. Und somit ihren stillen Anteil an unserem Projekt geleistet haben.

Bedanken möchte ich mich auch bei meinen beiden „Sprachrohren" Tobias und Lothar, die mich genötigt haben, nichts auszulassen und alles, aber auch alles von mir preiszugeben. :o) Ihr seid klasse!!!

Sicherlich könnte ich jetzt viel mehr Menschen aufzählen, aber ihr kennt ja mein Motto:

Nich lang schnacken, Kopp in Nacken. Iss so.

WIDMUNG

Dieses Buch möchte ich Dagmar Vetter widmen.

Durch ihre Arbeit mit viel Herzblut und Enthusiasmus hat sie es geschafft, unser Leben in völlig neue Bahnen zu lenken. Alles wäre bestimmt anders verlaufen ohne ihr Mitwirken. Im Nachhinein muss ich aber sagen, das war gut so.

Vielen Dank, Dagmar, für die schöne Zeit mit dir, die hoffentlich noch lange nicht zu Ende ist.

Konny

TEXAS SALSA

INHALT 440g

Diese köstliche Mischung aus geheimen Gewürzen wurde kreiert, um den einzigartigen Geschmack des Südwestens der USA nach Deutschland zu bringen.

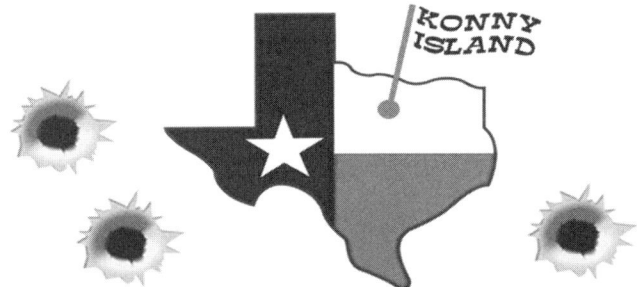

Konny's Salsasauce wird aus erlesenen Zutaten ohne Zusatz von Konservierungs- oder Farbstoffen frisch zubereitet.

www.konny-island.com

Lieferung durch
MEX-AL El Sombrero GmbH
Tel: 0241-918540, Fax: -9185433

info@mex-al.de

Mexico-Service unter einem Hut

www.mex-al.de

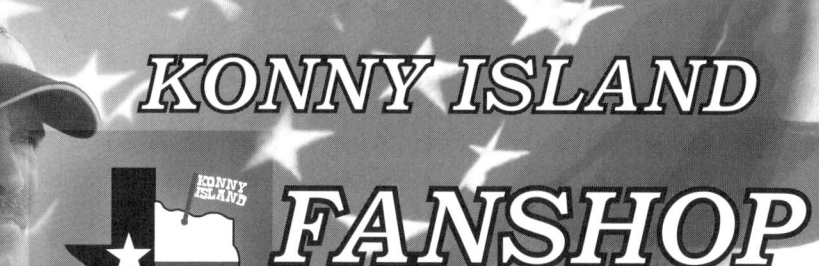

KONNY ISLAND FANSHOP

KEINE LUST MEHR AUF SOCKEN ODER KRAWATTEN?

DANN VERSCHENK' DOCH

TEXÄÄS!

KONNY'S KOLLEKTION JETZT AUF

WWW.KONNY-ISLAND.COM